U0347219

量子
领导力

商 业 新 意 识

曹尉德
[美] 克里斯·拉兹洛　　　著
（Chris Laszlo）

何伟　段骏鹏　谢华　李衬衬　译
周箴　王慧中　审校

QUANTUM
LEADERSHIP

NEW CONSCIOUSNESS IN BUSINESS

机械工业出版社
CHINA MACHINE PRESS

当前的企业领导并没能为商业本身和它服务的社区创造出正面价值。一直以来商业社会推崇利益最大化而忽略对环境及社会的影响，使得各层级的企业行为都缺少创造力和协调合作。因此，我们急需反思如何在传统的商业运作和领导模式中脱颖而出，创造出可持续的、互利互惠的新方式。而量子领导力，这一崭新的颠覆性概念，成为新生代商业社会衍生出的全新产物。

本书阐述了改变一个人的意识如何能解锁其领导潜力，进而创造财富并造福人类的秘密。曹慰德先生和拉兹洛博士告诉我们，当领导者通过修行不断寻求更高层次的意识时，不仅给企业，也给社会带来显著的益处，诸如获得更多的创造力、更好的团队凝聚力以及启发别人和应对持续变化的能力……读者能从书中深入了解何谓量子领导力，并且从每日的练习中获得高效而愉悦工作的秘籍。不仅如此，本书还讨论了关于如何看待人类欲望和健康的议题。在物质和消费主义大行其道的当下，我们又该怎样从新的角度诠释和处理它们之间的关系。

本书由 Stanford University Press 授权机械工业出版社在中华人民共和国境内（不包括香港、澳门特别行政区及台湾地区）出版与发行。未经许可的出口，视为违反著作权法，将受法律制裁。

北京市版权局著作权合同登记 图字：01－2019－4516 号。

图书在版编目（CIP）数据

量子领导力：商业新意识／曹慰德，（美）克里斯·拉兹洛（Chris Laszlo）著；何伟等译. —北京：机械工业出版社，2021.5

书名原文：Quantum Leadership：New Consciousness in Business

ISBN 978－7－111－68170－0

Ⅰ.①量…　Ⅱ.①曹…　②克…　③何…　Ⅲ.①企业领导学　Ⅳ.①F272.91

中国版本图书馆 CIP 数据核字（2021）第 093376 号

机械工业出版社（北京市百万庄大街 22 号　邮政编码 100037）
策划编辑：坚喜斌　李新妞　　责任编辑：坚喜斌　李新妞
责任校对：乔荣荣　　　　　　版式设计：张文贵
责任印制：孙　炜
北京联兴盛业印刷股份有限公司印刷

2021 年 6 月第 1 版·第 1 次印刷
145mm×210mm·8.75 印张·3 插页·191 千字
标准书号：ISBN 978－7－111－68170－0
定价：69.00 元

电话服务　　　　　　　　　　网络服务
客服电话：010－88361066　　机　工　官　网：www.cmpbook.com
　　　　　010－88379833　　机　工　官　博：weibo.com/cmp1952
　　　　　010－68326294　　金　书　网：www.golden-book.com
封底无防伪标均为盗版　　机工教育服务网：www.cmpedu.com

业界推荐

"曹慰德先生和拉兹洛先生为企业发展提供了一个急需的、全新的、精准的视角，我们需要大量的现代领导者，他们需要发展'肌肉'来帮助自己的团队和组织生存和发展。我们从其他人那里听到很多关于正念、透明度和弹性等的重要性，但直到现在也没有太多资料探讨如何释放、开发和应用这些重要特质。在《量子领导力》（*Quantum Leadership*）一书中，我们终于拥有了一张非常有用的路线图。"

——克莱蒙特研究生院院长，莱恩·杰塞普（Len Jessup）

"对任何一个想要带领企业走向繁荣的高级管理人员来说，这本书是必读的。如果不理解我们的企业与人类和地球的深层的整体连接性，克拉克就不可能取得如此大的成就。经历这种转型变革已经成为我们的驱动目标，并使我们释放出前所未有的协作精神、创新精神和才能。"

—— 克拉克集团公司总裁兼首席执行官，莱尔·克拉克（Lyell Clarke）

"《量子领导力》一书标志着领导范式的转变，我一直在思考和尝试将它付诸实践，即使我不知道该如何用语言清楚地把它表述出来。如果你自认为是一名领导者、身处领导地位或者即将成为领导，那么这本书就是 21 世纪领导力的真实描述。"

——REV，一家可持续发展咨询公司的创始人兼首席执行官，加利福尼亚州 GEELA 最高环境荣誉奖获得者，埃利奥特·霍夫曼（Elliot Hoffman）

"在纪录片《兴盛》(*Thrive Movement*)中，我们认识到量子场动力学的知识使人们在获取和谐能量、整体康复和环境恢复等方面大有裨益。曹慰德先生和拉兹洛先生更进一步地揭示了如何运用一致性和整体性、发现和进化的原则来唤醒非凡的领导力。这一知识是准确、适时的，而且至关重要，值得学习并推广！"

——《兴盛》制片人，福斯特·甘博（Foster Gamble）

"从更深层次的意识中获取信息和灵感不仅可以改善我们机构的产出，而且可以催生新方法、新产品和服务，从而为更伟大的事业服务，迎来组织、股东和社会整体的三赢局面。曹慰德先生和拉兹洛先生的重要著作正当时！"

——思维科学研究所（IONS）首席执行官，克莱尔·拉强斯（Claire Lachance）

"曹慰德先生和拉兹洛先生的《量子领导力：商业新意识》为我们提供了一个强大的工具，让我们能够发现和实践一种可能性，即转变成为一个有灵魂的生命体的可能性——转变成为生活各个层面、组织和社会的领导者。"

——福特汉姆大学全球可持续发展主席，吉姆·斯通纳（Jim Stoner）

"作为个人和人类群体的一员，当我们同步时，我们能够在创新、创造力和同情心方面发挥最大作用，并拓展我们的潜能。在醒悟的那一刻，我们会重新发现一个普遍的真理。它赋予我们深刻的使命感和现实的根基。曹慰德先生和拉兹洛先生为您创造了一个这样的时刻。"

——凯斯西储大学杰出教授，《情商4：决定你人生高度的领导情商》
（*Primal Leadership：Unleashing the Power of Emotional Intelligence*）
合著者，理查德·博亚特兹（Richard Boyatzis）

"本书中展现的那些掌握了整体连接性科学的企业领导者，他们在改变周围世界的过程中发挥出了更高水平的创造力、生产力和效益，这是原来以企业社会责任模式驱动所无法企及的效果。感谢作者提供了一个完整的实操方法框架，将转型的核心聚焦在其应有的位置：您的内心。"

——《米开朗基罗的良药：如何重新定义人体将改变健康和医疗》（*Michelangelo's Medicine：How Redefining the Human Body will Transform Health and Healthcare*）的作者，医学博士，阿诺普·库马尔（Anoop Kumar）

序 言

世界正面临着诸多挑战：可持续发展、全球化以及层出不穷的技术手段所带来的变化，将会改变一切。这实际上决定了我们进化的方向，企业在克服这些挑战的过程中扮演着关键角色。要想获得成功，企业领袖必须具备一种新的意识。这种意识具有协作特性，能更好地平衡"自我"和"团队"的关系。

企业已经成为这个时代最强大的机构，并在解决人类面临的相关问题时扮演社会新角色。爱因斯坦说过："今天世界上存在的问题，我们无法用提出问题的思维来解决。"[1] 我们必须，也完全有能力，根据所感知的挑战趋势，来提高我们的认知。

意识觉悟是所有资本之母、所有财富的源泉。正念是意识觉悟的工具。通过正念练习，我们可以提升自己的意识和认知，进而改变我们的世界观，以一个全新的视角来看待所面临的挑战，提升直觉和智慧、获得创造力。商业创新是企业家的真正使命，是所有新资本的来源。我们都具有创造的无限潜能——这种潜能的最终分解就是爱。"量子领导力"就是要培养一种意识来欣赏生活中的创造和创新；而作为企业活动的商业创新则扩展了人类可能的视野。

我对新商业意识的探索已经持续了二十几年。1995年，我接班成为万邦泛亚集团（IMC）的主席，很幸运能在一个特殊时代引领企业的成长和发展。那是亚洲航运和房地产市场的黄金时代，尽管有波折但充满了发展机遇。在那段时期，万邦泛亚集团的规模和估值都成长了好几倍。那是一段没有终点的旅程，而沿着这段旅程，我个人的奋斗和成长也获得了非凡的回报。

作为国际家族企业协会亚太分会（FBN Asia）的创始人和现任董事长，我的主要目标是塑造新一代的企业实践规范。我希望推广一种新的领导力模型，有力地指导那些"仅为了利润而奋斗"的企业，使其转变为更全面、以生活为中心的企业。

我们所说的量子领导力是由多种看似独立的元素融合构造而成的产物：家庭和生意、财富和福祉、学术和实践、西方科学和东方哲学。量子领导者是繁荣创造的管理者，不能仅关注短期利益。他们要关注整体的幸福，不能仅满足于物质需求。他们致力于创造可再生的自然环境，而不仅仅是减少伤害。

有许多商业领袖的故事，他们的成功是以巨大的个人牺牲和插曲式的失败来换取的。我相信自己人生旅程中的一些经验教训是有分享价值的，尤其是当现行的企业管理实践——无论是在商业还是社会方面——都已经无法产生预期效果的时候。企业不应该仅仅是一个谋生的地方。无论是对企业还是个人来说，它应该是一个追求自我实现的平台。如果你意识到了这一点，正确应对领导力的挑战将成为你提升意识的良机。提升意识是应对当今商业挑战的最佳途径。换而言之，企业将成为领导者创造经济成果和社会福祉的平台，营造"为了他人"和"为了子孙"的文化氛围。

在万邦泛亚集团，我们尝试了西方的许多领导力理论，请教了各类大师，但这些理论都没有在企业扎根。我们还请来了国际咨询公司，但最终都无法获得我所追求的那种牵引力。我希望企业经营既能促进经济蓬勃发展，同时又能实现人和自然的繁荣。在一个人与自然共生共存的世界里，我希望找到一个有别于传统管理理论的方法，既允许追求短期利益，又不会陷入人与自然利益冲突的窘境。

我认为，社会企业家精神、"自觉资本主义"及其他类似思想是正确的方向。因为它们让企业体现出一种善的力量。它们反映了市场的外部转型趋势：要求企业符合严格的社会和环境标准要求，要求企业更诚信、更透明。量子领导力能够实现这一切，甚至走得更远——因为它还包括了企业领袖内心的转变：全球化思维的转换，意识到自我与他人和自然的深刻联系。这样的内在转变来自于我们对创造繁荣活力的本质倾向。处在这种情境中的企业将变得积极正向，而企业领导者不仅选择服务他人，同时还展现出一种新的生活方式。

作为财富和福祉的整合者，量子领导者把看起来不同的角色整合起来，利用组织的合力为社会服务。这种整合需要来自意识的转变，转变认知和对世界的觉察；而这种转变又会反过来引导一种新的生活方式。这种基于整体认知的生活方式其实已经存续了数千年之久，但仍需要重构以适应新的时代环境。拥有整体性意识，可以让我们消除"做好事"与"享受好处"之间的界限。它会减轻民族主义和部落主义倾向，帮助我们避免更多在政治、种族、文化和国别等方面"非此即彼"的分裂、对抗的极端想法。它会重新唤醒我们祖先早期看事物的观点：从本质上把自己看成自然固有的、不可分割的一部分。

对于我管理团队中的一些人来说，这种意识转变在最初的一段时间内非常难以接受。说得轻一点，是干扰了他们务实的商业活动，严重一点，则是在浪费时间。但转型最终对他们的生活产生了深远的影响。那些最初抵制转变但最终坚持下来的管理者发生了巨大变化，企业也获得了成功。我最惊讶的是，若干年后竟然还有许多人告诉我，他们的个人生活也受到了重要影响。

量子领导力模型这两年开始在全球吸引越来越多的关注。我最近主办了一次国际家族企业峰会，地点就安排在公司位于苏州阳澄湖的音昱水中天项目（Sangha Retreat）内，有来自44个国家、近600位不同年龄的商业领袖参加了峰会，新意识得到了传播。峰会的主要话题是POLARIS，这是国际家族企业协会内部的一个行动代号，旨在带领家族企业转型成为全球善举的新力量。

2014年，我开始考虑如何更好地与他人分享我在企业领导力方面的经验和体会，我看到了埃尔文·拉兹洛（Ervin Laszlo）的一篇博士论文，后来他介绍了自己的儿子克里斯·拉兹洛给我认识，克里斯是一位著名的商业学者和作家。虽然克里斯在离我近6 000英里（1英里＝1 609.344米）的瑞士长大，但我们很快就发现双方在商业视角和生活经历方面有着相同的看法。我在探索能够传播新意识的领导模式，他在寻找践行这种方式的企业领袖。我们开始每周通过Skype沟通交流。这种交流形式后来又变成了在克利夫兰市和上海两地之间定期的面对面沟通。

克里斯的职业生涯始于华尔街的商业银行，后来他回到学校攻读经济学博士学位，毕业后转行做了管理咨询。他曾在德勤工作过5年，然后在跨国建筑材料公司拉法基（Lafarge SA）工作了快10年，后来又重返管理咨询业。在这个过程中，他发现自己越来越沉湎于如何才能更好地把社会责任融入企业活动中去。他相信，把社会和环境绩效作为行业业务战略核心的观点，将得到越来越多的认同。

在上述那段经历中，企业与社会之间的桥梁朝着我的进化思路的方向搭建，克里斯意识到是时候将职业生涯的两个方向融为一体：社会责任和企业绩效。2002年，他联合成立了可持续价值合作伙伴有限责任公司（Sustainable Value Parterners，LLC），这是一家管理咨询公司，客户包括拜耳、思科、拉法基、欧莱雅、瑞银银行和沃尔玛，通过帮助客户在核心业务中嵌入可持续发展体系来获取竞争优势。他写过许多关于企业可持续发展核心竞争力方面的书，包括《可持续发展公司》（*The Sustainable Company*）（2003年）、《可持续发展价值》（*Sustainable Value*）（2008年）。但当他出版第三本书《嵌入可持续性》（*Embedded Sustainability*）（2011年）以后，他开始怀疑仅仅依赖商业案例来引导企业进行可持续发展的方式是否有效。他越来越清楚地认识到：尽管大家在企业社会责任报告中个个洋洋自得，但企业实际上已经不能很好地服务社会了。洛基山研究所（Rocky Mountain Institue）在2013年对克里斯有过一次采访——这段采访后来又被转载于《绿色商业》（*Greenbiz*），克里斯提到：

"在过去的12年里，我一直从战略、财务、组织和运营的角度来为可持续发展开发商业案例。在付出这么多年的努力以后，几年前我突然意识到缺少了一些东西，最重要的是，大多数企业所谓的可持续发展标杆案例并没有产生企业或社会期望的结果……我现在说的（也是企业需要的）是一种完全颠覆式的方法……下一波可持续发展浪潮将不得不做更多的工作，不仅仅是生存，还有经济和环境的繁荣，同时更多地关注个人的福祉。我们无法想象，当个体不能体验到更大的幸福感、无法与他人与周围世界紧密连接的时候，我们还能够创造一个欣欣向荣的企业、一个充满活力的世界。"[2]

我发现克里斯对商业的见解与我非常相似。几年后，他被美国凯斯西储大学（Case Western Reserve University）聘任为教授，并被任命为福勒商业中心世界福利机构项目（the Fowler Center for Business as an Agent for World Benefit）的负责人。我受邀加入福勒商业中心的咨询委员会，建立了意澄（AITIA）量子领导力新方案，并在克里斯的帮助下推动量子领导力在学术和实践方面的研究与应用。我们的合作将两者结合到一起：商业领袖更明确他的企业愿景，管理学者展示新兴的商业模式。这本书就是那些年合作的产物。

在后几页中，您会了解到领导力新目标的最伟大支点是转变意识。这对于那些希望创造积极社会影响并获得实用建议的人来说，可能会出乎意料。诚然，在环境和社会绩效的商业案例中，采取行动仍然很重要。因为通过财务指标，企业领导者可以证明：在创新过程中，经济发展与社会或环境效益之间并非是"非此即彼"的关系[3]。但是，除了改变领导者的行为，我们更需要改变他们的思想。这也是意识转变的切入点。从目前的趋势来看，如果没有这种根本性的变化，企业注定会继续今天的战略，至多只能是减少社会危害或生态足迹，在最坏的情况下，甚至还会加重社会危机和环境灾难。

整体连接性的意识会改变我们的思维方式和行为。我们会变得更有同理心和同情心。当我们把自己看作是自然世界不可分割的一部分的时候，我们会更深刻地理解到：我们的行为不仅影响他人，还会影响到地球上的所有生命。正念练习在本书中被称为整体连接性的练习，它包括东方和西方的两种形式，即平静我们的心绪，扩展我们的意识，使我们更加了解自我体验的本质。通过这些练习，我们能与意识的本源进行连接，慢慢觉悟整体观。在"我们"的空间里，让个人的力量得以成长，摒弃过去的创伤和困扰的情绪，进而发现自己的才能和人生的意义。

在由商业主导全球繁荣的未来，企业领导者内心需要向整体性和关联性转型，外部行为需要向可持续发展价值观转型。这两者是缺一不可的。

现在，商业扮演新角色的时机到了。量子领导力很可能得到广泛传播。企业领导者如果能够将创造经济价值与更伟大的目标、与个人的幸福感相融合的话，就会产生巨大的吸引力。它将为全球的商业人士指明一条通往商业繁荣、人类昌盛、自然兴旺的道路。

曹慰德

2019 年 1 月 12 日

致　谢

感谢以下人员对本书的研究和项目管理所做出的贡献：

戴淑仪，项目总负责人兼意澄学院执行董事。

约瑟夫·利亚（Joseph Leah），项目的西方负责人兼联合首席研究员。

玛莉亚·穆诺兹－格兰德斯（Maria Munoz-Grandes），联合首席研究员。

何可平，项目成员、万邦泛亚集团主席办公室负责人。

龚玲康，研究员。

目　录

CONTENTS

PART 1

第1部分
量子领导力的转型

第1章 新商业意识

A New Consciousness in Business

是什么驱使人们关心他人的幸福？是什么激励他们为社区做奉献，为子孙后代做贡献？我们怎样才能让这种领导力在利润导向的企业中变得更强大呢？

当人们日益期望企业来解决所有社会问题和全球问题的时候，经常被问起这些问题。一位50几年前获得诺贝尔奖的经济学家写道："企业唯一的社会责任就是盈利，利润可以提供就业机会，提高消费者满意度。"[1]那时，主流观点认为政府和非营利组织应该提供社会福利和国家安全。法律只是为了保护市民不受空气中化学污染的伤害，以及工业废水排放导致的河流湖泊污染的伤害[2]。

现在，企业有望发挥更大的作用。"（企业）合法性随着人们期望值的上升而同步提高"，一流的管理学者托马斯·唐纳森（Thomas Donaldson）和詹姆斯·沃尔什（James Walsh）说，"如今社会对企业的期望不能只为了单纯地创造财富……近期出现了一些有别以往的、法律意义上的全新实体组织，比如低盈利有限责任公司和福利公司。这是一种创新的尝试，旨在创建能同时追求利润和社会福利目标的新公司。……变化已经无处不在"[3]。

如今，企业要为各类问题负责，从气候变化、收入平等到教育、个人福利。而这仅仅是《联合国 2030 年全球目标》中关于企业和团体目标的一小部分[4]。消费者、员工和投资人日益增长的需求正迫使首席执行官们进入未知领域。企业社会责任报告（Corporate Social Responsibility，CSR）曾经专注于减少伤害［或被称为"减少生态足迹"（Footprint Reduction）］。一家企业只要遵守法律，尽可能地减少环境危害和社会不公正，就可以自由地追求利润。

如今，人们日益期望一流的企业能够通过颠覆式创新提供公共利益的整体解决方案，这又被称为"积极的手印"（Positive Handprint，与前文的 Footprint Reduction 对应）。这种方案不仅要能让企业获利，更要能有益于社会和环境。例如，巴塔哥尼亚（Patagonia）的企业战略是"对待自然要回馈多于索取"（"Give Back To Nature More Than It Takes"），联合利华（Unilever）的"可持续生活计划"（Sustainable Living Plan），宜家（Ikea）的"积极的人与地球战略"（People And Planet Positive Strategy），格雷斯顿面包房（Greystone Bakery）的"开放招聘实践"（Open Hiring Employment Practices），沃比·帕克眼镜电商（Warby Parker）的"买一副、捐一副"（Buy a Pair, Give a Pair）项目，以及大自然化妆用品公司（Natura）的"善待生活、善待自己"（Well Being and Being Well）。

但是，期望企业成为一股对社会和环境的积极力量是否具备现实基础？除了一些特殊企业以外，追求利润的企业能真心追求世界福祉吗？有些人可能认为，作为一个机构，只要是单一追求财务目标的，就永远不能为子孙后代的利益负责。

商业领袖们正逐渐意识到，他们还要承担更远大的社会责任。然而，他们的努力总是局限于财务指标。可再生能源转型的投资回报是多少？如何在当地社区进行投资才能提高企业声誉？环保包装是否能提高零售商货架空间的利用率？无论首席执行官或创始人的愿景是多么高尚和鼓舞人心，最终的核心问题都演变成为：这些努力是否会提升利润[5]。

一项从2010年开始的定期商业调查显示[6]：首席执行官中，认为环境和社会可持续性对企业核心竞争力至关重要的比例在稳步提升，几年后甚至达到了80%[7]。同一项调查还显示，一旦可持续发展的商业案例被证明难以推进，企业高管的兴趣就会开始减弱[8]。调查显示，到2018年，企业参与可持续发展战略的员工数量居然在下降[9]。

当你看所有商业部门经济活动的总量数据时，情况会变得更糟。你会发现企业在可持续战略方面的努力，只是减缓了众多社会问题和全球问题的增长速度[10]。工作压力和不敬业[11]、收入不平等、慢性饥饿、气候变化和生物多样性消失（物种灭绝），这些问题正变得越来越糟，而不是转好[12]。企业在社会责任报告中提到的工作和在可持续发展方面所做的努力最多只是延缓了这些趋势，而无法扭转趋势。

我们不得不客观地说，仅靠可持续发展的商业案例说教方法是不够的。按照目前的实践，永远不足以创造繁荣和活力。即使是运用复杂的企业培训、建立共同愿景和价值观流程[13]，也不足以教导道德行为或传播道德标准以抵制不负责任的行为[14]。即使是最善意的领导者，也很难让他们的组织参与到持续不断的积极影响活动中来，更无法为利益相关者的福祉做出实质性的贡献。

企业繁荣发展的一种崭新途径

我们的观点是，需要在最基础的层面，即在意识层面改变领导者。转变意识能改变我们最深层次的自我认同。这种转变必须始终建立在有原则的领导基础上，并通过一个可信的、有说服力的、体现社会责任的商业案例来支撑。当企业领导者受明确的商业价值观指引，能够清晰地、令人信服地引用一个体现社会责任的商业案例时，他们就能够重新认识自身的行为对他人和子孙后代可能产生的影响。

那么意识到底是什么？

意识是心灵对自我和世界的认知。这种认知不仅是笛卡尔所说的"我思故我在"，还包括了主观体验、原始感受和情感。想象一下，当我们品尝一块巧克力、闻到一杯咖啡或者是对某人一见钟情时所激发的那种感觉。除了这个简单的定义外，关于意识的本质目前还存在激烈的争论，我们在书里稍后的篇章将更深入地探讨这个问题。简单来说，一个阵营认为意识是大脑的产物，他们纯粹用物理术语来解释自我；对立阵营则认为意识不能简化为物质现象：物理学的还原论无法解释感受以及相关的感官体验。

在第 6 章中，我们运用了一些证据来支持以下观点：意识可能不是被大脑生产出来的。虽然激辩仍酣，但量子物理学和意识研究的最新进展表明：量子级的振动场是我们认知现实的背后原因甚至是来源。

同样在第 6 章，我们提出，这一发现对领导力实践将产生巨大影响。花更多的时间静修，练习正念冥想或沉浸在大自然中，可以带来一种完整的体验感，感受自我与世界融为一体。这些实践活动能够让我们在量子层面来处理信息[15]；当我们在工作场所，采用主导性分析认知模式、使用大脑神经和皮质层思考时，这些信息常常是不可被感知的。换种说法，我们在一段时间静修后会感觉自己变得更专注，在与自然共处一段时间后会感觉更乐观，那是因为我们感受到了更高阶段的一致性和连接性（量子物理学家称之为"量子纠缠"）。这不仅是一种隐喻或概念，而是能量和信息在量子层面上真实的流动[16]。这本书的书名反映了这种相互联结的量子真相以及将它运用于实践的好处。

要接受现实的本质，我们需要相信事物潜在的不稳定性，这也给了我们一个前所未有的机遇。西方思维自工业革命以来就一直成功地指导着我们的企业。但在 21 世纪，这种思维已经不再适用。作为一个物种的进步，作为一种积极变革的力量，我们面临一个选择：是否要走上转型之路，用对现实本质的新见解来看待我们周边的世界，与它信息交互、相互支持。这条转型的新路有可能带领我们激发内在的关怀和同情心，激励我们行善，因为那才是我们的本性。我们做善事的动力将出于本心，而不仅仅是财务上的数字算计。

这种向关怀和同情的转变在精神术语上常常被称为"一个通往觉悟或启蒙的旅程、一种已被科学证明的人类发展动力"[17]。较低层次的行为是以自我为中心的，这也是人类遭受灾难的根源。随着进化，我们已经跨越了把自我等同于非绝对现实的认知阶段。我们认为体验生活不仅仅是为了自己。我们有了越来越多超脱的体验，让自己减少痛苦，更加自由与安定。最终，我们向着"合一"的体验进发，在那里能够"彻底觉悟"，进入同情他人、关心他人的状态。很多人对这一精神旅程有着直观的认同，现在更令人兴奋的是，越来越多的科学正在融合和验证一个观点：我们有能力去体验它。

在走向觉悟的旅程中，每个人对于人类和现实的本质都有着自己的描述。可能把自己看作一个没有灵魂的生物物质实体，独立存在、自私自利、弱肉强食，出生在一个冰冷无情的机械物质宇宙中，不可避免地走向无意义的灭绝。或者也可以认为自己是一个灵性生物，世界是鲜活和有意义的，能量场和信息流相互交织，人类本质上是富有同情心、渴望互惠合作的。关于人类本质的描述已经不仅仅是一种信仰。正如在后面章节要提到的，它们反映了在自然和社会科学领域的不同竞争范式。

转变意识的作用

为了更好地理解意识转变的力量，我们看看系统科学家多内拉·梅多斯（Donella Meadows）的见解。可持续发展的先锋人物雷·安德森（Ray Anderson）是英特飞公司（Interface Inc.）的创始人和前董事长。他经常向他人推荐梅多斯在 1997 年写的一篇文章《一个系统的切入点》（"Place to Intervene in a System"）[18]，他认为这是关于商业转型最深刻的一篇论文[19]。在文章中，梅多斯发现，一个系统最有效的干预点往往在系统之外，即产生系统的思维模式或范式：

> 社会的共同认知是最大的未说明假设。大家认为，之所以没有必要去说明，是因为每个人都知道。这种共同认知构成了

社会的范式，是关于世界如何运作的最深层的信仰。……增长是好的。自然是一堆服务于人类目的的可转化资源。随着智人的出现，进化停止了。一个人可以"拥有"土地。上述这些只是我们当前文化的一些典型假设，所有这些都完全忽视了其他文化的存在，认为它们一点也不重要。[20]

在反思如何改变思维定式或模式时，她推荐托马斯·库恩（Thomas Kuhn）的开创性著作《科学革命的结构》（*the Structure of Scientific Revolutions*）[21]。文中说道："你不断针对旧模式的异常和失败……让具有新思维模式的人物进入公众视野和权力集中的地方。不要浪费时间与反对者纠缠。相反，你应该与积极支持变革的推动者合作，争取思想开放的广大中间群体。"[22] 这也正是我们目前在做的：针对基于分离、自利的旧范式的失败，提出一种新的、基于整体连接性的范式。要生活在新的模式中，需要我们转变两个基本认知：关于我们是谁以及我们所在世界的本质。这就需要彼得·圣吉（Peter Senge）和他的拥护者所谓的"旨在为所有人的繁荣而努力"的系统领导力。

尽管在个性和风格上可能有着广泛的差异，但真正的系统领导者拥有惊人相似的影响。随着时间的推移，他们对整体健康的长期关注和承诺会影响周围的人也做出类似的承诺。他们能够从与自己身份截然不同的人的视角来看待现实，这也鼓励了其他人更加开放。他们以深入倾听为基础建立关系，基于信任与合作的网络开始蓬勃发展。[23]

商业的意识和目的

量子领导力是提升一个人意识能力的学习旅程。这种意识是打开领导潜力的钥匙，是激发创造和创新的最有力杠杆。它在一个深刻的直觉层面上改变着人们，结合了具体的体验与分析认知技能。最终是用伟大的企业价值和使命来激活企业。这些价值包括更诚信、更协作，更有力地激发个体在动荡环境中不断提高应对持久变化的能力。在这段旅程中，人们将学会如何真正地培养个人幸福感、为共享繁荣和真正的活力而与他人进行更深厚的连接。图 1 - 1 展示了量子领导力模型（the Quantum Leadership Model，QLM）（2015—2018 年开展的基础研究将在第 5 章进行更详细的描述）。

要理解量子领导力模型，请从图 1 - 1 最右边开始。量子领导力的目标是产生积极的经济成果，这里指的是高于行业平均的利润以及繁荣企业运营所在地。这两个目标是相辅相成的，不是零和关系[24]。所谓的形成积极的社会和环境成果，说的是要促进健康的自然环境和改善人类福祉。领导要追求这些成果，不仅需要技术技能，更需要情感和社交能力，建立共享愿景、同情心和关系能量的实例[25]。这样的领导才能在本质上产生更大的洞察力和创造力。

但这种领导力的前因是什么？根据我们的研究，应该是正念练习，广义上说，这是一种 **"整体连接性的练习"**。无论是中式还是西式的方法，都是通过提升整体连接性的意识，来增加我们的使命意识。练习的形式是独立的变量，显示在图 1 - 1 的最左端。它们是适应力和直觉技能背后的动力，是企业在当今动荡市场中制胜的必要因素，也是企业家创造力的本源[26]。

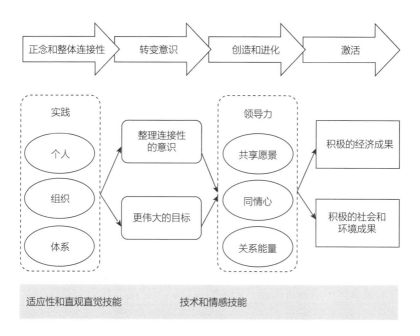

正念和整体连接性　转变意识　创造和进化　激活

图 1-1　量子领导力模型（QLM）

整体连接性的练习

　　商业经验和多年关于领导力正能量的研究，引导我们探索练习的主要价值：它是如何提高连接性意识、增强我们使命感的。通往这些的大门是正念。人们听到"正念"这个词的时候，往往会联想到冥想、瑜伽和其他一些类似的流行技巧。但我们所要谈论的并不局限于技能和形式。有数千种方法可以把我们和重要的东西重新连接起来，改变我们，让我们重新变得完整。这些方法包括音乐、园艺、身体锻炼和哈科米疗法、欣赏式探询，以及其他一系列有助于放空我们感官、减缓大脑认知分析的做法。杰里米·亨特（Jeremy

Hunter）是一位企业正念方面的专家，他提出：正念练习可以包含
在每天的活动中，从正念饮食到正念坐行[27]。

这种练习有三个共同特征[28]。首先，它们已被充分证明是积
极情绪的一部分，会提高我们的幸福感，并有效帮助我们来应对生
活中的挑战。其次，它们扩大了我们的意识认知，让我们与世界成
为一体，帮助我们进入一种"心流"状态，轻易地提升创造力和生
产力。最后，通过正念练习，让整个身心都参与其中，而不仅仅是
理性分析的那一部分自我。

练习是一种良药。当今社会，我们经常面临碎片化、多任务的
场景，每隔几秒钟就会打断自己的注意力，常常是从一个手机屏幕
到另一个电子设备，生活在极度缺乏自然的城市环境中。练习帮助
我们培养更广泛的认知和更宏大的意识，那是关于我们与社区、与
自然环境的互动关系和生活目标的。它们提供了一整条体验路径，
而不是几个名词和概念。它引导我们追求持久的、有积极影响的、
有意义的生活。

整体连接性的练习对商业领袖的作用

这类练习对于企业领导者的关系智慧（relational intelligence）
和创造性的发展至关重要，为什么？因为它们是一种以行动为导向
的、改变我们理解世界的思维模式或范式的途径。在回顾丹尼尔·
沃尔什（Daniel Wahl）的书《设计再生文化》（*Designing Regenerative
Cultures*）时，乔纳森·波利特（Jonathan Porritt）写道："我们从来
没有像今天这样认真地去尝试着解释，这个正确性毋庸置疑的世界
观（从整体上关爱生命）将如何在当今世界获得吸引力。"[29] 正如

波利特所说的，令人沮丧的是，对一种新的叙事方式的呼唤缺乏变化的理论依据。那些努力让世界变得更美好的个人和组织常常受到这类批评：“你们更善于诊断问题而不能提供问题的解决方案，你们只会描绘美好未来，而不能提出有建设意义的实施路径。”我们认为，现在是时候改变这种关于变革的叙事方式了，从纯粹讨论分析认知的方法转向具体的练习。

有越来越多的临床神经生理学证据，佐证了整体连接性练习对商业领袖们的影响[30]。有证据表明，这些活动加强了领导者的能力，包括处理复杂情景、增加同理心、感知人与人之间关系的能力[31]。

整体连接性的练习有助于领导者发展关键技能：感知与了解自己和周围世界的存在，让他们能够实时识别自己的感受，在面对复杂现实问题的时候能够立即有效地采取行动。[32]。

当企业转型能获得一些外部帮助的时候，比如获得政府补贴和税收优惠、修改企业激励措施或全面调整企业战略目标等，改变我们意识的整体连接性练习就可能对企业领导力产生最巨大、最持久的影响。关于领导力内容的文献都倾向于强调情感、技术和认知技能[33]。量子领导力则着重于强调适应性技能，要改变领导者的价值观而不仅仅是领导者要做的事。练习要在更深的直觉层面改变我们是什么样的人，将科技发展和深入认知与他人及后代的紧密联系相结合。

最后的导论：当我们说意识觉悟是商业资本的最终形式，我们指的是多内拉·梅多斯所说的“最高杠杆点”。尽管在本文中很少被提及，但意识是企业领导者的独特资源。掌握意识转变的个人和组织会拥有一种难以被模仿的企业核心竞争力。它也需要“正确的动机"。不能纯粹用权力或金钱这些工具去操纵一个人的意识。必须让他把这当作自身的目的，为自己的利益去做。

为了说明当今商业世界中存在的不同类型的意识，我们接下来要讲两个故事，主角是基于曾经与我们合作过的人员创作而成的。我们相信读者一定会对部分细节感到似曾相识。当你阅读这两段故事时，问问自己，他们在哪些方面跟你相似。

迪特的故事

迪特很早就醒了，他是被闹钟的嗡嗡声吵醒的。他感到头又和往常一样痛得令人作呕。昨晚为了陪客户，他又是很晚才睡。他喝了很多杯伏特加鸡尾酒，睡着的时候早就过了午夜。他惊讶地发现安妮·玛丽就睡在自己身旁，手臂轻轻地搭在他的肚子上。他疲惫地坐起来，用力晃了晃脑袋，步履沉重地走进书房。他同时打开了两台电脑，闭着眼又眯了一会儿，等待昨晚的电子邮件全部下载完毕。他先看了一下亚洲市场的情况。尽管感到口渴和头痛，他还是坚持在两个屏幕前坐了一个小时：当文件下载太慢时，他就顺便浏览了一下 CNN 的头条新闻；他发现电子财务报表无法告诉他想知道的信息，就观看了一会儿 YouTube 上的艺术品拍卖视频。最后，他半睡半醒、跌跌撞撞地走进厨房。他在冰箱里翻弄了一阵，摸索着在咖啡机上鼓捣了几下，拿着昨晚剩下的腊肠、土豆面疙瘩和两杯黑咖啡，再次回到书房。他一边狼吞虎咽，眼睛一边始终紧盯着屏幕。

不到 6 点 30 分，他就已经洗完澡、刮完胡子了。为了不吵醒安妮·玛丽，他轻轻地下了楼。他不想和她说话。来到屋外，他停了下来，深吸了一口 10 月下旬杜塞尔多夫独特的冷空气，准备开始新的一天。他忍不住得意地向后瞥了一眼自己玻璃门庭的联排别墅。在优雅和独特的国王大道对面停着他优雅和独特的红色意大利跑车。当他舒坦地蜷缩到跑车柔软的皮椅上时，他感到头疼好了一些。他的办公室在拉廷根，那是市郊的一个工业区，开车需 30 分钟。在车上，他查了一下语音信箱，精力充沛地打了几个电话给他在华沙和贝尔格莱德的办事处。

当走过电梯大门时，他看了一眼那些已经在勤奋工作的下属。"明天董事会的最终版议程在哪里？"他冷冰冰向马库斯问道。他的研究助理马库斯负责为即将召开的董事会会议做准备。迪特匆匆看了一下上午的约会清单，取了易事贴向他的秘书雅娜写了几段指示，然后在走廊里大喊道："为什么本周我们的库存量又增加了？"他的声音大到足以让整个办公室的人都停下来看他。迪特有个习惯，每当他打算对下属大吼时，就会扬起左边的眉毛。每次他的下属们看到这个征兆，就知道自己要大难临头了。今天的倒霉鬼是弗兰克，而且情况比往常更糟。弗兰克为了公司的旗舰产品早日上市，已经多次加班加点。即使他的父亲最近刚刚去世，他也从没有对老板提起过。

迪特的午餐是一块三明治和一份凉的白啤酒，午餐时他还打算浏览定制皮鞋的网站放松一下。下周末他是否有时间飞去米兰的蒙特拿破仑大道上的精品店量一下脚的尺寸呢？他的鞋柜里已经有了十几双精致皮鞋，但购买的过程让他感觉自己是个大人物。关于鳄鱼皮流苏皮鞋的白日梦被敲门声震醒了。"我们的银行审计员下周三下午 5:00 来"，门口那人说。那是海蒂，融资部的总监，也是区域总裁的热门候选人。那本来应该是他的职位。更糟的是，海蒂的微笑总是令迪特不爽。"我们和巴西供应商的债务重组问题解决了吗？"他冷不丁提起，试图让她失去方寸。"搞定了。"海蒂很冷静地回答，"事实上，我昨晚就把这事儿搞定了。巴西人也已经签字确认了。"迪特点点头，尽量掩饰着自己的失望。

下午2:00，迪特开始盘算起自己的计划。下一季度，公司需要一种危机感，而这种危机感将是他人为制造出来的。他将雇用一家专业的管理咨询公司，让它来告诉大家解雇表现最差的10%员工是多么合理。这样做能立刻降低成本、提高生产力，进一步提升他"管理强硬，快出成效"的职业声誉。

他随手从抽屉里拿出一粒钙片。只要一些市场的轻微推动，他的股票期权就将再上涨0.1%。那时候，就可以买下他想了很久的那个纯金劳力士手表了。但这也有一些障碍，尤其是那些嬉皮士的环保积极分子。为了摆脱自然保护联盟的纠缠，他不得不在计划外聘请了一家行事极端的苏黎世公关公司来专门对付这些人。他以前和这家公司有过类似的合作。要知道，家具部门的业绩虽然不错，但那是建立在廉价木材价格的基础上的，其中一些木材就来自印尼的深山老林。现在，有好几个非政府环保组织已经听到风声。所以，认真采取应对措施美化公司公众形象是必需的。

在回家的路上，迪特点燃了最后一根烟，然后把烟盒扔出车窗外。这是他的一个小小的叛逆行为，尽管每次他在这么做时，总是焦虑地环顾四周：他可不想因此被罚款。他从来没有被大自然所感动。实际上，当他看到绿色空间为工业发展让路，反而有一种满足感。他可没有时间浪费在公园和树上。他是一个忙碌而成功的人，经济地位的稳步提高是他的动力。

他把车停进自己的私人车位，期待着晚上的商务娱乐——饭后与客户的会议安排在市中心的一家时髦酒吧里。首先，他需要与安妮·玛丽结束争吵。但安妮·玛丽并不在家，他在家里顶着房门的椅子上找到一张用黑色唇膏写的纸条："我们分手吧。"迪特叹了口气。她总是那么不可理喻。他小心地把椅子搬回原处。没关系。不管怎样，只要有决心、努力工作，他一定会成功的。他不会让任何人阻碍他。

······

只有很少的一部分人能过上迪特的生活，也许全世界还不到1%，但这仍然是众多人的渴望。父母在孩子学龄前就努力让他们变得优秀，攒一份闪亮的履历，以便有机会进入顶尖学府，进而获得像迪特这样的工作。高校毕业生梦想着获得迪特的薪水以及其他好处。MBA 的学生想象自己坐着迪特的位置、指挥他人、影响全球市场。

迪特的这种刻苦奋进、控制欲强、过度物质化的生活方式在莱昂纳多·迪卡普里奥主演的《华尔街之狼》中被完美诠释。这部电影非常受年轻人的欢迎甚至崇拜，全球票房超过 3.92 亿美元，据说还是当年被非法下载最多的一部电影，分享次数超过3 000 万[34]。——这可是对年轻一代影响力的一个重要指标。在现实世界中，我们被唐纳德·特朗普这样的崛起故事所吸引，赞叹他的操控权力和奢华的生活。但这些财富史吸引我们的、给我们带来的，不过是短暂的快感。越来越多有抱负的商人已经认识到这个事实。他们开始在工作中寻求更大的意义：一种使命驱动下的新事业，既不会影响他们的职业成功，又能带来持久的欢乐和幸福。

李华的故事

当迪特喝完当晚的第三杯伏特加鸡尾酒时，在地球的另一端，李华睁开了眼睛。她是家里第一个醒来的。她从包着旧棉布的朴素芦苇垫上爬起来，径直走向花园，小心翼翼地穿过精心照料的花坛。在紫红色的花丛中，一朵鲜红色的芙蓉（也被称为"中国玫瑰"）正含苞待放，鲜红的花瓣在逐渐褪去的黑暗中绽放。微笑照亮了她的脸。新的一天开始了。李华感恩地呼吸着弥漫在空气中的泥土芳香。在微弱的晨光中，她拔去了一些杂草，检查了一下淡绿色的嫩枝，重新扶正了纤细的绿竹子。

她伸了伸懒腰，挺直了背，从长时间的睡眠中完全清醒过来。当她有条不紊地清扫着通往大路的小径，拿着扫帚沿着鹅卵石小道前前后后仔细清扫时，她同时开始更清楚地审视今天的情况，没有患得患失，也不带焦虑。当她扫地的时候，她仔细观察每一块鹅卵石、每一棵树根、每一段倒下的树枝，让每一个场景洗涤自我，慢慢丰富她的感官。路径的边缘突然变得更加明显，朱雀的啁啾声变得更加悦耳，植物腐烂的味道也更加强烈。她停下来感谢所有美好的事物。她回到自己茅草屋顶的房子里，洗脸并泡了今天的第一杯茶。

她的三个姐妹还在睡觉。春娇是她最大的侄女，她已经设法推开了后门，像其他独立而又好奇的两岁孩童一样，正沿着八级通向花园的木台阶，用小肚子一级一级地倒爬着。"早上好，春娇。"李华和她这位清晨早起的小助手打招呼，然后她注意到脏脏的布尿裤在她胖乎乎的婴儿腿上已经快掉下来了。听到李华的声音，孩子转过身来，一不小心就滑了下来。小孩一声尖叫，因为最下面的一级台阶撕破了她的尿布。李华把她抱起来，小心地把弄脏了的尿布取下来。她低声安慰着小宝宝，痛苦的抽泣声很快就变成无声的呜咽声。小宝宝软软的黑色卷发挠着李华的脸，让她咯咯直笑。很快她们俩都笑了起来，一块儿去花园的水龙头下清洗。凉凉的花洒让她们感觉很有趣，很快把清理工作变成了喧闹的欢愉。

李华的第二个妹妹玉仁穿着皱皱巴巴的棉布连衣裙，"砰"的一声关上纱门。她被吵醒了，正在生闷气。"你为什么总是这样对我？"她大喊道，怒气冲冲地离开了。李华帮春娇擦干身，牵着她的手走进屋里。泡一壶茶是一种她们喜欢的分享仪式。李华将开水倒入精致的茶杯中，里面漂浮着薄薄的一层茶叶，那是春娇用小手精心挑选的。

"这是你的茶。"李华笑着对玉仁说，"请原谅我没有更安静点。"李华慢慢地走开，去为春娇找新衣服换上。只剩下玉仁一个人感激地喝着热气腾腾的茶，她叹息着想弄明白，为什么李华总是这么处事不惊。李华和其他人不同。她冷静、稳重、不受坏情绪或失败的影响，还总是对朋友或陌生人微笑。

李华在 8 千米外的苏州工作，那是上海以西约 100 千米的一个城市，这座新兴的工业城市连通着长江下游和太湖。这里的游客喜欢游览其历史悠久的宋代园林，尝一尝松鼠桂鱼。但今天这个城市已经到处是巨大的钢结构建筑、高速公路和过度拥堵的交通了，城市里的工业园区像野草一样蔓延。每个冬季工作日，上下班的人们都要戴着口罩以躲避空气污染。他们看上去像一群准备做手术的外科医生，被包围在硫磺和氮氧化物的工业烟尘里。但经济发展意味着大量的就业机会。李华和她的姐妹都很感激苏州的发展。她们的父辈靠着半亩薄田、种植水稻和蔬菜勉强度日。她们不愿意再重复同样的命运。

新的制造业和建筑公司提供了就业机会，用现金每周结算工资。工作既辛苦又机械重复，身体和精神上都很容易疲劳。李华在当地一家电子产品生产企业工作的第一年，每天需要工作 10 个小时，把连接器一个个焊接到微型电路板上。她想办法让自己始终保持专注地工作，充分利用短暂的休息时间，伸展四肢、清醒头脑、鼓励他人。所以，她每天都能完成工作定量，又快又好。她的雇主很快就注意到她。他们把她的专注和积极的能量视为组织的活力，鼓励身边人更好地工作。

李华很快被提拔为班长。但干了还不到三年，她就被一个新加坡家族企业在中国成立的新公司挖走了。这里对她来说是一个全新的环境，有着灵活的工作时间。每天上午 10 点钟一到，铜锣就会响起，提醒大家 15 分钟的太极课程时间到了。她接受了精密加工的技术培训，做了 9 个月的学徒工，然后开始负责使用大型车床和金属冲压工具生产出口汽车零部件。她工作的准确性和效率被列为公司标杆，很快被大家认可。她很谦虚，所以经常被这些荣誉弄得有些不好意思。

她的名声不仅仅是因为对工作质量和要求的一丝不苟，她也被认为是一个模范领导：她总是乐于帮助他人，无论是在与厕所清洁工还是首席执行官的交往中，都给人一种"知心大姐"的感觉。没过多久，主管们都抢着要她加入自己的团队。李华不久后就被任命为车间生产主管，18 个月后，又被提拔为首席制造官。她现在已经是公司高管团队的一员，成为最高层领导之一。她自己也觉得不可思议，一切变化得如此之快。

李华还因为一个业余项目受到了特殊认可。她与一个工程师团队合作重新设计了一个注塑模具机械，通过修改溶剂配方替代原有的油基聚合物，使它能够用废弃生物塑料作为原料进行正常生产。她和团队的努力为公司在竞争激烈而环保意识不断加强的汽车零部件行业带来了新订单。她很高兴得到认可，但更高兴的是能在某种程度上减少她每天上下班路上看到的塑料垃圾。

李华有一种天生的保护和恢复自然环境的性格倾向。她总是被工业城市外美丽的森林所迷倒。当走过她最喜欢的梨花丛与樱花树时，感到自己好像在吸取它们古老的能量。有时她会把手心向外，手掌朝向大树，想象着一种无形的力量把它们和自己联系在一起，给她力量，让她重新振作，面对每一天的挑战。这些与自然的联系，鼓励她在工作时会寻找机会来关爱环境。除此之外，还帮助她维持了一种幸福感，使她身心愉悦。

她吃得简单而朴素，拒绝吃加工过的肉，赞成以素食为主的餐饮习惯。她日常的花费很少铺张。在购买耐用品时，她喜欢购买钢铁、竹子或其他天然材料制成的物品，避免使用由合成油基聚合物制成的塑料产品。在星期天，她会和社区志愿者一起捡垃圾，沿当地道路修剪树木和灌木。

在工作中，李华加入了一个人力资源团队为员工提供一些额外服务，如英语课、乒乓球和瑜伽课。她的乒乓球打得很烂，但每次锦标赛她都会参加，为自己的同伴加油，好像每一场比赛都是奥运会决赛。无论是在团队会议上还是在工作场所，她总是带着标志性的灿烂笑容激励和鼓励同事们。

李华的行为不是生活方式的选择，她对被贴上"环保"或社会责任的标签并不感兴趣。她是受到内心的指引，渴望"完整性"。选择简单生活、极简社交的方式使她在个人方面提升了幸福感。在践行善举、关心他人和自然环境的过程中，她变得更加充实和平静。随着时间的推移，其他人对她的看法变得越来越不重要。

一年后，李华找到了她的生活伴侣志明。他为人开朗、工作努力，最近在城市另一边的一家工程公司工作。志明来自一个贫穷的农民家庭。虽然农村教育普遍不受重视，但他仍然怀揣着巨大勇气和决心，在农村上学时保持优异的成绩。在获得理工科学位后，他在有"中国硅谷"之称的张江高科技园区里的一家软件公司获得了一份令人羡慕的工作，后来又来到了苏州。李华和他是通过双方共同的一个朋友认识的，有一次两人碰巧都去同一间卡拉 OK 酒吧唱歌放松。

志明的拿手曲目是乔·库克（Joe Cocker）版本的《信》（*The Letter*），他用完美的英语完成了演唱。接着，李华身心投入地唱了一首《新不了情》（*New Endless Love*）。当志明开始演唱周杰伦的《可爱女人》和任贤齐的《对面的女孩看过来》时，他再也无法把眼神从李华身上移开了。他们两个彼此掉入了爱河。

他们主要在周末约会。在交往了两年以后，两人订婚了。他们努力存钱，盘算着只要足够在城内买一套带露台花园的公寓房就马上结婚。他们只是众多新一代努力奋斗人群的缩影，希望跨入上一个社会阶层，一旦能挣到足够的钱好好生活，他们就会设法平衡工作和生活。尽管他们的综合收入在同龄人中相对较高，但是如果想搬去上海，他们的收入和城市飞涨的物价比起来就远远不够了。但他们拒绝像很多朋友那样向高房价的阵痛屈服。

李华并没有过多地受到城市快节奏生活的影响。她每天上下班都要花一个多小时骑自行车。她笑着面对每个陌生人，还会和有好感的人说话。她对自己和他人都富有同情心，遵循着先祖关于道家和儒家的生活典范。她每个周末会在家练习流行的瑜伽，全天进行气息练习，以减轻不可避免的压力。同事们都纷纷效仿她的做法，练习起瑜伽来。这不但是为了锻炼身体，更是因为他们把这作为实现社会和谐和道德正义的方法。

……

李华的生活不同于迪特，是世界上大多数人可以追求的。如果世界上每个人都能效仿李华，我们就会有一种可持续的人类生活方式来世世代代传承下去。然而，还有许多人甚至连这样简单的生活也不敢奢望。有 10 亿人（超过地球总人口的 1/7）每天为了满足最基本的生存需求而挣扎[35]。他们面临着长期的饥饿，缺乏清洁水和卫生设施，身体安全受到威胁。期望他们关注内心世界的圆满也许是徒劳的。但情况真是如此吗？

不管生活境况如何，我们都可以自由选择日常生活的礼节，在生活中创造秩序，享受与更伟大事物紧密相连时的美好时光，对他人更有同情心，主动行善，保护好身边的大自然。做出这些选择的个人成本很小，但产生的快乐和幸福却是巨大的。这样做的益处正越来越多地被心理学家和神经生理学家所证实[36]，但在企业界仍然鲜为人知。

当然，迪特和李华的故事有一些夸张的成分。幸福的生活和可持续的生活方式并不依赖于很高尚的行为，或意味着物质生活被剥夺，就好像职业成功也并不一定意味着对他人的不友善、过度的物质消耗或对环保事业的反感。但两种截然不同的生活方式确实表达了一个有趣的悖论：迪特在物质上更成功，如果用世界上许多人认同的货币化标准来衡量的话，他的生活也更令人向往；但李华是一个更快乐的人，生活方式也更可持续。一个人必须在李华和迪特的生活方式之间做出选择吗？一个人可以既努力工作、专注于创造财富，同时又关心自己的健康、他人的幸福吗？

在下一章中，您将了解到由曹慰德以第一人称叙述的"第三种方式"。他的人生经历提供了一个关于生活和持续实践的新观点。不论你在哪儿生活和工作，它都能提供强有力的指导，让企业更有活力[37]。正如货币经理约瑟夫·H. 布拉登（Joseph H. Bragdon）在其模拟公司生命研究中所总结的："当人们用他们的心和思想工作时，他们会让强大的心脑神经共同参与，这是最高（精神）智慧的来源。……有效地使用它，即使比同行使用更低的财务杠杆，也仍可以获得更高的回报。"[38]简而言之，善行也能带来经济利益。

第 2 章　关于曹慰德人生经历的故事

A Personal Experience：The Frederick Chavalit Tsao Story

在这一章和下一章中，我们将主要讲述曹慰德的故事，这对我们讨论量子领导力非常重要。曹慰德于 1957 年出生于一个名门望族：他的父亲是受人尊敬的航运界传奇人物曹文锦，是香港知名商业巨头，曾在新加坡建造了新达城。曹慰德于 1977 年加入家族企业，在 1995 年全面接管企业成为第四位代掌舵人的时候，他年仅 37 岁。在他的领导下，这个组织已经从传统航运公司转型成为一家专注于综合产业链的公司。这家公司已经从海运及工业发展到多元化的业务，范围包括生活服务供应商/房地产、投资、社区发展以及领导健康和福祉。

在这一章，我们将倾听曹慰德亲自叙述他自己的故事。对我们来说，其中重要的不是对商业冒险和成功的描述，尽管这些让人非常敬佩，更重要的是，曹慰德的人生旅程是一场转型之旅，同时受到了东方哲学和西方科学的共同启发。我们将会了解到所有这些经历是如何为他的商业和领导力打下基础的。现在我们以第一人称的方式进行叙述，让读者从领导力角度了解曹慰德是如何成为一个量子领导者的，不是来自于管理文献或培训课程，而是从最基本、最原始的层面——成为当今商业领袖意味着什么，这种最基本和最原始的探索。

……

作为一个出生在富裕家庭的 20 多岁年轻人，我很早就发现了事业上的成功途径。那时，我向父亲借钱对家族企业进行投资，然后看着这些投资不断上涨。或许我确实有这方面的天赋，亦或许情况碰巧都如我所愿，但我早期的努力的确很快就有了丰厚的回报。我习惯了获得优异的成绩——举个例子，我亲眼目睹 800 万美元在短时间内膨胀到 2 亿美元以上。在随后的几年里，作为家族企业的全职工作人员，我的角色得到了进一步的扩展：帮公司重组了我们的航运业务，并在泰国和中国香港发展了新的盈利业务。我觉得自己征服了世界，并可以永远征服下去。现在，在我 62 岁的时候，回顾我的人生经历，才觉得这在很大程度上只不过是一种自我膨胀的满足。

如今，我的关注点完全不同了。正如我在接下来的几页中所描述的，生活的历练不仅带我踏入了一个时常尔虞我诈的大商业世界，同时也踏上了一条个人转型之路。我希望在这里传达的正是这种转变，特别是关于它如何影响目前我对企业领导力的理解。

我相信，我的故事很适合作为其他商业领袖的一个参考案例，因为它是建立在东西方思想融合的实践经验基础上的。迄今为止，无论是美国还是中国的做法都没有提供一条通往全球繁荣的明确道路。我们必须架起这两个世界的桥梁，并将两者的要素结合起来，才能真正取得成功。

现在是在世界各地进行这种转变的时候了。无论在中国，还是在美国和欧洲，各国推动、寻求根本变革的势头越来越猛烈。很多人都意识到商业需要一种新的意识，这对我和行业内的同事来说越来越清晰。我正在见证越来越多的渴望，关于自我培养、体验生活整体连接性的本质，跨越时空，尊重先人，关怀后人。我在别人身上看到了觉醒的过程，我自己也在经历。在这条道路上，我们应该一起研究它，然后分享我们的经验，以促进相关社群的发展，使其他人也可以受益。

我们正处在即将到来的全球变化的门槛上，是好是坏，取决于我们所选择的道路。我相信，我们可以共同创造一个商业上的转折点，这个转折点会让我们有更强的自我意识，让我们更深刻地认识到，我们在商业上的态度和行动会如何影响他人、甚至地球上所有的生命，以及我们的后代。许多人正在奋起迎接这一挑战，如果你正在阅读这些文字，你很可能就是其中之一。这本书本身就是在探索每个人需要做些什么才能为全球繁荣做出贡献——一封邀请你我对话和行动的邀请函。

为了帮助你理解我的商业领导力和方法，我将讲述一些往事和经历，正是那些过往塑造了现在的我。在接下来的几页中，你将了解到我的一些背景，以及我在动荡的经济和商业环境中所面临的那些挑战。但核心信息是一个更为向内的旅程、一种自我意识的觉醒，以及这些如何影响我领导和决策的各个方面。

早年经历

我的生活中有许多明显的矛盾。我在中国香港长大，是家族企业的第四代成员，家族企业的文化根源在中国。我是中国人，但在许多国家我都感觉宾至如归。我在东京或曼谷和在伦敦或洛杉矶感到同样自在。

小时候，我受到中西方文化的影响。香港当时被英国侵占，我的祖先来自上海，自 19 世纪 40 年代《南京条约》和《黄埔条约》签订以来[1]，上海一直是中国最具国际化特征的城市。我爷爷在上海的一家由英国人开办的中学读书，我父亲毕业于圣约翰大学，接受纯美式的教育。所以在中国家庭中，我家比大多数家庭更西化。我的家庭信念——尤其是我祖父的愿望——在自由市场的机遇中得到了实现。那是中国极其动荡的一个时期：许多中国人拒绝接受中国的传统文化，但又对自己的做法极度反感。

我 16 岁上了大学，毕业于密歇根大学，获得了造船学士学位和工业工程硕士学位。我对中国文化的兴趣是在 20 世纪 90 年代中期当我开始研究所谓文化可持续发展的时候复苏的。作为一个家族，我们经常感到文化上的流离失所：我们不住在中国，无论走到哪里，都必须融入当地文化。尤其是在加拿大和美国上学之后，我慢慢意识到，我是不一样的，我是中国人，"作为中国人意味着什么？"这个问题在那段时间对我来说有了新的意义。

我在 20 岁的时候回到了亚洲，开始为家族企业工作，从工程和航运业务的维修部门做起，当时这是家族控股的主要部门。那时我质疑一切，常常犯苏格拉底式的错误——"为什么？"以及"为什么不呢？"——这让我的同事感到很不安，尤其是因为我已经被认定为家族企业的继承人。我轮岗了好几个部门，最后被派去管理两艘小型货船和一艘 2.2 万吨的大船。他们的态度是："赶快给老板的儿子一点事情做，让他别再干涉我们的工作了。"但后来的结果却是，我从那批船上获得了超高的经济回报，我的上级们对此喜出望外。

几年后，我在泰国处理停靠在曼谷的船只的卸货事宜时，遇到了我们的一个代理商，他负责为我们的马来西亚工厂的炼油厂配送棕榈油。这个代理商把我介绍到泰国南部一个急需资金的棕榈种植园。对于这个种植园将如何与我们的炼油厂业务整合，前景还远不明朗，但我很感兴趣，可能主要是因为想在一个父亲找不到我的偏远丛林里冒险。尽管许多人曾警告过我，泰国南部是一个危险的经商之地。我还是借来 300 万美元，成了这家新成立的泰国公司的合伙人，最终成为该公司的首席执行官。

那里几乎没有法律和秩序，有时感觉就像好莱坞的狂野西部，充满很多挑战。有时甚至威胁到我的生命，但为了扩展业务，我必须克服这些困难。我们的一个村庄被强盗袭击了。我必须和山里的武装分子进行交涉。最糟糕的是，我们的种植园经理在自己的住宅小区被 5 名雇佣的武装分子开枪打死。他的死对我产生了巨大的影响。当时我只有 26 岁，这次谋杀是对我个人的警告，是想把我吓跑。在接下来的几年里，我尽我的所能照顾他的家人，但这件事让我的情绪很不安，让我对商业的本质和它对人类生活的价值产生了诸多疑问。

几年后，这家种植园公司在曼谷证券交易所上市。我将自己的控股股份出售给了一家英国公司，该公司希望借壳上市。我们卖了个好价钱。出于感情上的原因，我保留了 1% 的股份。至今它仍能给我带来不错的回报。

在 20 世纪 80 年代中期，世界各地的一些国家航运公司倒闭，我们家族的企业，当时的万邦航运公司受泰国政府的请求，帮助拯救其国家航运公司。当时我在泰国的棕榈种植园工作，所以显然我是这个职位的候选人。那是我第一次体验到一只受伤的动物受到四处围剿的感觉，那种感觉很不好。1997年亚洲金融危机爆发时，我再次目睹了这一幕，当时泰铢暴跌。我们在曼谷的公司状况良好，但由于货币贬值，财务报表并不好看。公司的贷款都是美元，几乎一夜之间，1美元的汇率从25泰铢涨到了72泰铢，因此，我们的贷款已不能从经营现金流中摊还。我决定用修建曼谷集装箱码头的钱来还清这笔贷款。那次经历让我认识到了银行家的阴暗面。关于银行家，有句话说得很对：银行家就是一群晴天打伞、雨天抽伞的人。

为了还清贷款，我去了曼谷的银行。我在门口遇到了愤怒的银行职员，他们表现得像疯狗一样。接下来见到执行小组，他们最擅长的是威吓这种伎俩。他们认定我无法偿还贷款，是来重新谈判的，所以我被折磨了一段时间。我本可以立刻化解这种局面，但我选择了观察，看看他们会做到什么程度。受够了种种"款待"后，我说："我是来全额偿还贷款的。"一瞬间，他们的愤怒就化作了奉承。那些执行者撤退了，被另一支队伍取代，他们后来送我回到车里，不断地感谢我，一路微笑着鞠躬。这让我学到了很多。一个勤奋工作、但在货币贬值时处于不利地位的好商人，会沦落到跪在一家放贷银行的面前，受到粗暴对待。这就是游戏规则。如果你运气不好，他们就会把疯狗送过来。这绝对不是你想要陷入的境地（当然，除非你的债务太多，违约可能威胁到银行的生存）。

还有很多其他类似的故事：在一个暴力行为司空见惯的社区里建船厂；对付泰国黑手党；研究如何抓住仓库里的小偷；在造船厂目睹枪战。我们在码头上留下了一些机关枪弹孔作为提醒。这些早期经历是在令人难以置信的经济增长背景下发生的，这种增长在20

世纪 90 年代达到顶峰，以致我只能用"狂野的东方"来形容当时的商业环境。

我见证了亚洲经济奇迹般的兴衰，这一奇迹最早出现在 1988 年，我看到了毫无责任感的经济增长给社会带来的损害。人们疯狂地进行金融交易和股市投机，忽视了自己的日常工作，员工流动率非常高，因为没有人愿意踏实地做一天的工作。相反，每个人都想通过炒股发财。许多年轻人盲目地涌向城市而放弃了农田，结果却发现自己陷入了可悲的境地，这导致了农村社区社会结构的瓦解。1997 年，我目睹了这一切再次土崩瓦解：大资本家们退出了市场，让其他所有人都陷入了困境，导致了更多与银行家的冲突。

所有这些，都为思考商业的角色和目的以及商业运作的方式提供了素材。人们为了达到目的，会做出何种行为？在这样的环境下，我将为家族企业创造多大的价值？后来我明白了：经济活动的根本目的是为人类福祉服务的。商业是人类的一种构想，只有当它是为了全体人民的利益服务时，它才有价值——它必须为了追求与社会目标相关的目的而运行。2018 年，当我们完成这本书的时候，结论似乎很明显。但在那段时期，以及我职业生涯的大部分时间里，我在市场上看到的行为与此截然相反。

继承

20 世纪 90 年代初，我花了越来越多的时间在香港帮助父亲重组家族的核心航运业务，研究如何通过与别人合并资产、改善物流供应链来实现规模经济。我被任命为总裁，类似于联席 CEO 的角色，与父亲共同承担责任。我的工作是根据亚洲的经济爆发增长态势对公司的业务进行重组和转型，把万邦集团打造成一个差异化的航运企业。我们增加了更多的定制船舶业务，包括增加自卸船、化学品（货）邮轮等专业化船舶。这种从传统家族企业向更专业的管理机构的转变，使我们能够在几年后真正开展业务时在亚洲进行扩张。

父子俩共同领导公司往往是一种挑战，事实证明也是如此。我记得与父亲共进晚餐时，我谈到了作为联席 CEO 管理公司是多么困难。"两双筷子在同一个碗里吃饭是个大问题"，我说，"最重要的是，尽管我是'右撇子'，你还是要求我用左手吃饭。"对话持续了好几年，始终没有明确的解决办法。在此期间，公司总部迁往新加坡，同时我们继续重组航运业务和扩大船队。有一次，我对他说："这真的运行得不够好。"不管是我那已经成为著名建筑师的哥哥，还是我的姐姐，都没有兴趣管理家族企业。因此，我向父亲提出了一个建议：既然不希望在兄弟姐妹之间分割家族企业，而有些人又不参与企业的管理，那么最好把他原本打算留给我的遗产先给我，这样，我就可以用这些积累的资本以及一些必要的财务杠杆，来收购剩下的业务。我们终于在 1994 年年底达成协议，从 1995 年 1 月 1 日起，我成为家族企业的第四代掌门人。

当时外界有很多关于开放亚洲市场和中国崛起为全球经济强国的讨论。我与家人和同事研究了万邦集团发展为全球性企业的意义。我们开始思考这样一项事业的意义以及如何利用东西方的智慧和资源寻找自己的特性与可持续发展。这直接促进了 1995 年东西方文化研究与发展中心的成立，我们将在下一章对此予以说明。

万邦集团的起源

要完全理解我关于可持续发展业务的想法及其对社会的影响，你有必要看看我继承的产业。我们家族的每一代人都扩张和塑造了我们的企业，并使其在特定的时代蓬勃发展。但我们的创始人——我的曾祖父的三大价值观始终贯穿于每个时代：诚信、勤奋和谨慎。

我的曾祖父曹华章是 20 世纪初上海的一名舢板船夫。一天，一个喝醉酒的船长在他的船上落下了一个装满现金和文件的袋子，我的曾祖父完全可以留着它。对一个可怜的船夫来说，这将是一笔可观的财富。然而事实却相反，他选择去找船长，但船长的船已经开了。几个月后，当船回来的时候，我的曾祖父带着原封未动的袋子以及里面的东西去等那位船长。这些文件里面有很多都是提货单和仓库里货物的存证。船长是个西方人，他对我曾祖父的诚信印象深刻，并给了他一大笔奖金——我曾祖父用这笔钱做起了自己的码头运输生意。于是我们的家族企业就这样诞生了。

经过连续几代人的奋斗，虽然困难重重，但公司的业务呈指数级增长。在我祖父曹隐云和父亲曹文锦的领导下，在两次世界大战期间，伴随着旧王朝的衰落、新中国成立及转变为当今更市场化的社会主义特色国家，公司扩展了航运和房地产业务。随着曹氏家族的扩张，我们从中国移居到世界各地——我的祖父去世时已成为巴西公民。我出生的时候，公司的总部已经从上海迁移到了香港。

曹氏家族企业的故事是一个不断迎接周围世界挑战的故事，在适应社会不断变化的需求的同时，保持其三大企业价值观的一致性。其中，谨慎是关键。这避免了家族卷入 20 世纪的动荡事件，现在仍然在继续指导着我们。从统计数据看，家族企业往往会在第三代人的任期内失败，我们反而是持续地繁荣起来了。万邦集团在香港和新加坡证券交易所上市，但在 2002 年，我决定将公司私有化，让家族企业只对我们自己负责，它就能拥有更多的自由，在创意和想象力的推动下不断发展。

我作为公司掌舵人的那些年

在我接手后的几年里，万邦已经从一家区域性航运公司发展成为一家以服务为本的综合性跨国解决方案供应商——成为一家跨越多个地域市场、规模达数十亿美元的复杂企业。20 世纪 90 年代中期，中国的工业发展意味着对原材料的需求增加，一度导致将这些原材料运往中国的货运能力严重不足。但市场天生具有周期性，在市场最繁荣的 2005—2007 年，当所有船舶的价值都被极度高估时，我敦促我的经理们卖出了一些船舶。当时这遭到了激烈的反对："为什么在市场如此兴盛的时候卖出？"虽然在市场繁荣的时期很难预测它的低迷，但正是在旺季抛售了船舶，才让我们在市场降温后得以扩张。

在过去的二十年里，我们继续多元化投资组合并增加新的风险投资，从设备和港口到海洋离岸工程服务。我们改变了业务模式，从船主变成了跨多产业链的解决方案提供商。其核心背景是中国作为一个贸易大国的崛起，及其拥有 10 多亿人口的市场日益增长的需求。中国奇迹迫使航运业以前所未有的方式进行变革[2]。

我回避投机、暴利等交易，专注于公司的长期可持续发展。尽管有些人反对，但近年来，我通过创建音昱（Octave），将业务拓展到核心业务和房地产活动之外。音昱是一个提升人类福祉与健康的业务，与量子领导力的思维保持一致。

今天万邦集团的业务是专注于进化和创造的，这是我个人经历的反映。万邦集团将继续奉行包容的经营理念，为所有利益相关者在这个竞争残酷的世界创造价值。我相信，正是这种理念使得万邦能够超越那些不计社会和环境代价追求短期利益的公司，我们的焦点是可持续的蓬勃发展。

商业的目的是什么？

随着个人经历的丰富，我开始更加清楚地认识到，商业领袖的角色是在为人类福祉服务的同时创造财富。因此，财富不仅仅意味着所有者的利润，也意味着所有人的成功。任何资源一旦离开了社会意义就不再是财富。企业必须在创造企业价值的同时增加更广泛的社会价值，通过企业价值为社会需求服务。这就是亚当·斯密（Adam Smith）那句话的精髓："生产者的利益，应当只在促进消费者利益的范围内予以关注。"[3] 在当今世界，商业的持续发展需要来自所有利益相关者更大的价值整合和支持。

要理解商业，必须从它的目的开始。商业是社会不可或缺的一部分，至少在当今的资本主义体系中，市场在满足人们的需求和欲望方面发挥着重要作用。为商品和服务付费的意愿使得经济资源转化为了财富。经济学从根本上应该理解为满足人类欲望的活动，但在这个消费主义和物质主义泛滥的时代，人类的欲望并不一定与幸福感相一致。

迄今为止，商业是人类为了配置资源以创造价值而设计的最有效的机制。它从人和制度的角度有效结合了两个主要角色：服务人类，创造财富。一家协调一致的企业不仅仅是一个谋生之地，它同时也是一个平台，让领导者、管理者和员工追求发展、创造和自我实现，无论是以个人为单位还是以集体为单位。

这些年的感悟

随着公司的发展，万邦集团的业务范围从农业拓展到投资管理和跨境贸易、建筑、制造、物流和采矿等多个领域。这样的业务范围，加上我们的多元化地理背景，让我接触到了人们行为的方方面面。最终，它让我从更全面的视角观察我们这个时代社会和经济的变化，并对更广泛的文化视角具有更敏感的体验。它告诉我，全球化和全球一体化带来了巨大的物质利益，但同时也导致了人际关系的弱化。当世界变得越来越小的时候，人们却越来越疏远。一种过度发展的自我主义和物质主义观念已经出现，这导致全球商业思维模式变窄了。

在每一个步骤中，我们都关注万邦集团的经济状况，以确保在资本得到有效利用的同时为客户增加价值。一个挑战公司底线的创造性的方法，帮助我们克服了制度对创新的限制。这种限制通常意味着缓慢的执行和错误的时机，并且只有在回顾的时候才能意识到错误。

为什么我们一直拒绝改变，直到一切为时已晚？因为缺乏对时代和更广阔的市场环境的全局意识。持续的"地形分析"是很有必要的，在当今瞬息万变、市场动荡的时代，更高水平的认知能力比以往任何时候都更为重要。领导者和管理团队需要时刻保持警惕，并不断探索他们所处的复杂的经济、政治和社会系统，以便安全过渡到未来，即使这意味着将我们自己置于脆弱的境地。如果我们只对此时此地做出反应，就来不及做出前瞻性的决定，公司蓬勃发展的机遇就会从我们身边溜走。

我早年的生活经历让我对目标产生了疑问。当我于 1995 年开始掌舵公司时，我就已经在问自己关于领导力更深层次的意义的问题了，比如"我将领导企业走向何方？""可持续发展的真正意义是什么？"对企业社会角色的存在主义担忧占据了我的全部心思。我的探索就是这样开始的：如何运营好一家不仅仅在社会上运作而且为社会服务的企业。

我开始学习西方的领导实践和管理理论。在职业生涯的最初几年，我一直在研读和探索这个领域，但最终发现，主流方法既不全面，也不是特别有效。许多东西缺失了。即使是那些在顶尖商学院教授、由业绩最好的企业实践总结出的方法，对社会和环境仍充满负面影响。管理思维必须进化得更复杂一些，才能孕育出蓬勃发展的企业。作为一种机制，商业组织现在有了由 193 个国家和地区签署的联合国 17 项可持续发展目标（Sustainable Development Goals, SDGs）所提供的方向，这是加快自身发展以迎接人类面临的挑战的绝佳机会[4]，这是企业在减轻贫困、发展财富和提高生活水平方面已有的正面形象之上再增加影响的机会。随着这种新的意识变得普遍，企业也应该努力达到更高的意识水平，创建必要的商业模式来迎接这一挑战。与此同时，商业的生命周期越来越短，竞争的性质越来越具有颠覆性，生态和社会问题日益突出。行业领袖们发现，他们越来越频繁地面临惊涛骇浪，要经受住这些风暴是很困难的，或许无法满足股东或利益相关者的需求。

在这样的时代，我该如何带领我的企业走向繁荣昌盛呢？答案是：向东方传统文化学习。

我对西方的领导模式进行了相当深入的探索，但没有找到满意的答案和解决方案，于是我转投东方先贤的怀抱，他们的智慧经受住了时间的考验，不是几十年或几百年，而是几千年。我从了解老子、孔子和佛教的东方思想体系开始。这让我意识到，在每一个系统中，无论是商业、婚姻还是任何其他关系安排，每个参与者都必须有一个特定的角色。如果角色不被定义，系统中的参与者就没有相关性，系统本身也不再有价值。当一个系统没有价值时，它就会衰落，最终不复存在，它不仅不会繁荣，甚至将无法维持自己的生存。

我发现自己踏上了一段激动人心的发现之旅。我一直在寻找成为完整幸福人的关键，寻找一条在生活和事业上都能蓬勃发展的道路。当你学会了如何成为一个富足的人时，你才有可能领导好一个蓬勃发展的组织。

气（生命的力量）

1992 年，我开始研究正念，首先是中国的"气"的概念。这是中国古代哲学的核心。吸引我去探索气的原因正是我意识到自己可以亲身体验它。"气"的字面意思是"呼吸"或"空气"，从象征意义上说，它代表生命力，即在每个生命系统中循环的能量流。当我开始练习气时，我能感觉到它在我的身体里移动。我开始明白，这种能量是一种隐藏的宝藏，可以在日常生活中使用。"气"是生命的本质，也是可以培养的东西，是我们追求健康和幸福的力量。最重要的是，它是我们内心的创造力。

我对"气"的积极探索可以追溯到 1993 年，当时我遇到了一位接受过中医和道教传统训练的中国医生。这位医生是由我的家人极力推荐来的。他是气功大师,气功是一种古老的中国保健系统,融合了呼吸技巧和注意力。第一次见他的那天,我发现他的办公室外排着长队。最终轮到我的时候,他给我检查了一下并开了一剂中药。他说:"你会失声,然后会有严重的头痛,可能在一段时间内会感觉很糟糕。不过别担心,再往后你会好起来的。"出去的时候,我去付钱,但他的助手说:"哦,你不是必须要付钱。这取决于你。门旁边有一个红色的小盒子,你觉得值多少就付多少吧。"

我对这种药剂的药用价值持高度怀疑态度,所以在回到家后,我把处方传真给北京办公室,对配方进行分析,结果发现主要是海藻和其他植物成分。我相信这剂中药应该是相对安全的,即使它闻起来很糟糕,尝起来更糟,我还是尝试了几天。第一天,我唱卡拉OK正好唱到一半的时候嗓子哑了。之后我飞往泰国,其间头痛欲裂。尽管情况变得很糟糕,我还是坚持按规定的剂量服了药。但到了第三天,情况开始好转,第四天我感觉很好。我瘦了十磅,睡得比以往任何时候都好。我的头脑清醒了,情绪也得到了控制。看来这位医生确实有水平。

"你说得对,我感觉好多了!"我回访时对他说:"我如何才能更进一步呢?""去练气功吧。"他回答。

气功(生命能量的培养)是一种身体姿势、运动、呼吸和冥想的系统——一种培养和平衡气的练习。当我开始的时候,身体里所有的能量就开始动起来了。我能真切地感受到它——在哪一处开始,在哪一处停止。我被吸引了。这段经历让我走上了冥想的道路,现在我只要张开手掌就能感觉到能量的流动。

从第一步开始,我开始冥想的时间越来越长。一天下午,我去我姐姐家。她和家人都出去了，所以我一个人在家里等他们，并开始了冥想。夜幕降临，我仍然一个人。虽然有点饿，但我仍然继续冥想到凌晨 3 点，坐在那里，感受能量在我体内的流动。

我报名参加了那个医生的气功课，交了很多年的学费，但由于工作日程太满，我只能参加极少数的课程。有一天，我邀请他吃午饭，期待能有一场有趣的对话，但他不愿谈论任何理论或概念。每次我问他一些哲学问题时，他总是打断我。"停止说话，开始行动"，他说。他让我认识到实践和知识的重要性，这些不是通过文字或抽象符号得出的，而是通过体验得出的。

探索精神和哲学

在我的童年时代，道教对我几乎没有什么影响。我读的是基督教学校，我母亲是个虔诚的佛教徒。我花了很多年探索佛教并且对许多其他宗教和精神传统进行了一些实践。我发现，世界上所有主要的宗教都有一个共同的精神实质，那就是追求和平与和谐。当然，在这里我的目的不是要比较它们，也不是要说某一个比另一个更好。

然而，精神传统和实践是两回事。我发现道教及其实践与当今世界有明显的相关性，因为道教关注的是如何对待唯物主义的真相，并通过唯物主义来理解精神及其起源，即中国人所说的道。道教经典《道德经》[5]中有很多关于管理和领导的内容。道家注重理解现实的本质，尤其是物质世界的本质，注重与自然和谐相处的生活方式。它的一些基本概念包括无为（通过不作为达到作为的目的）、道法自然以及难以形容的、神秘的道本身。《道德经》宣称，如果你失去了道，你至少可以拥有美德；如果你失去了美德，你仍然可以仁爱；如果你失去了仁爱，你可以拥有道德；如果你失去了道德，你就只剩下礼仪；而在那之后，你就只剩下混乱的人生。

道家哲学关于领导力的内容往往让人觉得惊讶和违背直觉。例如，弱小但柔韧的树苗比强壮的橡树更能经受大风暴。"以弱胜强""以柔克刚"是《道德经》的核心理念。道家重视看起来很柔弱的力量，而不是通常所认为的力量来自于力气，我们可以通过对道的理解，了解到真正的力量来自于对不同事物、情境和人之间的联系。但最终，随风摇摆的小树苗注定会长成一棵大树。人类可以做的还有很多，我们不仅能够理解这些联系，而且能够创造新的联系来产生新的现实和新的世界。我从佛教《法华经》中找到了灵感，它表明，在我们自己的物质世界里，涅槃是可以实现的。

在西方，我们在外部世界寻求真理，倾向于向外看。中国传统文化告诉我们，修养包括内在的正念和精神修炼。根据中国古代的世界观，我们的眼睛是闭着的，向内看，并从那儿进化而来。如果我们足够深入地审视内心，可能会发现生活中想要的一切都已经刻印在我们内心了。在体验过完整的现实本质后，通过不断的修身养性，我们就会理解到无常和痛苦是现实的基本属性。意识到这一点后，一个人的思维方式就会开始改变。采用这种方法不断地自省，通过冥想和相关实践不断地探索现实世界，是理解整体连接性的一种途径。

现在，为了那些不熟悉这些实践和见解的人，我暂停一下，他们可能对这些实践和见解与企业领导力的相关性感到困惑。我想要表达的是：只有通过意识上的转变，我们才能领导适应 21 世纪挑战的企业——为全体人类福祉服务的企业。正是这种与我们内在目标完全一致的意识，才能让激情和爱得以传达，让创造力与正在进行的变革相匹配，为人类的进化做出贡献。所有可见的现实其实都发生在我们的内心世界，对外部世界的感知也发生在自己的内心世界，因此，当我们处理信息的进出、觉察和意识的运动以及对信息的反应时，实践行为就发生了。量子科学的重要意义在于从一个割裂的、更具分裂性的方向转变为一个更具综合性、整体性和系统性的方向。它在无形的能量上是整体的，在外在表达上是系统的。换句话说，在量子层面上，它是整体性的；但在物质层面上，它是系统性的。

不管人们在哪里生活和工作，我都可以向他们介绍我的人生历程，以中国传统文化为中心，强调和谐过渡的重要性，即以正确的原则、正确的做法和正确的行为为中心，不走极端。它不需要复杂的学习，虽然学习哲学理论是有帮助的，但没有实践，一个人永远不能完全掌握正确的生活方式。在中国，"人生"这个词也意味着去探索生而为人的意义是什么，理解思维、肉体和精神的联系及过去、现在、将来是同步存在的。如果我们在当下能够自由地观察过去和将来，我们将会怎样生活呢？

任何人都可以很容易地开始一段基于正念的旅程。它只需要你在那一刻了解你自己，认识你自己，当你与世界互动时，你的自我在不断变化。我们可以通过自己的内心世界进入外部世界。内心世界和外部世界有着直接的双向交流。通过培养我们的内心世界，可以探究到外部世界的本质。有了内在世界的成功，我们就能变得有外在的影响力。这就是道教所谓的该如何合二为一。它只需要练习、练习、再练习。

多年以来，我学习了很多西方科学新发现，特别是量子物理学[6]、量子生物学[7]、神经科学和意识研究[8]。量子科学告诉我们，自然界的基本组成部分不是粒子，而是能量场。包括我们自己身体在内的所有物质，通过能量聚集在一起，相互作用，释放能量。宇宙中的每一个粒子实际上都是潜在能量场的涟漪，是通过量子力学机制塑造而成的。量子理论的一些观点认为还存在一个全宇宙的量子能量场[9]。这与东方的道家哲学不谋而合——生命的传承和活力来自于与更深层次的非物质世界之间难以形容的联系。我认为，现代科学的宇宙能量场对揭示现实的真实本质的描述，与世界上许多宗教关于神的描述十分类似。正如我们在第 6 章中所展示的，科学证明了世界是相互联系的，并且本质上是一个整体，验证了中国传统思想关于"思想与物质相统一"的世界观。

这世间只有一种意识，这个观点在《易经》《道德经》《佛经》《吠陀经》等古籍中早有表述，并在后来被称为卡巴拉教的犹太神秘主义的口授和文字中得到了体现。《易经》早在 2 500 多年前就提出了西方科学理论中相互联系的理论。它倡导我们内心世界与外部世界的统一，以便创造一个统一的现实，在这个现实中个人和团体是相互联系和完整一体的。这正是我们用来提升人们行为和商业领导力的普遍准则。在 21 世纪，这是一条被古老智慧和新兴科学清晰印证的道路。

几十年以来，我一直尝试通过练习来进化我的意识，我的成果可以概括为四个词："一致性""整体性""发现""进化"。从耶稣到佛陀再到老子，所有伟大的圣人都表达了同样的基本真理。

我把一千多个小时的自然疗法练习（包括静修和与之相关的讨论）都记录了下来。它帮我识别和释放出了被困在依恋和创伤中的情绪，在这个过程中，我发现我的内心深处存在不可逆转的悲伤情绪。这是一种在经历从"我"到"我们"的空间转换时发生的个人落差，是对人类（"我们所有人"的空间）及其持续存在的危机感的悲伤。与愤怒和恐惧不同，悲伤是一种多年来我都无法克服的情绪。之后有一天，我意识到悲伤是我所有其他情绪的起点，我可以将其中不断降低的能量转化为升高的能量，通过这种能量，我就可以带着共情心继续前进。从那时起，我突然意识到，从消极能量到积极情绪的转变，以及爱的循环，都是通过将自己的共情转化为对世界的共情来传达的。这种能量也是创造的能量，世界可以因此而进化成一个对所有生命及子孙后代来说更加繁荣的地方。

有些人问我为什么要做这些事，为什么我这么努力地致力于以幸福为目标的商业，在那个时刻，我意识到，对于这些问题，我现在有了一个答案。我之前曾给出过各种各样的回答，但现在我知道真正驱使我的是什么了。我在处理我生命中的悲伤，而唯一能克服它的方法就是做一些对世界有益的事。我们都在同一个地方；我们都有同样的问题；我们都希望身心健康，体验幸福。

与许多深受20世纪六七十年代"文化大革命"影响的老年人不同，我把目光转向了中华文明的早期。孔子的理论对我的人生观产生了很大影响。在佛教教义中，我融入了"八正道"的元素，包括正见、正思维、正语、正业、正命、正精进、正念、正定。在禅宗中，我通过专注冥想学会了正念。在冥想中，你需要训练大脑去观察你的意识中发生了什么，不分心地集中注意力，去往意识想去的地方。洞察冥想是对我们自身经验和理论的一种独立的核查和探索。

在中国传统文化中，生活的目的是提升自身的意识。目的是让你在人生历程中与道合而为一。佛教教义确立了哲学框架，儒家学说确立了一种标准的操作程序，而道教则提供了"政策手册"。政策手册并不偏重于理论，它们不是规范性的。因此，道教可以被认为是一种力量，虽然有些偏颇，但确实可以指导人们以正确的方式去生活。另外，我也从基督教以及向上帝祈祷的过程中学到了很多。

人们对中国传统文化存在误解。虽然我们似乎有服从集体的观念，却将对集体的关爱不仅看作是整体健康的一种条件，而且看作是摆脱过于依赖个体欲望的进化的行为。在一定时期内克制欲望有助于我们更理解道，并启发我们的信仰。但同样真实的是，在东方智慧中，没有这样的戒令：如果想进入天堂，则必须过一种没有原罪的生活。东方的方法不是否认人类的欲望，进而避免生活产生混乱，而是鼓励我们接受它们。世俗的欲望不仅被接受，甚至被认为是必要的，因为没有欲望就没有情感和精神上的成长，没有欲望也就没有了动力。

自我修养能转变我们的欲望。例如，如果你冥想的时间足够长，你就会意识到不需要通过刺激来获得幸福感。你可能认为自己需要很多物质上的东西来满足世俗的欲望，但是当你通过内心的正念来培养你的欲望时，你会意识到并不需要那么多的物质财富来满足自己。当你可以通过内心的反思去任何地方时，为什么还要看好莱坞电影呢？相反，你可以成为电影。

我从商界学到的东西

中国传统思想的核心观点是万物互联，是一个整体。从历史上看，在过去 2 500 年的大部分时间里，我们中国人有意识地生活在与天、与自然、与他人、与家庭、与内心世界等各种关系中。从与事物的关系的角度看世界，本身就是一种变革。当你生活在一个与他人和周围的世界都很健康的关系中时，你实现和谐的可能性就很大了。

作为一名21世纪的企业家，我将和谐理解为一种能够实现诚信合作的动态机制。一旦实现了和谐，你就能更好地与他人合作，作为社会变革的代表，诚信的合作是应对商业挑战的关键之一。

影响我一生的不是企业家。我的老师包括老子、耶稣、孔子、佛陀、奎师那⊖和其他伟大的圣人，他们都是我的榜样。在死后的几千年里，他们仍然发挥着令人难以置信的强大影响力。西方科学与中国传统哲学的交叉仍然是我的灵感来源。正如前面所讨论的，新兴的科学研究领域反映了中国古代的观点，为宇宙本质的统一性提供了证据。这就是我在全球范围内赞助这些新科学的研究和会议的原因，并邀请来自东方和西方的世界级研究人员向更广泛的商业受众解释他们的发现。

世界观很重要，它是对现实的一种假设。在这个人人找寻自我的年代，我们需要有一个正确的世界观。世界观创造了一种语言和架构，在其中我们可以表达想法、理解世界、思考、行动和交流。每个人都有世界观，有意识的或无意识的，却往往是不完整的、不协调的或过时的，这导致了我们内心的矛盾。当我们对世界、对自己的许多认知发生冲突时，就会进入一种紧张的状态，即认知失调。我们强烈地想保持认知一致性的时候经常会引发很多荒谬的行为，甚至是一些不正常的行为。协调这些矛盾，发展一个具有统一性和连贯性的世界观，探索其细节，对于我们在处理人际关系和应

⊖ Krishna，又译作克里希那，是印度教诸神中最广受崇拜的一位，是诸神之首。——译者注

对世界时所采取的态度上实现一致性至关重要。这也解释了我们如何共同创造一个充满活力的世界。

企业需要提升管理能力，但同时也需要更全面地看待人类发展问题。我们需要倡导一种新的工作和生活方式，以支持企业的情感和精神成长。这最终将带来更真实的合作和创造力，正如我所经历的，也正如我们的目标所示——商业的可持续发展。多年来，我的领导方式让周围的人感到疑惑，然而，我的原则却始终如一。我相信，企业领导不是要让股东回报最大化或交易成功，而是要在一段持续的时间内为社会创造更大的价值。

我认为自己是一个务实的人，当商业机会或风险出现时，我的目标是快速地采取行动。尽管如此，有时有些人可能会觉得我的方法很神秘。根据管理环境中所隐藏的要素，我会提出如下建议："逐渐培养你的技能和人际关系，以及你需要做出改变的意识。所有这些在身、心、灵层面是相通的。进化，或者说自由的创造，不是突然而来的，而是一个渐进的过程。清理你的被困住的情绪、心态和偏见，不断重构你的神经连接。"并非每个人都能够或准备好在管理中接受这样的引导。

现在，我发现重要的不是愿景——尤其当愿景已成为西方管理学中反复出现的主题——而是方向和不断的进化。我所提倡的"如何做"包括不断调整对未来的展望以面对目前的挑战，避免对未来做出固定的预测是很重要的。但凡对复杂问题给出确定答案的，我都会持谨慎态度。我更倾向于参考科学的原理、永恒的精神洞察力和社会趋势来间接地找到解决这些问题的方向。

为幸福去生活和工作

我相信，中国传统智慧与此时、此地息息相关，尽管在过去的一个世纪里，中国人自己未必愿意接受它。但是通过在 21 世纪的重新解读，中国传统思想为我们提供了一条通向更高意识形式的道路。意识的第一种形式就是简单的居中。这种居中起源于平衡与和谐的状态，当我们融入自我、融入与社会和自然的关系时，这种状态就会出现。当一切都清晰一致的时候，一切都能更好地成长和发展。意识在其最全面和最自然的状态下就能传达出爱，使我们能够发挥自己最大的潜力：自由、快乐以及平和。随着意识的提升，每个人都有可能获得智慧和勇气，推动我们的商业向更繁荣、更有意义的方向转型。

关于个人成长的思考

我们一生中都在不断地成长和进步。2013 年，我有了另一个顿悟。我突然意识到，在更深的存在主义层面上，没有羞愧感，没有罪恶感，甚至没有公平感或宽仁之心。那些感觉都不是真实的，所以它召唤我们放开一切。那些是我们在被别人制约的时候所感受到的情绪，在那个时间点上，我觉得自己更能接受生活本来的样子，而不是别人想要我成为的样子。自我是我们社会需求的负面投射，它是在一种持续的恐惧而不是爱的状态中发挥作用。自我的本质总是寻求认同，是基于我们自身的成长经历和信念，在我们的头脑中构建不断重复的程序闭环。相反，我们应该学会不经判断从而直观地接受自己，并且对自己和他人都要有同情心。只有这样，我们才能建立一种有效机制，包含参与、连接、慷慨和仁慈。我已经学会了接受，无论发生什么，都是事物的本质。每个挑战都是个人成长的馈赠，当我接受它，阻碍就展示出不同的属性。所有的事情似乎都变得好起来了。

其实，在接受这些之前还要有勇气。通过冥想练习，我知道了勇气是一种让不舒服的感觉变得舒服的特质。正念是引导你走向它的一个过程。有了勇气，你就会意识到，情绪的激发是对脆弱的一种反应。处理脆弱的能力来自于看清自己所处的特定情境，需要对形势进行合理的分析和谨慎的研究。多年来，我努力提高自己的情感和精神修养，但我在感受或者爱惜自己身体这方面，做得还不够。也许我很幸运拥有强壮的体质，但现在我更多地去感受身体与自己的身体交流。

当我把所学到的东西付诸实践的时候，并没有一直思考应该如何富有同情心或关心他人这些事情，也不是每次做出管理决策的时候脑子里都想着"道"。当我开始探索生命意义的时候，首先是有勇气，然后是去接受，最后意识到爱是共鸣，如果你致力于与周围世界的连接，爱就会出现。从一个爱自己的地方开始，可以让我们更好地连接他人，更好地接纳自己。62 岁的我，像其他许多人一样，终于明白了"你所需要的只是爱"这句话的意思。

第3章　组织的旅程：万邦泛亚集团的发展故事

在这一章中，曹慰德更详细地探讨了他的心路历程及其与新型领导力的关系。他进一步阐述了他的观点，即管理者在接受变革和不断发展的同时，还需要以一致的世界观为指导实现意识的转变。这就是量子领导者的本质。万邦集团在他的领导下不断发展，形成了以中国传统智慧为基础的核心理念。曹慰德认为，在一个变化极速并且令人困惑的时代，量子领导力是针对困惑的唯一解答。我们将一同了解意澄学院（AITIA）是如何建立的，它是一个在商业环境中倡导意识进化的机构，并通过正念意识和连接周边世界来发展量子领导力理论，以促进其发扬光大。到目前为止，万邦集团之旅的高潮是创建了音昱，引入一种变革性的商业模式，其基础是在21世纪的全球背景下促进合一的意识。音昱是一家营利性企业，由三个主要部分组成：意澄学院；音昱生活，专注健康与生命之旅；音昱空间，为社区寻求一种生活方式的转变。

……

现代管理理论非常强调规范的企业行为，这些行为基于纯粹的利润法则，后者同时指导了管理的绩效衡量标准和激励机制。我们生活的这个时代，领导者往往专注于创造短期财务价值，单纯地用狭义的关键绩效指标（Key Performance Indicators，KPI）来驱动组织。在许多情况下，与企业的财务利益相关的股东由金融机构作为代表，这些金融机构除了追求短期经济回报的最大化外，对企业的其他方面几乎漠不关心。高管激励措施与社会长远利益并不一致。愿景与合作这个能使企业成为一个具有凝聚力的整体、为社会服务的关键过程，常常是缺失或无效的。作为团队和组织的领导者，我们无法发挥自己的创造力。

商业领导力不仅仅是一门科学，而且是一门艺术，它甚至还是一种进化的必然。管理者的角色和意义在于有效地运用知识与经验来实现一致的目标（短期和长期）。领导的关键任务是组织和规划人力与其他资源来应对变化，管理层必须拥抱创业和创新。无法创新是一个组织衰败的最重要原因，而未能进行有效的管理是新企业失败的关键原因。

管理者的主要职能是成为整合者，其目标是协调、部署和运作那些看似不相干的元素，并把集体的力量整合到一起。无论是在政府、企业，还是非政府组织，全社会的管理者都经常各自为政，但现在比以往任何时候都更需要通过协作来发挥企业生态系统的整体能量。领导者必须了解大局，发挥创造力，把服务人民福祉作为企业的转型目标。作为一名具有整合能力的管理者，最充分的表现就是有能力去完善和整合出一个与自然社会需求相关的新商业模式。

因此，领导者和管理者必须提升能力，更好地识别和应对动态的发展。他们必须提高对内在精神世界和对外在物质世界及社会的认识，通过这些认识，他们可以管理进化过程中的动态要素。他们必须以一个一致的世界观、一个能够在商业环境中感知和表达一致性和整体性的世界观为指导，他们必须能够在变化的环境中不断地自我进化。如果想要转变他们的思维和行动，就要转变他们的意识，需要让他们从一个整体的、动态的、进化的角度来看世界。通过各类整体连接性练习来不断提升认知是一项长期的承诺和投资，它通过意识觉悟（所有资本之母）让进化和创新能力充分发挥潜能。

具有讽刺意味的是，人类创造了奴役和压迫他们的社会与制度。但正是这些制度所带来的挑战，变成了个人走向繁荣的机遇。随着领导者的自我发展，他们集体意识的转变将再次改变整个制度体系。然后，新的制度体系又会再次抑制认知，从而刺激意识的再一次转变。对这种动态变化的理解改变了我们看待问题的方式，因为问题是走向繁荣的基础。我们通过提高意识来解决在某个特定时点上所面临的问题；一系列新挑战随后又会再次出现，需要我们再次进一步转变意识。所以，我们终于知道了进化发展的方向，那就是下一个挑战。挑战和进化就像阴阳一般动态融合，最终向一致性迈进。这就像游泳：正是通过水的阻力，我们才学会了游泳。如果你能游泳，你就可以进步；如果你不能，你就沉下去。所以，正是阻力在推动着我们向前。

最终领导和指引我们的是精神层面的东西——与最底层存在的连接、创造的力量——等，你怎么称呼它都行。

如果让我为领导力挑选一个基本特征，我会说那就是谦逊（humility）。有了谦逊的态度，你就更愿意改变自己，更愿意去学习，更愿意用心去观察周围的环境。这是自我修养的基础，也是进化之旅的核心。

我们受身体构造和信仰的限制，被这些外在的东西所制约着，我们根据其中衍生出来的偏好和判断来生活。这些构造和信仰是阻碍领导者和管理者拓展现实世界的障碍，它们限制了我们与真实的、有创造力和有意义的事物进行互动的能力。我们看待事物时只看到了自己想看到的部分，而不是它们本来的面目。当你与自己、与周围的世界紧密相连时，你就能同时拥有光明和黑暗的一面——即你在日常生活中通常无法接受的那部分。这些不被接受的部分通常会触发自我防御机制，比如辩护、谎言、胡诌，或者干脆回避。然而，量子领导者却能与他们内在的生命能量相连接，并将这种能量转化为积极的行动。

爱自己很重要，这是一个经常被提及的真理，但真正的爱意味着接受真实的自我。正念帮助我们认识和理解信仰和假设、偏好、恐惧和欲望。我们只有重新调整自己的行为，才能实现持续的转变，这种进化方式有时候被称为"心流"，类似于中国传统文化中的"道"。

我清楚地发现，只有当一个组织的领导力以这种方式发展、管理者创造出这种文化氛围时，这个组织才能真正走向繁荣昌盛。这一切都始于自我修养：去培养一种真正愿意改变的心态。提升意识就是让我们能够更清楚地区分在组织和社群的背景下哪些才符合更广泛的利益，哪些实际上只是我们自己扭曲的私利。这对领导和管理可持续变革的能力至关重要。一个完成自我进化的人能够感知客观现实与自身利己意识之间的区别，因此，即便是一个很小的正念管理团队也能完成非常卓越的成就。

但是，领导者总是受到来自系统的阻力，因为现有的组织结构和流程无意中阻碍了发展。那么，如何才能创造新的企业组织来鼓励新的思维模式，并应对全球社会和经济结构的快速变化呢？怎样才能说服企业去满足（事实上是服务）社会的需求呢？确定这些需求并不是问题所在，我们只需要参考联合国关于2030年的17个可持续发展目标就可以了[1]。

　　一个组织的行为和文化是由对人的组织与激励来驱动的，这是集体意识对于"我们是谁"的一种表达。因此，组织架构、管理制度和流程必须改变，以确保可持续的发展和创新，但同时也要保障大型组织体系的完整性和有效性。一个建立在正念和连接意识基础上的组织将是一个协作的、真实的工作场所，一个促进系统创新并具有相同价值观、使命和路径的组织。一个不断发展的组织需要持续地提升其成员的意识，以应对所面临的挑战。这样，它就创造了我之前所描述的意识觉悟——"所有资本之母"。半个多世纪以前，彼得·德鲁克描述了从体力劳动者到知识工作者的转变[2]。今天的发展机遇是向"智慧工作者"的进一步发展，我们都能获得社会繁荣所需的知识，关键是我们需要具备有效利用这些知识的智慧。

万邦集团的进化之旅

　　现在，我将对万邦集团如何带来积极的组织变革发表一些见解。早在20世纪90年代初，一些趋势就已经很明显了。管理团队需要在万邦集团的架构和流程方面进行一些重大变革：改变我们的思维定式，改变我们如何组织、如何做出决定以及如何采取行动。1993年，作为重塑企业愿景的一项努力和尝试，我们的最高层管理团队开始了去往不同国家的一系列学习旅行，目的是在讨论公司愿景的时候，拓展高管们的视野和观念。当时越南刚刚开始对外开放。我们去看了一些国有企业，拜见了一些政府官员，谈论了越南的形势和前景。而后我们又去了澳大利亚，看到了完全不同的情况，那是一个已经很发达的国家。这趟旅程使我们能够在不同的环境中讨论首席执行官的指导方针。我们了解了许多与商业环境变化相关的因素，并学习了如何应对这些因素的方法。前段时间，我的首席财务官拿出当时制定的指导方针，并说："哇，原来这些方针我们在 25 年前就有了。"他说，这些指导方针非常准确地预测了世界在外汇、股市、估值等方面的发展。在这些指导方针中，我们也基本准确地描绘了现在生活的环境。

其实回忆起来，我们也是花了很多年才最终确定了那个指导方针。2004 年，我们重新开始了这项活动，并带着 50 名高管进行了为期五天的静修，探索生活、工作和社区，这项任务随后被万邦集团的所有下属机构所复制。这项修炼的最后一天，也就是 3 月 9 日，被定义为我们组织的"重生日"，从那以后，我们每年都把这一天作为公司的反思日。2016 年，我们更进一步成立了一个静修项目，这个项目同样被所有下属公司和机构所传导与复制。对于任何企业，作为更大社会和生态系统的一部分，自我、社区和组织持续进化的旅程是非常必要的，这一旅程的目标就是从多个层面锻炼公司转型的能力。

管理者聚会可以也应该成为人们开始朝着自己的方向进化的催化剂，他们中的许多人并不喜欢这类场合，但聚会总能产生积极的影响。有一位经理工作得不顺利，离开了我们，但一年后她仍然无法找到想要的工作，和我们相处的工作经历影响了她。我们的进化学习旅程让许多人感到，在重新投入竞争之前，他们必须重新思考自己的生活。另一位经理说，直到她离开并进入另一家公司工作后，她才真正理解音昱的"混乱"。这种混乱的状况对我们来说并不是无聊的，而是具有挑战性的。我们的工作氛围可以让人们发现自我价值，不过在某种程度上也可以说是"扰乱"了环境或"扰乱"了人。我们认为所谓的混乱是变革过程中所必需的。许多离开我们的人对公司又爱又恨。我们在社交媒体上看到许多离开公司多年的员工的发言。无论是持肯定观点还是否定观点的人，都无法不去讨论在万邦集团的经历。这也反映出万邦集团对他们的生活产生了影响。对于我们正在努力实现的目标来说，这是个人和体制不断演变的一个向好趋势。当他们在万邦集团的时候，可能会抗拒这种方式，但当他们回到外面的世界时，却发现自己已不再是原来的那个自己了。

我们在音昱所提倡的世界观，其核心是一致性和不断进化。首先也最重要的一点是必须认识到音昱是一家企业。我们需要不断地提醒自己，企业在全球范围内存在，是旨在应对社会和全球挑战的组织。企业在人类应对这些挑战的过程中扮演着非常重要的角色，而音昱提供了一个我们认为应该在全世界推广的模式。当然，不是要推广其具体的商业行为或组织架构，而是推广我们处理事情的基本哲学。

在万邦集团，我们以中国传统智慧为基础，凝练了七个词语组成的核心理念。它们共同构成了改善业务所需的进化模型。它们是领导力的指南，也是自我和系统进化的智慧源泉。这七个词语已逐渐融入我们管理者的生活，融入万邦集团的业务流程和组织架构中，两者相互协调、互促发展：

- 格物致知（Investigating to understand our true nature）；
- 至诚为本（Achieving integrity）；
- 整体依存（Holistic interconnectivity）；

- 主动调整（Proactive adjustment）；
- 相辅相成（Dynamic and complementary balance）；
- 和谐创造（Creation toward harmony）；
- 解脱自我（Liberation from ego）。

选择这些词语是为了指导每个层级的发展，从个体到更复杂的团队、业务单元、部门、万邦集团，以及它所经营的更大群体。成长是从内部开始的，我希望管理团队的所有成员都能作为商业团体的成员，和我一起加入到个人和集体的旅程中来。首先，这是一个自我发展的机会。当一个人从内心感到幸福的时候，他就可以修身、齐家、治国、平天下。这就是《大学》中所教导的东方智慧，它指引了中国人数千年的修行。

这些年来，这七个词语一直被广泛传播，并持续在万邦集团的关系实践和核心价值观中发挥基础性作用。这也是公司文化的核心，引领了领导和管理的过程。它们指导我们时刻保持正念，注意到每一个行为会如何影响和连接到更广泛的社群与商业体系，避免被个人的现实所蒙蔽，同时对新的可能性保持一种开放的态度。

我相信，企业的可持续发展离不开领导层积极发展的意识和自我变革。作为努力转变领导思想的一部分尝试，我在 20 世纪 90 年代初开发了万邦集团可持续发展模型。该模型使组织及其成员（集体和个人）能够协调发展，以充分发挥其潜力。长期可持续性管理的本质是要不断推动组织（人员、结构和流程）与环境的协调。一个富有成效和魅力的组织总是在不断发展和适应，集体和个人的潜能需要共舞，角色和目标的明确性变得至关重要。

万邦集团可持续性模型有助于将不断发展的领导力与灵活的组织架构相适应，使整个组织能够根据持续的变化实现整体的转变。

只有当你的意识转变为一致的、整体连接性的，当创造力能够像一种独特力量般涌现的时候，你才能体会到这种变化。

万邦集团可持续性模型仍然是一个很抽象的概念，它需要一系列鲜活的管理实践来支持，这样，万邦集团作为一个独立的生命系统才能够自我生存和进化。东方哲学可以帮助实现这种演变，正念练习使人们感受到它的真实存在。结合两者，就能产生一致的世界观、价值观和文化。这种一致性对于指导组织的决策和行为、使它们与组织的愿景协同一致至关重要，尤其是在动荡的外部市场环境中，因为它们建立了组织的认同感和社群意识，促成组织的凝聚和团结。在不断变化的环境中，将领导力的哲学基础与正念练习相结合，能确保组织的一致性和凝聚力。对于那些希望领导一个繁荣组织、为繁荣世界而服务的领导人来说，这是至关重要的。用道教的话来讲就是"道通为一"，就万事和谐了。而万事和谐，不正是我们所追求的吗？

从 1995 年到 21 世纪第一个十年的中期，万邦集团可持续发展模型从概念阶段发展到实操阶段，现在已有超过十年的经验，将这些哲学和练习融入我们的公司战略、组织结构、人员和流程的各个方面。但在这一过程中，我们也面临着诸多挑战。我们开始这项工作后的不久，航运业就出现了前所未有的繁荣。企业盈利金额和盈利能力大幅上升，我们很难将可持续发展模式带来的财务业绩与有利的市场条件因素区分开来。在此期间，万邦集团经历了快速的扩张。在 2005 年，我觉得有必要雇用一个管理团队来运营万邦工业集团。团队成员都是世界一流人才，有着广泛而可靠的履历，其中许多人毕业于顶尖的商学院。我赋予他们权力，给予他们明确的使命，希望他们可以带领这家工业集团走向更繁荣的未来。

实践证明，管理团队是失败的，我感觉就像邀请朋友到我家里来，我把房子留给了他们，而当我回来时却发现房子已经被改造得面目全非了——并且他们对我的要求是：要么接受新改变，要么离开。但我的决定是让那些被我邀请的新朋友们离开，同时留给自己一个任务：如何把房子改造成一个我可以称之为"家"的地方。

我并没有气馁。相反，这让我比以往任何时候都更加坚定了自己的目标：在万邦集团内转变意识。我不再寻求依靠高层领导更迭的方式，也不再依靠肤浅的管理框架和工具，因为我现在亲身经历了领导力与当前市场需求之间可能出现的错位。

这些天来，我积极地与所有的管理人员互动，鼓励他们接受正念和进化这一目标，努力超越人类构想的限制来探索新的可能性，从内在转变到进行外部变革。成为一个谦逊的领导者，拥有自我发展的意愿，这些都不是一蹴而就的过程。

由于不断地努力，我们有了一些核心设计，包括三个层次的领导，称之为"手风琴"结构。这是一种组织设计，用来缓冲外部快速变化的环境对内部稳定的体系和流程的影响。其目标是创建一个灵活的领导层，该领导层足够敏捷，能够吸收外部的波动并能够领导一个相对稳定的内部系统。在工作层面，用标准化推动效率的提高，但在战略层面，则需要不断地处理变化。

传统上，企业的组织结构分为科层制和矩阵式，但在我们看来，这两种方法都不能解决一致性的挑战。科层制结构的组织趋向于僵化，因为需要增加标准化来提高稳定性和效率。然而，企业需要不断变化，以适应不断变化的外部环境。为了克服层级制度的这一弱点，我们创建了矩阵式结构，以便更好地应对变化。但事实

上，在很多情况下矩阵式结构也失败了。通用汽车（General
Motors）是矩阵式组织的先驱，已验证了矩阵式并不是答案。缺陷
是什么？仅仅因为组织在理论上允许灵活的可能性，并不意味着组
织实际上会利用灵活性来解决问题。具体来说，组织灵活性就像一
个工具，前提是必须有使用意愿。组织必须协调一致，以便意识
到，同时又愿意并且能够来变化，从而利用组织灵活性进行改变。
如果组织无法达成内部共识并与变革保持一致，那么组织灵活性就
没有任何用处。

　　我们的答案是万邦集团的三重组织结构，它在之前的基础上混
合添加了第三种方法：一个社区型组织，即工作社群。与科层制结
构和矩阵式结构一起运行并嵌入其中，是专门为解决一致性挑战而
设计的。价值观和文化通过这种社区组织设计来驱动，在社区组织
设计中，沟通和对话渗透到平行和垂直结构中，从而创建出一个包
容和协作的万邦集团文化，以达到公司的总体目标。三个要素——
科层制结构、矩阵式结构和社群——结合在一起，有助于实现运营
有效性所需的内部稳定性以及适应不断变化的外部环境所需的灵活
性。三重组织设计将组织结构的网络和社区元素添加到科层制结构
中，在科层制结构中，矩阵是一种普通结构，网络元素是一种开发
和配置资源的设计，用来执行不同的策略。各组织内部的一致性涉
及战略制定和执行等方面，使流程具有一定灵活性，使组织更具活
力，能更好地应对复杂的挑战。

　　内部和外部需求之间的直接硬连接会产生压力，从而导致内部
体系出现裂缝，内部运营无法在不影响效率的情况下处理持续的外
部波动。万邦集团的三层组织设计采用了减震的系统，将缓慢变化
的内部环境与快速变化的外部环境相结合。万邦集团高级领导和管

理团队组成一个网络组织，该组织充当了一个灵活的界面层，以吸收环境不断变化带来的外部干扰，并在与内部运营进行交互的同时，使万邦集团在战略上与外部现实保持一致。层级制的团队是基础，能够将战略响应转化调整为实际操作，尽量减少干扰；网络团队能够整合和引导万邦集团不同部分的资源，以实施复杂的战略；社区基础是工作团队在适应变化时在组织内部进行协调的中心，这种安排实现了整个系统的学习敏捷性和运营效率。

我经常把三个层次的"手风琴"式结构解释成一艘停靠在码头旁边的船。码头是固定的，停在旁边的船是来回移动的，你怎么把这两者匹配起来？假设你有一个灵活的管道，可以连接码头和船上的固定通道，可以承受并抵消运动的冲击，这就是"手风琴"，也是我们处理内部和外部变化之间的接口。这也就是领导力需要达到的层次，需要有协作的思维模式，并能够不断地交换角色。"手风琴"的工作是一个持续的过程，时至今日仍有很大的改进空间。但其理念是通过领导层的"手风琴"式管理层级部分将动态变化元素隔离开来。其中可能会出现很多情绪波动，甚至出现动荡，但对大多数员工来说这些都是正常情况。"手风琴"的缓冲作用不影响业务和现金流的波动。试点发生在"手风琴"层级，只有在对某种方法的成功达成一致意见后，才能向组织的其他部门推广。例如，我们可能希望进行管理变革，使业务更接近市场，这需要以不会冲击日常生产的方式来完成。一个缓冲区可以确保要实施的变革能在整个组织中顺利实施。如果让关注市场战略变化动态的高级经理直接来对接负责日常运营的经理，这种方式就可能会具有破坏性。高层管理人员需要进行试验，看看如何在整个运营部门逐步实施变革。

曹氏家族遗产宪章

在逐步完善万邦集团可持续发展模式的过程中，我也同时在为企业和家庭制定继任结构。与企业使命类似，我们需要一个家族宪章，可以围绕公司的方向和文化达成共识。它需要为家族传承和如何利用好世世代代所积累的财富确立一个治理流程。我和家人，包括我的父亲、母亲、兄弟姐妹和其他核心家庭成员沟通了很多年，探索更宏大的商业目标，并最终在2012年完成了《曹氏家族遗产宪章》。该宪章中，曹氏家族宣布他们希望成为一个不断进化的组织，成为一个社区，在旅程中相互扶持，在提高认识和智慧的道路上分享相似的世界观。

家族遗产不仅仅是财富，更是家族志向和先辈无形资源的守护责任。这就是我们与财富的关系。我认为自己是财富的管家，这不是一种权利，而是一种责任和机会。当财富被视为一种权利时，它就成了一种负担；但当财富被视为一种责任时，它就会有使命性方向。

家族企业的规范是三环相套的关系，"家庭""所有权""企业"的利益是相互重叠的。我去掉了"所有权"，只保留了"家族"和"企业"两个圈，因为我们的动机是关系的连通性和企业的发展，而不是单纯的经济利益（见图3-1）。这不是一个容易实现的模型，因为它需要所有家庭成员同心协力。公司有独立的信托和自己的目的。它是家庭成员表达自己想法的机会，而不是自己对公司的法定权益的索求。我鼓励他们代表社会成为一名优秀的企业管理者，参与并做出贡献。当我成为家族企业负责人时，我所承担的责任是：在我们所生活的时代背景下，保持家族企业的持续发展。我希望下一代人也能够接受这样的目标，继续担任企业管理者的角色，为他们的子女及子孙后代做好保管人。

图3-1　曹氏家族治理模式[○]

家族企业的资源是用来促进家庭成员自身成长以及人类发展的，我们"**赤条条来、赤条条去**"，每个人都只有一生的时间来运用整体连接性去体验和进化，去学习如何服务他人[3]。如果剔除所有权元素，这两种资源对于家族和企业的进化作用就被非常明显地分开了。虽然被分开了，但它们之间有一种关系，在进化的旅途中相互支持。

该宪章由一个家族理事会管理。该理事会设有多个委员会，其中包括与学习、社会需求、投资和慈善事业相关的委员会。这些资金用于支持创业和需要帮助的家族成员。家族成员不必分心于所有权问题，他们可以专注于资源：如何部署资源和管理资源。这种方法被列入企业可持续发展任务书和《曹氏家族遗产宪章》中，每个都由一个单独的信托机构持有。

○　经万邦集团许可使用。

这不仅是留下个人遗产的问题，也是对我曾祖父及他在中国创办的海运企业的一种认可。贫穷的出身为我提供了一个独特的机会，让我既能成为一个务实的商人，又能成为一个富有哲理的商人。更重要的是，我的目标是让家族的后代继承这个追求，看到整个曹氏家族的事业朝着统一与进化的方向继续发展。

2008 年，我被任命为国际家族企业协会亚太分会的总裁，其中有来自 10 多个国家的家族企业参与，我们一同进行广泛的研究，以更好地了解这一领域日益增长的需求及其影响社会变革的潜力。

企业的可持续性发展使命

万邦集团的企业可持续性发展使命声明："这不是一个静态的世界，也不是一个稳定和固定的世界。每一个时代、每一代人的变化都将带来挑战。这些挑战之所以受到欢迎，是因为它们能让我们更清楚自己的角色和目标，并提供了一个发展的机会。"我开始意识到，我不是在传承一家企业，而是在传承一家不断发展进化的企业所特有的角色、目标和文化——这家企业存在的目的就是为了他人服务，反过来也是在为我们自己服务。

在万邦集团的可持续发展使命中，企业被描述为一个与人类长期利益暂不相符的机构。我们正面临着人类历史上前所未有的挑战和压力（个人的和社会的）。我们的使命是呼吁所有人加入并且充分参与到不同的未来中去，这是一个由整体连接性意识所驱动的未来。

作为社会网络的社区是我们繁荣发展的必要条件，而这些社区需要一种共同的文化来促进交流并形成共同的目标。我们在万邦集团中发展的文化支柱，是建立在中国传统文化的基础上的，也是建立一个学习和发展机构的基础。

我确立了几个文化支柱，通过嵌入从中国智慧中汲取的指导原则来帮助我们提升意识，形成一种统一与和谐的世界观，一种对个人责任和自由的渴望。我的世界观有很多维度，这可以用佛教的谚语来概括：

> 我们就是我们所想的。
>
> 我们的一切都来自于我们的思想。
>
> 我们的思想，创造了世界。
>
> 我们看到的事物不是他们原本的样子，我们只是看到我们愿意看到的。
>
> 我们的眼睛形成了世界，世界形成了我们的眼睛。

可持续发展模型可以转化为一般的管理模式，它既有文化的一面，也有流程的一面，其中蕴含着精神智慧。最终，有效的管理培训是关于组织中领导素质的自我培养，组织是一个拥有不断进化的文化的生命系统。

与上市公司不同，家族企业具有可以根据时代需要而改变其章程和条款的独特能力。此外，数代传承的家族企业不需要时刻盯着短期业绩，而上市公司往往会以牺牲长期可持续性发展为代价来实现短期业绩。因此，家族企业有潜力在未来几年内成为一个非常重要的变革推动者。他们有更多的自由发展机会，来成为真正满足社会需求的企业。

只要我们遵循意识转变的道路，只要我们的集体领导有智慧去进化、适应创造和创新，确保我们的商业模式与社会需求保持一致，不局限于利润目标，不背历史包袱，而是进化成为一个朝着一致性和整体平衡方向发展的生态系统，我们的业务将能继续获得成功。

应对持续的变化

社会和全球的变化是不可避免的，很显然，我们需要从心底接受这一客观特征。如果不这样做，我们就会有麻烦。有待解决的问题实在太多了，大多数人都意识到了如今所面临的困境——从气候变化到社会不公，但变化的速度如此之快，以至于现在我们同时在政治、经济、环境、技术、个人健康和福祉等各个领域都出现了生存挑战。无论是富人还是穷人，没有人能逃避这些挑战。但这也是成为人类历史上最具创造力时代的一个机会。

工业化一直是社会变革的主要驱动力之一，它创造了更高的生活水平，根除了很多疾病，让人类寿命翻倍，还带来了许多其他好处。后工业化时代可以继续走向繁荣昌盛。新经济会是什么样子？让我来为你描绘一些场景。

我们正面临着一个化石燃料彻底消失的未来，太阳能、风能、地热能甚至核聚变，将提供我们所需的能源。能源将变得更加本地化，甚至可能是免费的。你能想象这将对工业化产生的影响吗？我们还将能够创造更多的智能材料。例如，随着 3D 打印技术的不断完善，可以嵌入生物电路的有机物成分也将不断增加，可能完全取代现有的从原料提取材料的做法，这意味着我们将不再需要石化工业产业群，而石化工业的相关产业目前正是经济体系非常重要的组成部分。

世界正在成为一个巨大的网络，一个个城市节点和大都市通过高铁被连接起来，高铁或许很快还会被埃隆·马斯克（Elon Musk）[4]设想的超级回路（Hyperloops）所取代，休闲和农耕的自然空间被独立分散开。这个场景已经在中国快速地实现。在日益城市化的环境中，这是一种对我们更有益的生活方式，可以加强我们与自然的联系。

在这样的未来中，我们有可能意识到一个事实：即物质消费主义在精神上和生理上对我们并没有什么好处，而且它对目前这个被无尽的填海造陆、海洋中到处是散落的垃圾的世界也没有任何帮助。据预测，到2050年[5]塑料的数目将比鱼还多。幸运的是，年轻一代似乎对购买东西已经不那么感兴趣了[6]。他们更感兴趣的是通过共享经济获得别样体验。如果全世界的人都开始说："我不想因为虚荣或自负而被强迫推销商品"，那么这对奢侈品和品牌商品将意味着什么？

向更健康、更少物质负担的生活方式迈进，意味着我们都可能活得更久。由于科学的进步和有害环境因素的减少，癌症将不再是一种终极威胁。自然疗法和自愈药物的应用已取得巨大进展，进而延长寿命、提高生活质量和品质。从整体和能量的角度来治疗、更少地依赖对抗疗法是所有生命科学领域的大趋势。

工作时间可能会越来越短。技术尤其是人工智能，将帮助我们完成许多日常工作。还有收入、教育、健康和福利的公平分配问题，也正在发生重大变化。随着接受教育的机会门槛越来越低，障碍越来越少，大型开放式在线课程（MOOCs）等新学习平台吸引了数以百万计的、原本没有机会接受一流教育的学生，地理位置不再是唯一关键的决定因素。在一个网络化和互联的世界里，你将不再需要传统的实体学校，只需要一个辅助学习的线下学习设备。60亿人正在崛起，加入到原本享有教育特权的那 15 亿人的行列中去。由于这一新兴事件的推动，通过这种范式转变，这种变化还会加速进行。

随着智能技术的发展，我们花在生产和消费上的时间将随之减少，生活目标也将会发生改变。这意味着我们将拥有更多的人际交往和公共活动。正如 20 世纪，经济活动本来主要是为了满足个人的物质欲望。而在新的范式中，一旦一个人对食物、住所和安全的基本需求得到满足，重点将转向满足无形的欲望：人际关系、社群意识、与自然的联系以及我们的情感、社会和精神健康。孩子们会在很小的时候就学会如何进行合作，家长们也会有意识地在教育和学习过程中扮演不同的角色。作为全身心学习和体验的促进者，随着我们更加意识到相互联系和整体幸福的重要性，正念教育将与我们现在看到的教育有很大的不同。所有这些以及更多未被提及的内容，将改变未来几年的经济活动，所以，企业必须能够随之而改变。

当今技术的前沿趋势是通过人工智能、机器人技术、基因科学和纳米技术等领域的发展来影响世界。最终，机器可能会取代我们所知的大部分工作。它已经对我们家族企业的某些领域产生了巨大的影响，尤其是物流业。现在的趋势变化主要发生在物流决策、信息分类和对大数据的使用等方面。

所有这些变化都有可能对整个社会产生积极的影响。我们不能确定变革的节奏，但它可能比大多数人预期的要快。发展的过程以前是线性的和定域性的，现在是复杂的、网络化的和全宇宙的。如此多的颠覆性创新和令人震撼的进步在同时发生。IBM 的沃森（Watson）超级计算机正在彻底改变医学诊断；自动驾驶汽车正在酝酿之中，并将大幅减少交通事故的死亡人数；漂浮农场正在开发中，以满足沿海大城市的需求。

　　每个人和每件事都在沟通交流中建立关系网，连接的程度令人震惊。创新不再意味着一个人独自在车库里埋头苦干，发明一种产品，然后把它推向市场。创新几乎是瞬间从企业家、投资者、客户、科学技术和全球市场之间的合作中出现的。它的发生速度比以往更快，更加不可预测，也比预期快得多。整个开发过程在循环供应链中将更加关注相互关联和整合，因此，在商业化的配置和定制方面，发展将更快、更具创造性。

　　令人兴奋的是，以上所述只是技术创新和经济活动，但它们对子孙后代带来的福祉将取决于我们的意识跟上变化速度的能力。在经济、政治和技术相互联系的世界中，我们必须有一种相互联系的意识，来永保繁荣昌盛。

　　我不是在预测所有这些都一定会发生，但我相信其中的很多事情都可能会发生。它们将对整个世界的运作方式产生巨大的影响，无论是对于我们所生活的社区，还是对于我们所在的社会、政治、经济和自然体系。无论我们是否愿意，都无法阻止这些影响。我们很容易就能观察到全球的现实世界是如何进行整合和相互联系的，我们需要有一个基于统一而非分离的共同世界观、一个共同的价值体系、一种共同的语言。在这种语言中，大家都为了更加美好的未来而合作。事实上，世界上很多地方已经是丰富多彩的，因此人类的创造力将面临一个新的挑战，来触发和满足进化的需要。

量子领导者崛起，迎接明天的挑战

　　量子领导方法是从内到外来发展领导力的，它要求把动机和创造性的能量与爱的能量结合起来。我们大多数人都会认同，恐惧无法创造出持久的积极效益。许多人都会认同伟大的创造来自于爱的这个观点。如果你把自己的能量对标成一位领导者,那么你就有了把世界变得更好的创造力。我们需要能够让世界朝着这个方向发展的领导者。事实上,如果我们不改变这个世界,那么世界将会改变我们——很可能是朝着我们不愿意的方向去改变。这对企业家来说,是一个重要的信息。

量子领导力将不断涌现,因为大家都希望从创新、新技术和新挑战中发现积极的社会效益。我们的角色是促使人们认识到它的出现。这是一种新的存在方式,通过提升我们的意识来应对变化。赞同这一观点的人会开始以不同的眼光来看待世界。套用马塞尔·普鲁斯特(Marcel Proust)的话,真正的发现之旅不在于寻找新的风景,而在于拥有新的眼睛[1]。当我们以新的眼光来看待这段旅程时,我们的内在动力会随着相互认可和支持而增长,因为我们共同创造了一个造福全人类和地球上所有生命的未来。在商业活动中,已经存在许多"有意识的企业"的圈子,在这些圈子中都有一个清晰的觉醒过程,同时还有"意识商圈",它是一个迅速变化和成长的领域。

必须始终强调的是,新的意识具有良好的实用商业价值。量子领导力可以提高你的创业技能,从而为你提供财务意义上更好的成功机会。你的思维受到的拘束将越来越少,你会看得越来越清楚,更有勇气和冒险精神。简而言之,它使你成为一个更好的企业家或企业领导者。在保持公司活力和财务健康的短期目标与提升意识和认识的长期挑战之间的矛盾,是一个需要平衡的问题。你需要同时具备短期和长期战略。这类似于考虑你的投资组合中有多少应该进入风险资本投资,基本上是一个投资组合管理的问题。

　　我曾经对世界的未来前景充满了悲观，但最近又变得非常乐观，因为我看到所有必要的繁荣要素即将到位：网络支持、网络发展进程、未来的信息工作方式、教育、全球可持续发展的使命、技术支持。我现在看到的是为了实现真正的全球化，朝着一致性发展的进化方向。

　　我们都希望走向更广泛的合作、建立更有意义的关系以及更和谐的自我实现。纵观人类历史进程，宗教一直是寻求这种个人发展的途径。但是宗教在不同程度上受到其信仰体系的限制。如果你认为自己是唯心的，又能摒弃宗教对其他信仰或世俗精神传统的排他所引起的宗派主义，你就可以不受宗教的包装、标签的限制。你不必纠结于宗教教条，被它的架构和身份所束缚。所有的宗教都以各自不同的方式来促进爱与和谐。但我认为，那些在没有被宗教约束的情况下寻求灵性的人，越来越渴望有一些实践活动能够传递出一种普世的意义[8]。那就是作为地球上的一个人，繁荣到底意味着什么。

　　当我们关于自我定义的范式被改变时，关系也将随之改变。为了避免人类的持续冲突和退化，我们需要在现实的本质一致性基础上朝着一种新的精神努力。圣贤们有一个关于现实的概念，从本质上说，只有通过爱，才能与自己、他人和世界紧密相连。耶稣、佛陀、奎师那、穆罕默德、老子——所有这些伟大的人物，连同他们的精神遗产，基本上都包含有相同的信息，也就是天人合一的目标。他们从一个精神维度来向我们解释现实，有人称它为神，或者道，或者其他一些类似的名称。通过各种各样的实践活动，我们可以被唤醒，这样就能逐渐地去体验它。在所有的宗教中，都可以找到这样或那样唤醒"身心灵"的实践方式。例如，每一种宗教都会谈到禁食和能量修行的事情，尽管名字不同，但都是一些与灵魂或者"气"有关的内容。

东西方文化研究与发展中心和意澄学院

20 世纪 90 年代初，当我考虑如何管理家族企业时，我关心的是发展和传承一个健康、繁荣的企业。鉴于中国人对祖先尊尚的传统，也为了子孙后代，我可不想成为把事情搞砸的那个人。我要把员工、顾客和家人带往何方？我意识到，你无法在一个不可持续的世界里维持自我。所以，家族企业的可持续性与我们所属的更广泛系统的可持续性是密不可分的。基于这些考虑，我发起了一个小倡议，旨在结合东西方的智慧来应对挑战。东西方文化研究与发展中心是一个以新加坡为基地的非营利性组织，一个供个人与公众知识分子讨论"协作、和谐、社区和领导力本质"等话题的平台。

企业迫切需要被视为一个与社会合作、为社会服务的群体，而不是一个只为自己的目的服务的组织。倡导这一理念是东西方文化研究与发展中心的目标。如果说企业的发展和投资策略是万邦集团的外在目标，那么东西方文化研究与发展中心就成了它的精神所在。如果说经济学是满足人类欲望的商业活动，那么社会经济学就是关于社会欲望和需求的，这才是商业真正的本质。在一个蓬勃发展的企业中，社会经济学被整合到了经济学中，成为其存在的根本原因。

这项计划的核心是东西方文化研究与发展中心，中心为那些愿意接受启发的个人提供全面的学习，教导他们如何工作、生活、学习和娱乐。中心成立于 2007 年，旨在促进领导者的正念学习，以及组织转型的研究和实践。它提出了"学习生活，终身学习"（"Learning Life，Life Learning"）的旅程。"如果变化才是唯一的不变，那么学习就是最终的工具。东西方文化研究与发展中心通过与专业人士和企业合作，研究商业可持续性的概念及其对全球社会经济体系的影响。它还推广、设计和交付扎根于东方哲学、关注全面福利的项目。

2005 年前后，在万邦集团组织转型的同时，我们实施发展了乡镇社区的雏形项目。我在"音昱"一节详细讨论了这些问题，但其核心目标归根结底是要在丰富的生活、学习和进化的基础上，建立一个和谐的社会。2005 年，我选择了成都附近的都江堰作为这个项目的选址，这是一个美丽的地方，以其古老的灌溉系统而闻名，可以追溯到两千多年前的历史。它宁静而质朴，跟成都的距离适中，附近有大片的森林保护区。除此之外，因为当地政府的支持，让这个地方成了展示政府与企业合作新模式的理想场所。但是大自然用它自己的方式告诉我们：想法、时间和地点并不总是一致的。2008 年，一场大地震摧毁了该地区，造成了严重的破坏。

在接下来的几年里，我花了很多时间寻找其他可替代的地区来建立这些和谐社区。它们一直被归于东西方集团（East West Group）旗下，我有意将它们与万邦集团的运营业务分开，以使该公司能够专注于更长远的愿景。我希望东西方文化研究与发展中心的使命最终能够被整合到商业集团中，但它首先需要能够在市场上沿着自己的转型之路生存下去。

东西方文化研究与发展中心的工作卓有成效，并于 2016 年诞生了意澄学院，新的组织取代了旧的组织。亚里士多德在其哲学著作中使用了"aitia"（α τ α）一词，代表的意思类似我们所翻译的"起因"或"宗旨"。2018 年，意澄成立于新加坡，是一家非营利性公司，致力于通过正念意识和连接性，在家族企业和量子领导力发展的背景下，实现意识的进化。

从繁荣和发展的角度来看，可持续性是 21 世纪的主要挑战，应对这一挑战需要改变我们的本性，扩展和改善我们的"存在"，而不仅仅是我们的"行为"。意澄学院探索了可持续发展的商业案例与实现持久变革所需意识转变之间的差距。它融合了东方的智慧和西方的科学发现，通过在管理、家族企业、领导力发展、慈善事业和可持续发展等领域的宣传、研究、原型设计、拓展和培训，来使用正念练习的方法进行实践。意澄学院通过强调积极的社会影响才是领导和组织进化的基础，将人类社会的进化引导到一条更可持续、更丰裕的道路上去。它是个人和企业转型的引路人。意澄致力于成为人际关系实践、培训和研究的领导者。它还是全球关于意识研究和工作倡议的参与者和伙伴。它的工作信念是：活着就是为了进化，进化是影响自我、组织或社会的关键。

进化型领导者专注于连接和构建可持续发展的组织，意澄就是这样一个研究和学习的中心——一个转型的地方。只有当人们能看清楚自己的时候，才能解决自己的冲突，并走上与他人与环境的和谐之旅。在意澄项目中，我们特别关注以幸福和繁荣为目标的企业领导力问题，尽管这个概念并不局限于企业。意澄的使命是成为一个平台，让人们学习、成长、发展成为量子领导者。量子领导者的培养有许多领域，但从根本上讲，它们都是关于人际关系的，包括个人健康、家庭、组织、团体、自然和宇宙。意澄的培训包括重建思维（帮助我们以新的方式思考）、重构认知（通过回顾经验数据来修正我们关于人类意义的看法和见解）、重赋技能（协作技能以便我们更好地在一起合作）和重塑自我（建立与世界的一种新的联系方式，为共同繁荣而努力）。

现实是关系

关系意味着一切，它经常是伴生着被创造出来的。改变自己，你身边的世界也将发生改变。在 21 世纪初的几年里，随着万邦集团的内部转型，我意识到组织内部的系统性阻力很大。毕竟，这是一个家族企业，不可避免地倾向于保留旧的模式和习惯。到 2009 年，我面临着商业周期的又一次衰退，然后我做出了一个艰难的决定：重组我们的工业集团。这个决定创造了一个机会，重燃构建和谐社区的理念，并把它作为万邦集团的一个核心使命。人和组织在遭受痛苦的时候才会发生变化，而如果没有这种压力，人们觉醒后的改变就不会那么强烈，发展的机会同时也取决于我们面临的挑战。

当现实是互相关联的，当我们的意识才是我们创造的现实，那么最需要的就是处理关系的工作。只有当我们的关系是积极一致的，我们才能摆脱冲突。现实是我们与他人和外部环境联系的一种表达。随着时间的推移，我们已经在反复的循环中调整自己、思考、感受和行动，这样我们就不会看到世界本来的样子，而只是看到我们想要看到的样子。如果我们处于爱的状态，我们表达的就是爱；如果我们处于愤怒的状态，我们表达的就是愤怒；如果我们处于冲突的状态，我们表达的就是冲突。我们需要在与自我（内在）以及与周围的人和世界（外在）的关系中找到一致与和谐。这并不是一个新的现象，但是，对变革的抵触和对舒适区的依恋是如此强烈，以至于即使变革的需要是不言而喻的，人们仍然认为很难采取实际的行动。

关系需要从内在的自我开始，然后进入外部世界。可持续发展不再只是关乎我们的物质存在，它还关乎意识的转变。通过转变意识，以一个全人的角度去迎接生活的挑战。我们需要的是为领导者提供学习项目，帮助他们看到存在本质的一致性。在意澄试点的项目中，我们已经开始引导企业家们从一个整体而不是割裂的角度来思考和行动。

音昱

在提升自己的意识并为万邦集团引入整体连接性练习这些工作的指引下，我觉得是时候创建一个能应对挑战且能够为他人带来幸福的企业了。我改变了房地产事业部的模式，专注于身心灵和连接性的概念，并开始将和谐社区的建设扩大到整个正常运作的企业。房地产就像一个盛汤的碗：我们真正想要的是汤；我们越饿，碗的设计就越次要。商业模式的微妙转变需要领导层和组织思维模式的大转变。正是这些导致了音昱的诞生，这是一个既盈利又有助于构建和谐社会的企业。这是一种成熟的转型商业模式，专注于在21世纪的全球背景下促进统一意识。一名量子领导者的旅程是以一种基于进化意识的生活方式为基础的，旨在为自己和他人提供健康。我们正在发展一项关于生活方式的业务，其重点是生活本身及其表达的方式；与其他生活方式业务不同的是，后者更侧重于消费和拥有物质生活。

作为进化之旅的一部分，我开始致力于开发一个支持上海区域的社区。它的主要学习（或静修）场所又被称为"音昱水中天"。它位于苏州，距离上海中心仅一个半小时车程，靠近阳澄湖，是一个集健康住宅和学习设施于一体的综合建筑群。它旨在把我们的愿景具象化，展现如何运行这样一个社群以及数十年的反思升华——那是我自己进化的成果，如果您愿意了解的话。

音昱作为一个商业实体，是一种世界观的表达，在这种世界观中，进化得到了支持，意识转向全面接受整体连接性。有了意识，我们就能有目标地进行领导，就能负责任地部署各种形式的资本，以一种相互关联的方式将所有的资本融为一体。

我们决定建立一个 21 世纪进化世界观的原型，它能支持自由和创造力，那就是音昱。当我们在 2019 年完成这本书的时候，有三个部门——音昱生活、音昱空间和意澄——致力于转变意识、追求幸福和繁荣。音昱系统支持培养一个整体的生命学习之旅，它将整个人和社群的思想、身体和精神结合起来。在这个为生命之旅而设计和创造的空间中，学习和进化正在发生。万邦泛亚集团组织结构如图 3 - 2 所示。

音昱生活关注的是健康和生命的旅程。健康不是一个单一的点，而是一个方向、一个持续不断的进化之旅。基于道家的理想和生活的要求，在每一个时刻，协调过去、现在和未来。道家的目标是过一种健康、无忧无虑的生活，直到老年，使你与天堂的关系协调起来，达到中庸的幸福，就像没有限制和恐惧一样。当你能随遇而安时，你就自由了。如果你违背自己的意愿去做事，你也会理解"道"——但只是在终点时刻。

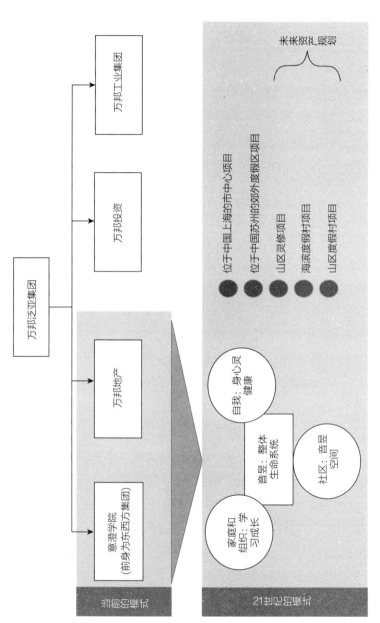

图3-2 万邦泛亚集团组织结构（经万邦泛亚集团许可使用）

音昱生活提供了一个完整的系统，来支持这种健康的生活方式，包括整个生命旅程所需的基础设施，目标是促进意识、连接、进化和健康的基本理念。它是一家关于生活方式的公司，提供各种身心灵项目和模式。最终，它将由五个不同目的的中心组成，其中两个中心我们已经建成，一个在上海，另一个在苏州。在上海有一个日间中心，支持个人健康练习、社群活动和持续学习；苏州的设施是居住区，专注于深度学习和内心修行。第三个将是一个灵修的地点，以便在深度自然沉浸中进一步自我发展。最后两个一个是山区度假胜地，另一个是海滨度假胜地，在那里你可以利用闲暇时间来增强你的意识和健康。音昱生活的目标与企业家、思想领袖达斯汀·迪帕纳（Dustin Di Perna）提出的口号非常接近——起床、生长、洒扫和表露[9]。简而言之，他的意思是要有意识，不断进化，保持健康并参与其中。

音昱空间是我应对新挑战的一种方法，将房地产的传统商业模式进行了转变，变成了以关注转变意识的生活方式为主的商业模式。音昱水中天结合了音昱生活和音昱空间，允许居住、"全人"探讨和更深层次的工作，包括治疗程序。这是一个为喜欢这种生活探讨的人而设计的社区，旨在增强社区属性，并使用天然材料来建造。我们重新思考了空间利用的整体思路，对于水中天的别墅住宅，强调互动关系的空间设计，使住宅成为建立和发展人们之间关系的地方。

大多数人会选择更高的房子、更大的花园和更窄的街道，但我们选择了更宽的房子、更小的花园和更宽的街道，这意味着公共区域变得更大。我们希望创造一种更强烈的亲密感，一个关系和社群导向的空间。市场需要有一个更大的花园，但人们真正需要的是让孩子们一起在更宽阔的街道上玩耍。所有的选择都是相互联系的，我们本可以选择像大多数酒店一样，在中央走廊的两侧都布置房间，但我们的设计是一边有房间、另一边是自然。当你在房间里进出的时候，你将沿着一条有窗户的走廊步行，走廊的尽头是阳光和大自然。当然，这样建造成本是不一样的，但当你拥有自然时，你就拥有了阳光。当你走进你的房间时，那将会是一种不同的感觉。我们还提供了另一种组合：没有很大的前厅，只有更显著的社区感和亲密感，以及与自然的高度联系。

音昱生活和音昱空间都是基于量子领导模型的商业项目，音昱的所有生活服务——课程、治疗、教育、瑜伽、连接练习、诊所——都是收费的。世界正朝着这个方向发展，而营利性企业将在创造福祉和繁荣方面发挥新的作用。健康将变得越来越重要，人们将有更多的时间专注于自身健康。我提前对未来采取了一定的措施，因为当它到来的时候，就为时已晚，只有那些有准备的人才会受益。

音昱基于一种不断进化的世界观，因此它的表达是不固定的。它寻求量子科学与东方神秘传统，尤其是与中国传统的融合。音昱是一家中国公司，所以突出中国文化的显著特征是很自然的。音昱生活是关于我们如何生活的表述，以及在学习和生活的生命旅程中定义健康的地方。中国人把健康定义为理解和顿悟"道"，因为这是一个人的精神表达和创造。根据你所处的环境和个人情况，来练习充满能量和灵性的工作和生活，这就是中国人从道家的角度对健康的定义。

创建音昱是为了提供特定的服务，来实现生命之旅，以道为基础改变你的生活方式。基础设施的设计是为了支持与我们自己、与外部环境建立终身关系的需要。我们设计了市区、郊区和自然疗养中心，以支持和深化个人和团队的修行。我们基本上只有一种意识形态，那就是与外部环境的触点一起持续共振。因此，音昱的软件关注内在的自我，通过心灵—身体—精神的转变和觉醒，来看到所有事物的整体性和关联性。在音昱社区中，我们表达创造力的关键词是"正念""关系""连通性"和"意识"。音昱的目标是提供知识、练习和过程来刺激学习，改变我们的生活，最终达到我们与世界的融合。音昱的"四支柱"学习方法是重建思维、重构认知、重赋技能和重塑自我。我们也有一个身心灵健康诊所，以促进整体治愈与综合医学。我们的目标是通过正念来认识"道"，正如史蒂芬·柯维（Stephen Covery）所说："在刺激和反应之间，我们最大的力量就是选择的自由。"[10]

在这个社区，发现有意识地进行自我爱护往往是旅程的开端。我们设计了进化之旅来支持整个进程的发展，这个进程将打开一扇门，在培养自我走向幸福和繁荣方面释放所受到的限制和约束。

我们把健康定义为一个系统。作为一项生活方式方面的生意，我们常常受到各种挑战，这些挑战教会我们如何塑造生活方式和我们公司，提醒我们发现自己的天赋和人生目标的重要性，以及该如何走出去，创造自己的生活和生活环境。基于过去一个世纪的所有变化和发展，我们需要一个 21 世纪的全球世界观，包括走向集体主义、一体化和协作的思想。21 世纪的生活模式中包括了在社群和社群的生活方式背景下，为自己、为家庭，也为企业所做的健康设计。

音昱生活是一个支持这种进化的生活方式的系统，它是互相关联的。没有压力和痛苦，就没有进化。但有时我们在面临压力和挑战时也会面临一定的风险，如果我们没有足够的时间进化，就会被淘汰。作为领导者，我们必须在系统中创造压力，感知到一种可知的威胁，才能不断进化，即便我们并不脆弱。在组织中制造压力以刺激进化的过程并不容易，我们必须有适当的技巧，以正确的方式制造压力，来帮助人们进化。

协助他人踏上进化之旅的生意

这些投资是我们应对当前全球压力的回应，主要包括支持个人、家庭、企业领导和组织发展的商业模式，以及支持转变思维定式的练习，这些思维定式的转变将可能导致意识转变，并为 21 世纪的量子领导者们释放创造力和创新能力。

现在对我和其他人来说，身体上、情感上和精神上的幸福比物质上的满足更重要。我们在物质上很富裕，但我们仍然不自由，不满足于所拥有的。我们需要拥有一种丰富的思维方式，对情感和精神进行自由的转变。我感兴趣的是：利用我的影响力，从管理家族企业开始，改变商业本身。商业作为一个整体，对世界的福祉负有巨大的责任。企业领导者需要承担起自己的责任，释放企业固有的创造力和影响力，使其在服务人类福祉和创造财富方面充分发挥作用。通过不断发展以满足社会需求进而繁荣昌盛的企业才是可持续的、真正繁荣的。

当然，在组织中实现这些想法可能会很痛苦。人们天生就不喜欢改变，觉醒并重新评估旧习惯是颠覆性的。将系统转移到更高的意识水平并不是能突然发生的事情，而是一个持续的过程，涉及不同时期不同方式的个体转化。这取决于迫使他们接受新思想的环境，但系统阻力是可以克服的，而且对组织及其成员来说，这最终将是一个积极且有利可图的转变。我们经历了成为先驱的痛苦，这说明员工本能上可能不太愿意接受，因为我们的世界还没有证实这种做法是否正确。但我们的结论是，从长远来看，这是实现健康和繁荣的唯一出路。

我所学到的

人类的进化过程以自身的意识为中心，这就是我们所拥有的天赋。我们的基因只编码了潜能，现在我们可以随时选择自己的进化速度和方向，因为每个想法都会影响我们成为什么样的人。信仰体系指导我们如何看待、思考以及对待事物。

在生活中，最具挑战性的是最亲密的关系，尤其是与家人的关系，包括所有的依恋和创伤，涉及爱和拒绝及其投射。它影响了我们的调节和信仰系统，多愁善感、期望或其他情感可能会和爱混杂在一起，有时我们的情绪会占据上风，被误解为爱。但爱不仅仅是一种感觉，它也是一致性和整体连接性的精髓所在。

我明白了一条古老的真理：我们不是有精神体验的物质存在，而是有物质体验的精神存在。我们是一个有着物质存在的身心灵体，我们经常把它与生活混淆。过去、现在和未来是同时存在的。有一种整体的内外部交互的能量和信息流，其中内在现实是通过与我们的外部触点进行信息交互而形成的。这就是未来学家威利斯·哈曼（Willis Harman）几十年前谈到的全球思维变化的驱动力[11]。我们的身体会屈服于心灵的力量（意志力），但是灵魂的力量更加强大，以至于我们的心灵和身体都会顺从于它。

整体连接性是一种同频共振。它可以是积极的，也可以是消极的。它既来自我们光明的一面又来自黑暗的一面。世界上的许多精神实践都是基于同一性和爱的原则。

有三种扎根于科学的当代世界观：牛顿的经典力学讨论了粒子和作用于这些粒子的力；爱因斯坦的相对论讨论时空膨胀与收缩；量子力学讨论能量世界观。这三种世界观是从实用唯物主义到更唯心现实（物质好像不存在）的过渡，至少不是以我们所认识的形式而存在的。如果你掌握了量子力学，你就能理解牛顿力学，但反之则不然。同样，如果你有一个精神世界观，你可以真正理解物质世界观，但不能反过来。现在这三种世界观对所有人来说都是可以理解的，如果有效地整合和利用这三种世界观，那么我们将有更好的机会在一个更加完整的世界中生活。

与其他动物不同的是，人类能够将现实概念化，就像新石器时代的人类把看到的东西画在墙上，并把它变成一个故事，通过将其情境化来理解其经历。当我们能够概念化和创造自己所渴望的世界时，这就是人类超越动物性、产生创造力的开端。

愿意承担责任也是至关重要的。我认识到，责任根本不是别人强加给我们的。无论在什么情况下，我们都得接受自身行为所造成的后果。责备和抱怨会消耗我们的精力，使得我们更难以主动地采取行动来纠正错误，为自己的行为负责并做出选择。尤其是，以爱的名义，我们会不自觉地把所有的恐惧都投射到孩子身上。

我们生活在一个系统中：企业、家庭、社区、行业、国家和生态系统。利用好这个系统就能达到有效的效果，但是一个人独自改变这个系统是非常具有挑战性的，所以我们需要增强集体意识。

我们必须改变我们的世界观，以一种积极的方式帮助自己进化到更高的意识。这一过程与我们的基因表达，与我们的健康同时进行，它取决于我们如何生活，把什么东西放入体内以及如何与外部世界互动。

谈论过去圣人和智者关于整体性的知识经验，可以帮助我们构建一种认知，帮助我们在转变意识的过程中逐渐理解那些经验。虽然现实是整体的，但我们的思维过程是线性和分散的。我们需要把它们转化成一个整体框架，并在这个框架中实现一致性，从而能够系统地思考，能够关联地思考。这些都是我们必须发展的技能，来帮助自我更有效地调节心理，进入一个新的积极进化和新意识的阶段。

纵观历史，人们从哲学家和圣贤那里汲取了世界观，并将其逐渐转化为宗教结构和实践行为。如果追溯这段历史，我们可以把不同的文化片段重新塑造成更适合当今世界的新文化——一种全球性的、不受我们自己或国家背景限制的文化。这是应对全球繁荣挑战的途径。

我认为自己正处于一个进化的旅程中，我有意识地去打破自身条件的诸多限制。在我 62 年的人生里程中，经历了无数次环游世界的旅行，我从西方、从东方以及我所遇到的一切中去体验。最终，我明白了这是完全可以做到的。

PART 2

第 2 部分

量子领导力的属性

第 2 部分将采用实践者—学者的方式来研究量子领导力，通过研究现实世界中整体连接性意识的例子，建立一个理论模型来阐明关键变量之间的关系。在第 4 章中，我们介绍了一些世界上最具前瞻性和蓬勃发展的公司，这些公司已经展示了量子领导力的各个方面。在第 5 章中，我们介绍了首次公开发布的关于构建量子领导力模型的尝试。它为量子领导者所代表的进化进程提供了一个证据框架（Evidence-Based）：企业走向全面繁荣的第四次转型正在兴起。

在第 6 章中，我们将着眼于支持整体连接性及其所能带来益处的实践科学。本章还将探索在科学发现的真正变革时代该如何找到量子领导力，并在其中找到自己的定位。我们还将从多学科的视角来看，新的发展方式是如何改变我们对日常世界的理解和我们在其中的定位的。量子领导力不仅是新世界观的一部分，也是对它的必要回应。

第4章　16家典型企业

Sixteen Exemplar Companies

本章将探索在量子领导力的发展中对人和组织的影响。我们的目标是找到那些主流公司（主流公司是指被广泛熟知，或者至少在某一领域占有一席之地的公司），这些公司已经明显展现出整体连接性意识，这种意识已经融入公司业务和管理人员的目标、战略和文化中，正产生着积极影响。

我们研究了数百个可持续发展的企业，最终选择了其中16个。我们专注研究营利性企业，这些企业需要对广泛的利益相关者产生积极影响，同时在经济效益方面的表现还要优于同行，且可以明显看出这些成果是由于其领导者和企业文化体现出的整体连接性意识所产生的。

这些典型企业包括快速增长的消费品公司（联合利华）、银行及金融服务公司（西太平洋银行）、食品公司（格雷斯顿面包房）、服装公司（艾琳·费雪）、运动鞋和运动服装生产商（耐克）、个人护理公司（大自然化妆用品公司）、环境服务公司（克拉克公司）、零售公司（宜家和南非伍尔沃斯公司）、高科技公司（舒贝格·菲利斯）、工业机械公司（美国坦能公司）、重工业企业（纽柯钢铁公司）、制药公司（诺和诺德公司）、多元化企业集团（塔塔集团）、茶和咖啡零售商（星巴克）以及汽车公司（特斯拉）。这些公司分布在非洲、澳大利亚、亚洲、拉丁美洲和北美洲。

量子领导者与其他行善企业的商业模式有何不同

如今，行善企业（Business as a Force for Good）有许多标签，包括共益公司（B Corps）、共益企业（Benefit Corporations，不同于共益公司）[1]，自觉资本主义和许许多多改良的资本主义（利益相关者资本主义、再生资本主义、自然资本主义和人文资本主义等）。那么，量子领导有何不同呢？

现有的行善企业模式都在朝正确的方向迈进。这反映了市场的外部转型要求，即要求企业模式不断满足可持续发展，符合可靠和透明的严格标准。这种为了应对日益增长的社会和全球挑战而来的转型，既创造了新的市场机会，同时也带来了威胁。

例如，共益公司被定义为"由非营利性的共益实验室（B Lab）所认证的营利性公司，能满足严格的社会、环境、责任和透明度标准要求"[2]。它们旨在解决两个关键问题：公司法使得企业在做决策时难以考虑所有相关者的利益；在区分好公司和仅仅是好的营销之间缺乏透明的标准[3]。共益企业是以营利为目的的公司实体，由美国 33 个州和哥伦比亚特区授权，它需要对社会、工人、社区和环境带来积极影响，同时有其合法的利润目标。[4]全食超市（Whole Foods）的联合创始人兼首席执行官、《自觉资本主义》（*Conscious Capitalism*）[5]一书的合著者约翰·麦基（John Mackey）表示，自觉资本主义强调一种基于四个原则的哲学或意识形态：更大的目标、利益相关者价值、领导和文化。这些原则使公司成为"与顾客共同的情感基础"。这四项原则将自觉资本主义与量子领导力结合起来，为我们提供了一个有价值的平台。

但这些举措是否足以创造一个转机，让受其积极影响的公司能够创造辉煌的未来？麻省理工学院高级讲师奥托·夏莫（Otto Scharmer）指出："从整体上看，这些举措是一种能力机制，让我们不仅能串联一个个孤立事件，而且能够看到自己。而我们缺乏的正是这些举措与工作的意义之间的系统性连接。"[6]

和其他开明的领导者一样，量子领导者们追求基于市场的外部转型，而市场日益要求企业对社会和环境带来积极影响。量子领导者想通过鼓励人的内在转变从而达到更进一步的目的：全球思维的转变——我们与他人、与大自然紧密相连的意识。这种内在的转变激发出一个人内在的关心和同情心，激励我们真心去做好事，而不是作为一个由于利益驱动决策偶然得来的副产品。量子领导者们在树立"商业案例"的基础上，给社会带来了积极的影响，但也不仅仅局限于此。对自我、组织、利益相关者、社区和环境的福祉采取全面的方法，是实现包括经济利益在内的全方位繁荣的唯一途径。奥托·夏莫谈到，有必要"在整个体系的层面上，在领导者之间建立共同感知和共同塑造未来的能力"[7]。企业领导者们向整体性和连接性的内在转变，以及企业向可持续发展的外在转变，对于企业引领全球繁荣的未来不可或缺。**这一点正是企业转变成为全球福祉代表所需要的。**

16 个典型案例

在寻找典型企业的过程中，我们有三个主要标准：①该企业是

可持续发展的行业领袖，并对社会和环境有积极影响，而不仅仅是
"减少危害"；②从经济角度看，要比竞争对手更成功，这一点非常
关键；③该企业有整体连接性意识，且企业整体活动所产生的积极
影响又进一步增强了这种意识。列出典型企业的目的是让人们看到
这种体现出整体性和连接性意识的新型企业的光明前景。在这些企
业里，经济效益是它们存在的结果，而非目的。

　　这些典型企业并不是无时无刻都体现了量子领导力。这是我们
实地研究的主要发现之一：普通的企业可以做得非常好，而领先的
企业有时反而会无意中在其部分业务中出现有破坏性的活动。2018
年星巴克费城店的种族歧视事件以及同年对耐克高管们违规行为的
指控，都说明始终如一地行善并不容易。

　　我们尽一切努力清除了那些标榜"环保"（Greenwashing）的
骗子。我们发现，许多企业在其网站和可持续发展报告中都声称自
己是"为社会和地球做贡献的同时，也在为客户和股东做贡献"的
典范。这些企业经常提出支持社会公益的愿景和使命，并展示了量
子领导力的各个方面，比如在员工赋权程度较高的网络化运营单位
中进行分布式决策。但经过更仔细的观察，我们发现这些企业中有
很多抱持以阶段性业绩为核心的商业目的，或其可持续发展举措在
很大程度上仅限于减少危害。为了剔除这些企业，我们忽略了那些
可持续发展计划只关注于减少碳排放、减少废物、注重水循环利
用、员工安全、劳动合法和其他"卫生"因素的企业，这些因素正
迅速成为标准化的运营实践。

　　我们尽一切努力选取不同领域、不同地域的案例，但除了书中
所描述的，还有很多量子领导者。例如，在寻找非洲案例时，我们
选择了南非伍尔沃斯公司（Woolworths South Africa，WSA），该公

司在南非和撒哈拉以南其他 11 个地区开展业务，符合我们的所有标准。但我们原本可以简单地选择夸祖鲁 - 纳塔尔省（KwaZulu-Natal）的农业领袖 Tongaat Hullet 糖业公司，因为其十分重视员工福利和修复环境的举措，如改良土壤质量。原本也可以选择南非的金融服务提供商莱利银行（Nedbank），其经营愿景是"人与地球相互依存"（Interdependence with People and Planet）[8]。或是一位葡萄酒生产商索姆三角洲（Solms-Delta），它与当初共同建造这座庄园的奴隶们的后代建立了对半分成的合作关系。

　　本书暂时没有包括中国的样本，原因有很多，包括中国企业的员工政策、社区责任实践和环境法规的迅速转变等。尽管如此，有几家中国公司也本可以进入我们的名单。成立于 1990 年的苏州固锝电子股份有限公司（Good Ark Electronics in Suzhou），现在是全球最大的二极管制造商之一，在其商业运作的过程中植入了文化责任感的意识，旨在创造物质财富的同时也带来精神上的财富。员工们有带薪假期去学习如何提升自我修养和过上有意义的生活等中国传统文化知识。该公司每年投资数百万美元用于改善生产过程和保护环境，并拥有一个有机农场和一个零浪费的厨房。另一个著名的中国公司是海尔集团，年销售额达 320 亿美元，拥有 7 万名员工，在机器人和家庭互联设备方面处于发展前沿，公司首席执行官张瑞敏将公司重组为一个名为"人单合一"的企业平台，这样每个员工都能成为 CEO，为客户创造价值的同时也实现了自我。丹娜·左哈尔（Dana Zohar）在《量子领导者》[9]（Quantum Leaders）一书中就描述了海尔公司。

　　总之，这 16 个案例只是即将到来的全球企业复兴浪潮的第一批萌芽。像"旨在繁荣"（AIM$_2$Flourish）这样的项目正在开始讲述成千上万个企业作为全球福祉代表的商业案例[10]。"旨在繁荣"是世界上第一个高等教育故事平台，旨在识别为 17 个可持续发展目标（SDGs）[11] 做出贡献的企业。通过这个平台，学生们可以经历一种转变性的体验，能够看到企业是如何行善的，同时看到自身作为全球福祉代表的潜力，进而帮助发展新一代接班人。全世界更好地了解这些企业的时候到了。

联合利华

作为全球领先的快速消费品生产商之一，联合利华旗下的知名品牌包括多芬（Dove）、艾科（Axe）、家乐（Knorr）、海尔曼（Hellman's）、立顿（Lipton）、凡士林（Vaseline）和本杰瑞（Ben and Jerry's）。该公司经常被认为是世界上最具创新性和可持续发展理念的企业之一，每年在林业、水、气候、营养健康、透明度和信任等领域都获得最高评级和奖项[12]。

联合利华于 2010 年推出的"可持续生活计划"（Unilever's Sustainable Living Plan）[13] 是其可持续发展业务的蓝图。其任务是到 2020 年帮助 10 亿人改善他们的健康和福祉。在很大程度上，这一计划提高了其产品销售市场和原料来源国人民的生活质量。多芬因其"追求真美"（Campaign for Real Beauty）活动而闻名。联合利华表示："（多芬）活动的目的是庆祝所有女性身体的自然变化，激励她们对自己充满信心，悦纳自己"[14]。以男性为主导的品牌艾科启动了宣传活动"男人们 OK 吗？"（"Is It OK for Guys…"）[15] 作为品牌宣传的一部分，在 2016 年年初又推出新的"发现你的魔力"（Find Your Magic）活动，该品牌表示，希望"通过为男性提供生活资源，让他们生活得更加自由，帮助他们打破不良的男子气概的循环"[16]。另一个例子是凡士林，该公司正与救灾组织合作，为战乱地区提供凡士林膏治疗伤口[17]。在公司层面，联合利华推出了"成长的根"（Growing Roots）等项目，旨在更好地获取新鲜食品，并为美国城市的低收入社区提供烹饪教育。

2000—2019 年，联合利华的股价上涨了 360%。相比之下，与之最接近的竞争对手——宝洁公司同期股价仅上涨了 160%，道琼斯工业指数仅上涨了 200%。

想要了解公司领导对一个关怀下一代的组织的定位，我们需要了解该公司的前首席执行官保罗·波尔曼（Paul Polman）。2009 年他上任时，做了一些令许多股东震惊的罕见的事情，他在上任第一天就宣布，将停止发布业绩指引和完整的财务季度报告。波尔曼说："我们试图用商业模式来解决当今世界面临的问题，如粮食安全、卫生、就业和气候变化等。这些问题不能仅仅通过季度报告来解决，需要长期的解决方案，而不是 90 天的压力。"[18]波尔曼进一步表示：

> 我认为我们的信托责任不是把股东放在首位……我坚信，如果把公司的重点放在改善全球公民的生活上，并拿出真正可持续的解决方案，我们就会与消费者和社会更加同步，最终给股东带来可观的回报。[19]

在其他场合，他曾说过："首先，我认为领导者的主要品质是'如何做人'（to be a Human Being）。"[20]他在接受《华盛顿邮报》采访时，直言不讳地指出 CEO 的待遇过高，他还说"为自己挣的钱感到羞耻"[21]。

联合利华的组织结构有利于分散式决策，并赋予一线管理者创造经济效益的权力，其方式与"可持续生活计划"中肯定生命的目标（the Life-affirming Goals）相一致。该公司由两家独立的公司组成——联合利华（荷兰）和联合利华有限公司（英国）。向这两个总部汇报的是数百家半自治公司，业务遍及 100 多个国家，产品覆盖 190 个国家[22]。有了这样一个分布式的、局部依赖的结构，如何做出决策就体现了一种有机的自组织特性。基金经理约瑟夫·布拉登（Joseph Bragdon）写道："联合利华运作整个生态系统的唯一方式是调动整个组织的眼睛、耳朵及各个感官。这意味着要脱离传统的指挥和控制模式，创建一个由自组织的局部细胞组成的完全分散的网络，就像人体器官一样。"[23]联合利华目前正将"17 项可持续发展目标"纳入企业战略，将其视为到 2030 年实现长期增长和可持续发展的路线图[24]。

宜家

世界上最大的家具零售商是一家瑞典跨国公司。该公司设计和销售准备装配的家具、厨房用具和家居配件。它雄伟的目标是实现对环境的影响正净值。宜家表示，到 2020 年不仅其整个业务都将采用可再生资源，而且其生产的可再生能源将超过所消耗的。该公司正在大力投资太阳能和风能装置，以便能够实现这样一个能源目标。

宜家的可持续发展领导力并不仅仅限于对环境的积极影响。2017 年，宜家宣布了在几年内让 20 万人脱贫的目标。一个具体案例就是——在约旦生产中心，雇用叙利亚和约旦难民生产编织产品，包括地毯、垫子和被子[25]。

宜家的产品旨在超越绿色的设计。其目标是更智能的产品设计，可持续发展的理念推动创新，这正是宜家的客户价值。"楔形榫钉"（the Wedge Dowel）就是一个典型的例子，这是一种新型的通用连接头，减少了需要长时间自行组装多个家具部件的时间。这一创新减少了用料和废物排放，同时也让 DIY 客户们更容易组装宜家的产品。

所有这些举措都是这家零售巨头集团 2020 年可持续发展战略——"有利于人与地球"（"People and Planet Positive"）的一部分。前首席可持续发展官史蒂夫·霍华德（Steve Howard）曾多次表示，"减少危害"的策略并不十分理想，让所有人感到困惑[26]。

宜家自 2001 年销售额达 119 亿美元以来，其全球营收在 2018 年达到 446 亿美元，实现了持续快速的增长。截至 2018 年 8 月 31 日，该公司的净利润达到 24 亿美元。2017 年，《福布斯》将该公司列为全球价值最高的品牌之一[27]。根据国际市场研究机构明略行（Millward Brown Optimor）公布的 2018 年度 BranZ 全球最具价值品牌榜单，宜家不仅是全球最有价值的家具零售商品牌，也是全球第七大最有价值的零售商，估值近 180 亿美元[28]。宜家体现了一系列旨在创造繁荣和兴旺的企业战略，以推动业务创新和商业成功。

南非伍尔沃斯公司

这家零售连锁公司总部设在南非，在撒哈拉以南的 11 个非洲国家经营业务。它与美国伍尔沃斯没有任何关系，不要混淆。美国伍尔沃斯是一家在 1997 年就已倒闭的廉价连锁商店。

南非伍尔沃斯公司是伍尔沃斯控股有限公司（WHL）的一部分。该公司有三个主要部门，其中两个部门主要在澳大利亚和新西兰运营。总部位于南非的伍尔沃斯公司是三个分部中最大的，其总收入占控股公司的 55%，税前利润占 60.4%。2000—2017 年，控股公司的经营状况一直稳步上升。在这 17 年的时间里，其收入增长了 10 倍以上，从 66.93 亿兰特增长到 742.73 亿兰特，税前利润更是增长了 20 倍以上，从 2.9 亿兰特增长到 55.45 亿兰特[29]。

该公司的使命是"成为关注价值、创新和可持续发展客户在南半球的首选"[30]。整体性和整体连接性的意识渗透到组织中，并体现在其"行善商业之旅"（Good Business Journey，GBJ）中。这一项目于 2007 年启动，重点是改善八个关键业务领域：能源、水、废物、可持续农业、道德采购、转型、社会发展和卫生健康。具体目标包括：产生积极影响，例如在未来五年为社区福利做出贡献，到 2030 年实现 100% 清洁能源的目标，到 2020 年推动所有核心商品的可靠采购，到 2020 年确认其所销售的每一种自有品牌产品至少都有一个可持续发展的特征。

行善商业之旅将其基于价值的员工发展与供应商关系结合起来，并建立在一贯保持开放、透明和积极的社会影响的历史基础上。"我们在这趟旅程中走了 50 多年。20 世纪 60 年代，我们开始拒绝为不同种族的人在商店里准备单独的设施。在整个 20 世纪七八十年代，我们开创了"黑人管理发展的先河"——在众多种族隔离的残酷立法条文中寻找出路——追求我们的价值观，帮助员工成长。"[31] 在其采购和零售业务中，南非伍尔沃斯公司继续体现了"做好事、做得好"（"Do Good, Do Well"）的商业成功的方法[32]。

特斯拉

特斯拉（Tesla）的联合创始人兼首席执行官埃隆·马斯克在

彭博（Bloomberg）的一篇文章中写道："我得出的结论是，我们应该追求扩大人类意识的范围和尺度，以便更好地理解要提出的问题。的确，唯一有意义的事就是努力追寻人类的集体启蒙。"[33] 埃隆·马斯克是特斯拉和太阳城（Solar City）的董事长，而以上正是他在做的事情。连怀疑他的人也承认，他是在帮助我们从对化石燃料和碳的集体依赖中解放出来。

尽管特斯拉 2017 年的销量远低于占据领先地位的通用汽车和福特汽车，但其股票市值已经超过了它们。那一年，特斯拉卖出了 10.3 万辆汽车，而通用汽车卖出了 1 000 万辆汽车。2018 年，特斯拉共售出 24.5 万辆汽车，销售量实现了惊人的飞跃。2019 年，尽管外界普遍怀疑该公司是否有能力实现产能，但其股价仍远高于通用汽车和福特汽车。

特斯拉之所以成功，不是因为其产品的营销的环保概念，也不是因为它把应对气候变化作为核心价值。人们买特斯拉是因为它是一辆高端车，人们投资特斯拉股票是因为这是一个更好的金融投资机会。值得注意的是，可持续发展的愿景在这种情况下——即当使用清洁能源充电、汽车拥有零排放的潜力——已经嵌入了该公司的创始愿景。埃隆·马斯克在特斯拉 2003 年的最初使命声明中写道："加速世界向可持续交通的转型。"2016 年年中，该公司将其改为："加速世界向可持续能源的转型。"[34]

尽管埃隆·马斯克有难以共事的坏名声，但他是一位愿意脚踏实地深入基层的领导者。在一篇名为《埃隆·马斯克给特斯拉员工的一封邮件称得上一节情商大师课》（This Email from Elon Musk to Tesla Employees Is a Master Class in Emotional Intelligence）的文章中，他强调了员工安全的重要性，并敦促该团队毫无例外地向他报告每一次伤害：

> 我每周都会和安全团队见面，我希望每一个受伤的人都能尽快康复，这样我就能从他们那里确切地了解，需要做些什么来进行改善。然后我将走到生产线上，完成他们的任务……在特斯拉，我们从前线出发，而不是从某个安全舒适的象牙塔出发。[35]

据说，马斯克经常在生产线旁边的会议室里搭一个睡袋睡觉。

多数时候，马斯克并没有公开表达自己提升人类意识的愿望。他的商业目标很明显也不是为了做社会公益或拯救地球。特斯拉的商业成功来自更智慧的商业模式和更好的产品设计。对社会和环境的双绩效完全无缝地结合在一起。

艾琳·费雪

艾琳·费雪（Eileen Fisher）这家时装公司有三大支柱使命："我们的服装，用心经营以及支持每一位员工的目标。"[36]这三大支柱体现了创始人的愿景，即所有利益相关者都有目的地参与到零售产品的生产中来，通过解决女性福祉的社会倡议来支持女性，在全面考虑人类福祉的前提下负责任地开展业务，并指导其产品和实践朝着可持续的方向发展[37]。2015年，该公司成为认证的共益公司，正式承诺将商业作为行善的力量。2017年，它又有了一个飞跃，成为纽约州的一家共益企业[38]。

2005年，艾琳·费雪通过员工持股计划（ESOP）将该公司出售给了她的875名员工。由于该公司仍为私营企业，因此没有公布财务账目，但其增长速度已远远超过其他工业部门。2002—2018

年，该公司的收入增长了三倍多，从 1.44 亿美元增至约 5 亿美元[39]。在 2014 年接受《快公司》(*Fast Company*) 采访时，艾琳·费雪证实，她的同名公司在财务上是盈利的[40]。艾琳·费雪补充说："我们有一个政策，称为'良好增长'(Good Growth)，如果不可持续，如果做得不好，我们就不想增长。我们要证明这是有商业例证的。"[41]

早在 1997 年，艾琳·费雪公司就正式制定了一项关注社会意识的企业议程。他们意识到需要投资发展整个公司的领导力来支持这一努力，社会意识部门也在那一年成立了，艾米·霍（Amy Hall）被任命为该部门总监。她的任务是指导该公司的人权工作，通过战略伙伴关系支持妇女和女童，并在其生产和制造实践中为环境的可持续性制定愿景和战略措施[42]。8 年后，该公司建立了"愿景 2020"，这是一项大胆的计划，详细说明了将采取的步骤，以实现 100% 可持续性的目标。该计划涵盖八个类别：材料、化学、水、碳、有意识的商业行为、公平的工资和福利、工人的心声、工人和社区的幸福[43]。"'愿景 2020'是一项正在进行的工作[44]，它将超越 2020 年，但该公司的理想目标仍然是——成为一个真正可持续的企业，一方面不损害人类和其他生命在地球上永续繁荣的可能性，同时创造价值。"[45]

在所有这些方面，艾琳·费雪和她的公司都体现了整体性和连接性意识。她最近说："我更关心工作本身，不仅仅是我们创造的产品，而是整体工作：从人们一起工作的方式、我们对待彼此的方式、我们试图创造的员工成长环境，一直到我们对待员工的方式和关心地球的方式。"[46]财务上的成功来自公司对关系的更多关注，而不是专注于销售产品或盈利。艾琳·费雪在 2018 年表示："再利用（服装）可以成为一项有利可图的业务。我们不希望可持续性只是我们公司的优势，而应该成为全球的优势。"[47]

塔塔集团

这家由詹姆谢特吉·塔塔（Jamsetji Tata）于 1868 年创建的印度企业，把做出积极贡献作为其存在的核心原因。其企业宗旨是"改善我们服务的社区的生活质量"和"确保一再的取之于民，用之于民"，这是其商业行为的基础[48]。塔塔集团（Tata）旗下泰姬酒店（Taj Hotels）的高管卡拉姆比尔·辛格·康（Karambir Singh Kang）这样评价他的公司："在世界上最富有的人的名字中，你找不到我们领导人的名字。我们公司没有人在《福布斯》榜单上。我们的领导人不是为了自己。他们参与其中是为了社会，为了他们服务的社区。"[49]

和其他典型公司一样，塔塔集团通过社会责任而经营的方式产生了有趣的悖论，它们获得了高于平均水平的经济表现。在 1991—2012 年担任集团总裁又在 2016—2017 年复任的拉丹·塔塔（Ratan Tata）利用塔塔家族 150 余年的社会责任传统，将该集团转型为一家高利润的全球巨擘[50]。他在领导任期内为该集团增加了 10 亿美元的市场价值。最近几年的数据显示，塔塔集团的股票是印度股市上的明星股之一。该集团的市值从 2014 年的 1 143.5 亿美元增长到 2018 年的 1 453 亿美元[51]。有人认为，到 2025 年该集团的市值将达到 3 500 亿美元[52]，成为全球市值最高的 25 家公司之一。

2012—2016 年拉丹·塔塔卸任期间，这家印度巨头继续大举投资于企业和员工。塞洛斯·米斯特里（Cyrus Mistry）在这段过渡时期接任董事长一职，他敦促塔塔集团领导层遵循塔塔集团的价值观，即开拓、诚信、卓越、团结，以及对实现可持续和盈利增长的责任。2016 年，塞洛斯·米斯特里宣布了一个新的领导模式，提出了一个新的框架，重点是"工作中的幸福"[53]。曾非常成功且盈利丰厚的塔塔咨询服务公司（Tata Consulting Services，TCS）的首席执行官钱德拉塞卡兰（N. Chandrasekaran）成为他的继任者。钱德拉塞卡兰在他主持的第一次大会上宣布了该集团的愿景："以数字协作的方式建立满足国家和社区需求的企业。"[54]这是公司创始人马上会认可的一种抱负。

塔塔集团有一系列产品和服务专门针对印度农村的低收入人群以及全球其他服务不足的市场[55]。其中包括塔塔 BP 太阳能公司（Tata BP Solar）的低成本太阳能家庭照明系统、太阳能灯笼、太阳能炊具和太阳能热水系统。来看看众多例子中的一个，塔塔集团推出了一款 22 美元的净水器，它既不需要电力也不需要自来水，旨在为全球近 10 亿无法获得洁净水的人服务。正如《连线》（Wired）杂志所言，有了这些产品，"塔塔集团正在拯救生命，并且在赚大钱"[56]。

美国坦能公司

美国坦能公司（Tennant Company）总部位于明尼阿波利斯，是地面清洁设备和相关清洁技术生产商，其使命是"创造一个更清洁、更安全、更健康的世界"[57]。它面向大型商业客户，如大型零售商、购物中心和体育馆。在 2000 年，它发现自己所在行业的竞争对手使用的技术很成熟。当时对于环境方面的努力是为了减少化学清洗剂的用量，并降低其毒性。

然后，在 2006 年，该公司将一项革命性的创新进行了商业化，这项创新几乎在一夜之间导致其股价迅速上涨。品牌名为 ec-H₂O，以"无化学清洁技术"为卖点，这种新型的地板清洁技术使用普通自来水进行清洁，效果与其竞争对手基于化学物质的解决方案同样有效。通过电解，自来水被氧化和电离。带正电的离子水具有酸性，可以杀死细菌；带负电的离子水具有碱性，可以清洁地板表面。

市场瞬间一片哗然。竞争对手们谴责了美国坦能公司的说法，并公开质疑是否有可能推出一种不含化学物质的清洁方案。对采用一种不再需要购买和储存化学清洗剂，也不用培训员工如何使用和处理化学品的解决办法，商业客户们持谨慎态度[58]。

然而，事实证明，对商业成功起决定性作用的是 ec-H₂O 为客户提供的诸多好处。它减少了客户在化学品和培训上的花费。由于水是 ec-H₂O 的唯一输入，操作人员不需要混合化学品。新工艺用水效率更高，这意味着操作人员可以用更少的水更快地清洗。ec-H₂O 没有在地板上留下任何化学残留物，大大降低了发生滑倒事故的潜在风险。在零售环境中，此类事故约占保险成本的 20%。对美国坦能公司的客户来说，这种避免事故的做法同时大大节省了成本。

2000—2019 年，坦能的市场价值增长了 300% 以上，其中大部分增长来自于 2006 年下半年 ec-H₂O 产品上市之后。同期，道琼斯工业指数上涨 200%。ec-H₂O 产品线的销量直线上升，在其上市五年后达到 1.3 亿美元。

在我们的一次采访中，美国坦能公司的首席执行官克里斯·科林斯丹德（Chris Killingstad）明确表示，成为一家绿色或具有社会责任感的公司并不是他投资 ec-H₂O 和其他无化学品产品的主要动机。他只是认为，必须有一种更好的方法来将该公司与其竞争对手区分开来，而可持续清洁技术提供了这样一条前进的道路。"做好事、做得好"（Doing Good and Doing Well）被整合成一个单一的价值主张。

大自然化妆用品公司

这家巴西天然化妆品公司拥有一个 100 多万人的创新销售网络，且其中许多是城市贫民窟的贫困居民。2018 年，该公司被《企业骑士》[○]（*Corporate Knights*）评为全球第 14 位最可持续发展的公司[59]。

大自然化妆用品公司一直从一种独特而深刻的使命感出发。其创始人路易斯·西布拉（Luiz Seabra）说："16 岁时，有人给我讲了哲学家普洛丁（Plotinus）的一句话：'一是整体，整体是一。'（The one is in the whole; the whole is in the one.）这对我是个启示。这种成为整体的一部分的观念一直萦绕在我的脑海。"[60]

1969 年，该公司在圣保罗的一间车库里成立，当时只是作为一种个人抗议，抗议当时的化学密集型和高端化妆品行业现状。西布拉想要"把化妆品作为一种自我认识的方式和促进幸福感的手段，通过人际关系来诠释生活"[61]。

大自然化妆用品公司的企业宗旨简明扼要地表述为："善待生活、善待自己。"（Well Being and Being Well）。该公司的目标是培养公司和利益相关者之间、利益相关者之间、利益相关者和他们所属的整体之间健康、透明、积极的关系。该宗旨反映了西布拉最初的愿景，"贯穿于公司当今的文化和运营之中……对进步的永恒追求是我们生存的内在需求。我们相信，通过不断地追求创新，我们

[○]　加拿大的一家媒体。

将促进个人、组织和整个社会的发展。这种创新方法是我们所使用的方法中不可或缺的部分。"[62] 这种方法对该公司非常有效。该公司一度被《福布斯》评为全球第八大最具创新力的公司，仅次于排名第五的苹果（Apple）和排名第七的谷歌[63]。

尽管该公司在南美以外的地区并不广为人知，但它向我们展示了一个令人惊叹的例子，即通过做好事能获得成功。2017 年，该公司以其净利润 2.03 亿美元、年销售额 30 亿美元的业绩笑傲同行。这一利润水平比前一年增长了 100% 以上。在此前的 5 年里，该公司每年都在盈利[64]。

舒贝格·菲利斯

舒贝格·菲利斯（Schuberg Philis）这家创新的荷兰信息技术（IT）公司专注于其客户所依赖的关键任务应用程序，以保证其业务一天 24 小时、一周 7 天、又不间断地运行。这是第一家获得"欧洲优秀实践奖"（European Good Practices Award）的 IT 供应商，该奖项旨在证明，在工作压力大的同时制定更高的绩效标准，不一定会导致过大的工作压力。公司董事总经理兼创始人菲利普·德瑞斯（Philip Dries）解释道：

> 我们认为重要的是，我们的同事自己做各种决策，也要对客户做出承诺。因此，这里的同事体验到的自由和自主权并不是作为额外的负担，而是让他们控制自己的工作。这将为我们的 IT 系统带来非常高的客户满意度和 100% 的可用性。这听起来显而易见，但通常在 IT 行业，是销售经理向客户做出承诺，然后将问题转达给实际解决问题的同事。人们往往会因为冲突、挫折以及对不切实际的目标的愤怒而感到压力。[65]

　　该公司以目标为导向的对整体性和关怀的承诺体现在创立之初的 12 条指导原则中。其中一条原则与爱有关："我们希望每个人都能茁壮成长。我们都是平等而独特的。我们将整个人类视为同事、父母和朋友。当我们在一个更深的层次上联系，美好的事情就会成为可能。"[66] 在我们的作者对该公司创始人的采访中，整体连接性意识贯穿在他们是谁、他们如何沟通以及他们该做什么的过程中。

　　2017 年，舒贝格·菲利斯的总营业收入增长 18%，从 5 030 万欧元增至 5 930 万欧元，净利润达到 320 万欧元[67]。在我们早期的一次面对面采访中，该公司的联合创始人之一格温·舒尔（Gerwin Shuring）表示，公司当时（2014 年）的利润率是欧洲 IT 行业平均水平的三倍。

纽柯钢铁公司

　　这家领先的钢铁生产商以建立一个高利润的小型节能钢厂网络而闻名，这些小型钢厂以回收的废钢为原料。这与老牌钢铁公司的做法截然不同。以往，老牌钢铁公司一直投资于大型能源密集型钢厂，利用通常对环境有害的方式开采原生铁。然而，这家公司之所以能进入 16 个典范公司之列，并不是因为其环保技术，而是因为它对待员工的方式。

　　该公司平等主义的劳动实践、扁平的分权组织结构以及对所在社区的明显关怀，使其成为一个堪称夕阳产业的标杆企业。

　　2017 年，纽柯钢铁公司（Nucor）是美国最大的钢铁公司，在《财富》500 强中排名 151 位，收入超过 200 亿美元，与去年同比增长 25%。该公司报告，相比 2016 财年的合并报表净收益为 7.963 亿美元，2017 财年的为 13.2 亿美元。纽柯钢铁公司的股票在

2000—2019 年增长了近 400%，几乎是同期道琼斯工业指数的两倍。在数十家美国钢铁公司破产的几年里，它存活了下来并蓬勃发展。纽柯钢铁公司快速增长，而美国钢铁行业产能从 1967 至 1970年11 000吨/月下降到 2017 年的 7 000 吨/月[68]。到 2019 年，纽柯公司的市值达 170 亿美元，而全球领袖安赛乐·米塔尔（Arcelor Mittal）的市值是 220 亿美元，尽管前一年安赛乐·米塔尔的收入超过纽柯钢铁公司的3.5 倍。

肯·伊文森（Ken Iverson）担任纽柯钢铁公司 1965—1996 年的首席执行官［1965 年纽柯钢铁公司还被称为美国核能公司（Nuclear Corporation of America）］，也是带领该公司发展到今天的执行官。他的指导原则是这句金科玉律："我们相信，你希望别人怎么对待你，你就应该怎么对待别人。这是我们公司的基石。听起来很简单，但确实有效。"[69]

关于他的领导哲学，肯·伊文森说："要始终承认，推动进步的真正动力是员工，而不是管理者。要在你的管理生涯中创造一个环境，让员工可以在其中获得越来越高的绩效。"[70]在他的指导下，纽柯钢铁公司从钢铁行业一个典型的自上而下的专制的组织结构转变为一个以员工为中心的、合作的网络化组织，在这个组织中，当地的团队负责研发、创新和绩效运营。

另一个显著的特点是战略选址在小城镇和农村地区。在这些地区，人们相互关爱，社区之间相互关心。纽柯钢铁公司在这些地区的投资帮助他们为当地企业和市政当局提供支持服务，为当地学校、消防部门、救灾和环境项目进行捐款和提供员工志愿服务。这样的地方投资让员工们感到自豪，同时帮助纽柯钢铁公司保持了一个异常高的员工保留率。像联合利华一样，它的组织结构是分布式的，由半自治的运营单元组成。

约翰·费里奥拉（John Ferriola）自 2013 年起担任纽柯钢铁公司的 CEO，他延续了肯·伊文森的传统，强调信任、尊重和在分布式组织结构中授权的重要性[71]。

诺和诺德公司

诺和诺德公司（Novo Nordisk）是一家总部位于丹麦的全球性制药公司，业务遍及全球 70 多个国家和地区，在糖尿病护理、止血管理、生长激素治疗和激素替代治疗领域处于世界领先地位。它还参与研究和开发了自身免疫性和慢性炎症疾病的治疗方法。该公司首席可持续发展官苏珊妮·斯托默（Susanne Stormer）表示：

> 诺和诺德公司有一个非常明确的社会目标，即帮助患有糖尿病和其他慢性病的人以最佳的状态存活。为此，我们向他们提供药物，但我们知道他们需要的不仅仅是药物，这就是为什么我们致力于为了这些人的利益推动变革。这就是我们从事商业活动的原因，也是我们商业活动的重点。这能让我们成为社会企业吗？我会说是的。有些人认为社会企业不应该以营利为目的。如果一个企业没有营利，那么它怎么可能是一个可持续发展的企业呢？我们是一个营利的企业，因为需要利润来支持我们追求的社会目标。[72]

2012 年 1 月，诺和诺德公司在年度"100 家最可持续发展的公司"榜单中，被《企业骑士》评为全球第一。2018 年，《福布斯》将其列为全球第五大最具声誉的公司[73]。该公司的财务回报率在同行业中名列前茅。2000—2019 年，该公司的股票增长了 1 721%，远远超过同期竞争对手安进公司（Amgen）的325％和礼来（Lilly）的218％。另外两家制药竞争对手默克（Merck）和辉瑞（Pfizer）的股价在此期间增长很少，甚至没有增长。

为社会公益服务、与自然和谐相处的理念，已深深根植于该公司的基因之中。诺和诺德的改革蓝图致力于在全球范围内建立一种防控糖尿病的公私合作伙伴关系（PPP），旨在通过早期干预挽救生命。该公司与各国政府和非政府卫生保健组织合作，以减少糖尿病的蔓延，并将获得基本卫生保健作为一项普遍人权[74]。它为世界上最贫穷国家的消费者提供的胰岛素价格是西方国家平均价格的20％。通过其改革蓝图，还培训了来自低收入国家的诸多医生和护理人员，因为这些国家的糖尿病治疗往往由于人力成本的不足而被忽略。

该公司率先使用环境损益账户（Environmental Profit and Loss，EP&L）核算的方法，同时聘请了80多名生物伦理学家来解决涉及人类、动物以及更广泛的公司运营的生态影响的相关问题。员工敬业度调查显示，2017年诺和诺德公司的员工敬业度为90％，远高于怡安·翰威特（Aon Hewitt）对于大型企业调查结果中62％的全球平均水平[75]。

由于对处方药的担忧日益加剧，以及一些制药公司明目张胆地大肆涨价，诺和诺德公司前高管雅各布·里斯（Jakob Riis）承诺，任何一种药物的上市价格每年涨幅都不会超过个位数[76]。这只是这家公司大力践行同情心和关怀的最新证据。

耐克

20世纪90年代，这家制鞋和服装巨头面临巨大挑战，人们指控它的供应链是血汗工厂，侵犯人权[77]。它被指责违反了越南的最低工资和加班法，监管人员虐待员工的情况时有发生，甚至在柬埔寨和巴基斯坦使用了童工。到 1998 年，耐克（Nike）传奇般的首席执行官菲尔·奈特（Phil Knight）在全国新闻俱乐部（National Press Club）表示："耐克产品已成为奴隶制工资、强迫加班和权力滥用的代名词。"[78]20 世纪 90 年代后期，耐克的许多可持续发展努力都是为了遵守劳动法规，减少社会危害，为什么它会被列入模范公司呢？

原因有很多，几乎都与马克·帕克（Mark Parker）于 2006 年接任 CEO 后所做的改变有关。他承诺公司要从一个"勾"字形的增长模式转型为积极影响的增长模式。耐克首席可持续发展官汉娜·琼斯（Hannah Jones）表示："（可持续性）从风险和声誉功能转变为商业杠杆功能，再转变为创新功能。"尽管耐克的可持续发展举措起初是作为对丑闻的一种回应，但它们现在已成为该公司保障未来发展的工具[79]。

耐克有 11 条箴言来驱动它的战略，其中一条是"做正确的事"[80]。该公司专注于为社区和环境创建积极的影响，这也是该公司践行箴言的一个例子。作为促进健康和活跃社区的一部分，该组织开展了一系列业务活动，重点是增加儿童的体育活动。它还致力于更广泛的包容性，让每个人都可以拥有健康的生活方式[81]。

与供应商、客户甚至竞争对手的合作是耐克在行业层面以可持续发展驱动创新的关键。帕克表示："从多数标准来看，耐克都是一家大公司，但我们在供应链系统层面产生有意义变革的能力是有限的。""我们与其他参与者合作，推动真正的、可持续的体系变革，这绝对是至关重要的。我们欢迎伙伴关系和开源协作，积极分享我们的可持续设计工具，帮助创建行业标准，并继续在耐克和整个行业寻找扩大创新的方法。"[82]

耐克与美国国家航空航天局（NASA）、美国国际开发署（US Agency for International Development）和美国国务院（the US Department of State），以及几家北欧的公司，如宜家、诺维信（Novozymes）、Kvadrat[○]、阿尔拉（Arla）和许多政府机构合作，宣布启动北欧项目，这是一个孵化器，旨在让当地的创新者和企业家发展可持续材料[83]。耐克也是可持续服装联盟（SAC）的创始成员之一[84]，可持续服装联盟推出了新评定指数 Higg Index，以评估产品的可持续性。该指数涵盖了三个主要领域——品牌、产品和设施——旨在为服装行业提供一种评估任何特定产品在整个供应链中的可持续性的方法[85]。

通过开源合作，耐克能够清晰地表达其战略愿景，即"应对不断变化的世界的挑战——应对气候变化、保护地球有限的资源、通过重新定义增长而不是通过减少增长来增加全球经济机会"[86]。

耐克在财务上的表现优于竞争对手，在股市上也表现突出。2000—2019 年，耐克的股价上涨了 1 236%，而阿迪达斯的股价同期上涨了 685%。值得注意的是，阿迪达斯也被认为是一个可持续发展的领导者，该公司达到许多量子领导标准。自 2007 年以来，《快公司》已 6 次将耐克列入全球最具创新力的 50 家公司之列。2019 年，耐克在明略行美国最具价值品牌 100 强中排名第 18 位[87]。

西太平洋银行

2014 年，这家澳大利亚银行击败联合利华和诺和诺德公司等业

○ 丹麦著名纺织品牌。——译者注

内知名的可持续发展领导者，被评为全球最可持续发展公司[88]。作为一家带来积极影响的典范公司，西太平洋银行将可持续发展定义为"采取行动，为人们创造长远价值，无论是我们的客户还是同事，还是投资者，抑或是我们更大范围社区的一部分人"[89]。

2000—2017 年，西太平洋银行的股价上涨了 255% 以上，其基准竞争对手摩根大通（JP Morgan Chase）的股价同期上涨了 205%，而金融精选板块指数（Financial Select Sector Index）（XLF）仅上涨了 29%。

戴维·摩根（David Morgan）于 1999 年成为该银行的首席执行官。第二年，他提出了对服务文化的愿景，这将重新激活该银行的核心价值主张。他说："在澳大利亚的银行的未来前景不简单是如何预测技术变革、竞争和全球化，越来越多的问题是，我们如何在整个行业的社会和环境结构中运作良好。"[90]他主张以员工赋权为核心，建立一种"具有强烈愿景和价值观的文化的业绩导向"。戴维·摩根相信"员工就是银行……在很大程度上，他们重建了与社区的共同理解和信任"[91]。

同时身为作家和投资总监的约瑟夫·布拉登（Joseph Bragdon）指出："通过进一步激励员工，使他们对社会和环境更加敏感，（摩根）创造了一个组织的意识，即去发现和感受更大的系统的能力，他们和银行都是这个大系统的一个部分，这种意识让西太平洋银行变成了今天的可持续性和利润领袖。"[92]

戴维·摩根将道德规范和企业责任融入了银行文化，而不是由管理层发布自上而下的命令。他呼吁员工有做正确事情的意识，要求他们关注共同利益，使银行促进多边合作。他认为重视多样性有助于塑造公司的文化。到 2016 年，高管中男女人数相当，在整个组织的其他部门有47%的女性担任领导角色[93]。其他少数群体，包括职业母亲、同性恋者、双性恋者、跨性别者和老年痴呆症患者，得到了高度的支持。与我们范例组中的许多其他公司一样，一线员工有权在分布式组织结构中做出决策。2018年，该公司被公认为性别平等的首选雇主，并成为澳大利亚残疾人网络（Australian Network on Disability）首次编制的"残疾人参与与包容指数"（Disability's Inaugural Access and Inclusion Index）中排名第一的银行[94]。

结果很快就显而易见了。2015年，西太平洋银行被《金钱》（Money）杂志评选为"年度社会责任组织"（Socially Responsible Institution of the Year）。该奖项评委会表示："随着雄心勃勃的社会和环境目标被公开，高管奖金也被拿去投入其中，西太平洋银行闪耀着光芒。"[95]该公司的财务状况持续强劲，证明了其旨在实现所有人繁荣昌盛的战略的商业价值。

克拉克公司

克拉克公司（Clarke）是一家公共卫生公司，努力让世界各地的社区更宜居、更安全、更舒适。他们不断努力将更多对环境负责任的产品和服务推向市场，帮助预防疾病。

莱尔·克拉克（Lyell Clarke）是这家同名公司的首席执行官，他自我定义为一名环保主义者，长期致力于保护环境[96]。早年，他就十分注重环保回收利用并监控了自己的碳足迹，并利用个人时间在自家的农场加强环保措施。

他的个人环保价值主张也指引着公司的战略方向，最关键的一个证据就是，在2009年克拉克公司推出了名为Natular的灭蚊剂。

该产品的出现让一款有机磷酸酯杀幼虫剂就此退市，让公共卫生解决方案提供更好的控制、广泛的栖息地和适宜的环境。据美国环境保护局的说法，它"取代了有机磷和其他传统的有毒农药，并被批准用于有机农业认证"[97]。因发明了这一产品，克拉克公司于 2010 年荣获"总统绿色化学挑战奖"。

在克拉克公司，环境和社会表现远远超出了单一的"绿色"产品。它已经深深地嵌入在组织的思维定式和文化中。如今，该公司渴望通过"关爱地球""关爱他人"（"尽我们所能积极地影响和丰富我们周围的生活"）、"对我们所做的事情充满激情"和"即使遇到困难，也要做正确的事情"来产生积极的影响。这些目标现在都体现在员工的激情和行为中。[98]

和许多可持续发展的领导者一样，克拉克公司已经减少了其碳足迹，提高了下水道的效率，并使设施更加环保。在新的总部基地，屋顶上安装了 300 多块太阳能电池板，整个景观被恢复为天然的草坪，草坪上有果树和苗圃床花园，供员工们愉悦身心[99]。

尽管该公司是私营企业，但其高管们与我们分享的一个信息是，该公司一直是一家盈利的企业，在 2017 年拥有 175 名员工，销售额约为 1 亿美元。他们将克拉克公司的成功很大程度上归功于欣赏式探询峰会（Appreciative Inquiry Summits）的作用。在该峰会上，许多利益相关者聚集在一起，以发现该公司整个生态系统的独特优势，并提出使该公司更具创新性且业务蓬勃发展的倡议。

通过对欣赏式探询的恪守，克拉克公司已将其方向从业务可持续性发展到对世界产生积极影响。寨卡病毒（Zika）危机是由蚊子传播的流行病，它让该公司充分发挥了其在公众健康方面的潜力。负责人力资源和可持续发展的副总裁朱丽·瑞特（Julie Reiter）表示："在寨卡病毒爆发期间，我们有机会为社区提供服务，这让我们对自己的目标有了更高、更远的愿景。""欣赏式探询提升了我们的能力、目标感和信心。当佛罗里达州迈阿密－戴德县（Miami-Dade County）发出求救信号时，我们的能力毋庸置疑。我们难以置信地扩展了组织，并看到各个方面的创新……每个人都想参与进来，因为我们是作为公共卫生机构做出回应的。"[100]

格雷斯顿面包房

伯尼·格拉斯曼（Bernie Glassman）于 1982 年创立了格雷斯顿面包房（Greyston Bakery）。他曾是一名航空工程师，后来成为一名佛教徒。格雷斯顿面包房是一家注册的共益公司，也是纽约州第一家共益企业。它为纽约扬克斯西南部的人们提供就业机会、技能和资源，帮助他们摆脱贫困。实际上，该公司雇用的男女员工的工作经验都很少甚至是空白，其中许多人都有过无家可归、被监禁、滥用药物、依赖福利支援、家庭暴力或文盲的背景或前科。格雷斯顿面包房的公开招聘模式"不考虑学历背景或工作经验，提供必要的支持，通过提供就业机会，鼓励员工在职场上和社区中茁壮成长，悦纳个人的发展潜力（embraces an individual's potential）"[101]。它的商业模式促进了社区的发展，并为人类的成长和潜力挖掘做贡献。该公司员工一直肩负着一项使命：通过各种志愿者服务将理念传递出去。在 2014 年完成了 420 个"甜蜜服务时间"（sweet service hours）[102]。

该公司长期为本和杰里（Ben & Jerry's）⊖供应著名的巧克力软糖布朗尼冰淇淋。2016 年，它每天要向这个长期客户海运价值 3.5

⊖　仅次于哈根达斯的美国第二大冰淇淋制造商。

万磅的布朗尼[103]。它与全球基金会（Whole Planet Foundation）有一个联合品牌的产品线，专门在全食超市销售。凭借持续的增长和市场认知度，到 2017 年，该公司的 130 名员工为超过5 000名客户提供了服务。

作为一家社会企业，格雷斯顿面包房的利润都归格雷斯顿基金会（Greyston Foundation）所有。格雷斯顿基金会在该公司市场所在区域运营了许多自给自足的项目，包括为无家可归者提供经济适用房和帮助，托幼等青少年儿童服务，技术学习中心，为艾滋病毒携带者和艾滋病患者提供住房等卫生和社会服务，还有一个社区花园项目。

这家公司已经还清了其建造最先进面包房所欠下的债务。正如格雷斯顿面包房的首席财务官詹妮弗·所罗门（Jennifer Solomon）所说："很明显，我们走到现在是因为一个使命，但这并不意味着你不需要关注结果——同时，还需要关注社会效益。"[104]格雷斯顿面包房正以创新的商业模式和全新的价值主张成为全球公认的品牌[105]。

星巴克

对于股东和利益相关者来说，星巴克（Starbucks）的表现都很好。自 1992 年上市以来，星巴克的收入从 7 400 万美元增长到 2018 年的 247 亿美元。在 1992 年投资的 1 000 美元星巴克股票，到 2017 年年底时的价值达 30.6 万美元。在过去 25 多年里，星巴克保持了 26% 的惊人的年复合增长率。

星巴克与其供应商紧密合作，在其经营的任何地方都能产生积极的社会影响。它将黄金标准设定为挑选首批合乎道德产品供应商的标准之一。到 2015 年，该公司 99% 的供应链达到了这一标准。有了它，星巴克不再通过交易条款来挑选供应商，认为供应商对其运营系统健康运转的影响更为重要。星巴克每年向当地农民提供数千万美元的可选贷款项目[106]。2018 年，该公司积极与全球供应商合作，共同应对许多学术期刊预言的气候变化可能带来的灾难性影响，如《美国国家科学院学报》 （Proceedings of the National Academy of science）写道，拉丁美洲多达 88% 的种植咖啡的土地到 2050 年将可能无法继续种植[107]。星巴克正在与所有农民和竞争对手分享其适应性耕作的经验教训，试图使整个行业受益。它的社会责任感也延伸到了招聘实践上，例如，在"9·11"之后，该公司推出了对于退伍军人的雇佣政策。

前首席执行官霍华德·舒尔茨（Howard Schultz）个人一直致力于追求整体连接性。1982 年，他加入星巴克，担任零售运营和营销总监。1983 年，在一次去意大利米兰的旅行中，他注意到每条街都有一个迷你咖啡吧，这些咖啡吧是社区聚集和交流的地方。从一开始，舒尔茨就看到了企业通过促进喝咖啡交谈和交流的需要来帮助建立社会凝聚力的机会。他最初的使命和愿景很简单：创建一个"第三空间"，让人们在公司和家以外多一个聚集的场所[108]。他相信自己是在推销经验和人脉，而咖啡只是其中的一部分。他的品牌价值在于员工、顾客和他们的朋友在喝咖啡时的交谈与关系。他把公司的核心价值观定义为"把员工当作伙伴，把客户当作朋友"。他的同理心和关怀创造了一种深刻的自我意识和服务他人的愿望。

星巴克的使命演变成了"一个人，一杯咖啡，一个社区，激励和孕育人文精神"[109]。除了演变后的愿景，还有七项关键原则或实践，这些原则或实践关注的是：全世界都将星巴克视为社会公益的潜在力量，而不仅仅是一家产品零售商。该组织相信这些原则的结果将为股东创造价值。创造股东价值不会以牺牲这些原则为代价。

星巴克前总裁霍华德·毕哈（Howard Behar）说："关心他人并不是软弱的表现，相反，这是力量的表现。无论是在一个组织内，还是在我们所服务的人群中，还是在当地或全球社区，关爱都是出于真心的。"没有信任和关心，我们永远不知道什么是可能的。若非远离恐惧，我们就不能心怀梦想，就不能发挥我们的潜力[110]。"当目标是兴旺发达时，关心他人和他人的幸福对企业的成功比以往任何时候都更重要。"

通往繁荣的多种途径

这里展示的 16 个范例提供了一系列的商业模式、产品、流程和技术，通过基于整体性和连接性的世界观来统一。它们走的是多样化但趋同的量子领导之路。它们强调了各种各样能促使它们成功的因素。

大自然化妆用品公司的创始人路易斯·西布拉、塔塔集团的创始人詹姆谢特吉·塔塔和星巴克的创始人霍华德·舒尔茨均以整体性和连接性为中心，展示了他们非凡的愿景。纽柯钢铁公司、西太平洋银行和舒贝格·菲利斯展示了分布式组织、平等的劳动实践、关爱人们和社区的力量。格雷斯顿面包房的开放式招聘模式就是一个独特的案例，扁平和分散的组织结构让员工感受到他们被信任，去执行公司有积极影响的愿景。克拉克公司和艾琳·费雪代表了系统化的方法，其中价值链上的所有关键利益相关者都参与了公司战略和文化的设想、设计和实施。特斯拉和美国坦能公司向我们展示了社会责任的使命可以无缝地嵌入到客户更喜欢的更智能的产品中，因为它们的性能比竞争对手更好。其他案例则为实现企业的繁荣制定了详尽的蓝图：联合利华的可持续生活计划、宜家的"人与地球积极战略"，以及诺和诺德公司的变革蓝图。几乎所有的例子都是高水平的行业合作，其中耐克在同行中尤为领先。

第5章 量子领导力模型

The Quantum Leadership Model

企业是否具备社会责任意识，越来越成为一出《双城记》[1]。《华尔街之狼》里演绎的那些病态者是一类：他们完全不关心他人，为了个人利益随意操纵他人。我们整天都被他们的剥削和贪婪的故事所包围。大家耳熟能详且臭名昭著的案例包括：大众汽车使用"净化装置"在污染排放测试中作弊，优步（Uber）存在文化歧视及前首席执行官特拉维斯·卡兰尼克（Travis Kalanick）性骚扰员工，图灵制药公司首席执行官马丁·史克雷（Martin Shkreli）被指控药品价格欺诈。没那么广为人知但同样恶劣的案例还包括：阿尔法自然资源公司（Alpha Natural Resources）[2] 持续多年的危害环境行为，原来的井点保险公司［WellPoint insurance，现在的安森保险（Anthem）］起诉并废除了那些医疗报销费用大大超过平均水平的客户的保障[3]。

企业行为不当不是美国或西方的独有现象。制药企业——包括国内和国外企业——被指控直排了多达 21 种活性药物，污染了印度当地的饮水资源[4]。在孟加拉国，有一幢八层楼高的拉纳广场大厦。这里曾经是全球服装品牌重要的一处生产基地，为贝纳通

（Benetton）、普力马克（Primark）等品牌供货。但在 2013 年，这里发生了重大的事故，导致 1 134 位服装工人丧生，还有约2 500名工人受伤。大楼业主无视大楼出现裂缝的危险警告，要求服装工人第二天正常返工；不幸的是，大楼就在那天的早高峰时段倒塌了[5]。2008 年，中国乳品生产商三鹿奶粉（以及其他一些中国乳制品公司）造成了广泛危害，包括导致一些婴儿的死亡。起因是生产厂商为了提高产品的蛋白质测试结果水平，在牛奶和奶粉中擅自添加了有毒化学品三聚氰胺[6]。不幸的是，在这些由于企业贪婪、故意牺牲他人和自然利益的案例中，被媒体曝光、广为人知的只是一小部分。

　　在另一个城市中则存在许多量子领导者。他们的目的是在一个健康的星球上创造共同的繁荣。他们把企业作为世界利益的代言人，追求全方位的利益：通过提高个人福祉和社区健康，建立公平包容的社会和繁荣的生物圈，来创造经济回报。无论大众媒体还是商业频道都很少报道这些领导者及他们的积极影响。上一章中提到的 16 个企业案例对改善世界的努力还没有被广为人知。除极少数情况外，这些故事还没有出现在主流媒体中。大众对这些正面的企业案例故事缺乏兴趣，所以我们组织了一些诸如"迈向繁荣"（AIM₂Flourish）的倡议行动，旨在通过宣传成千上万、尚不为人知的案例，引起公众关注，形成向善的力量[7]。

　　"迈向繁荣"的活动获奖者"幸运铁鱼"（Lucky Iron Fish）[8]对联合国可持续发展三号目标（健康与福祉）做出了贡献。这是一个非常简单但有用的创新，极大地改善了东南亚低收入人群普遍缺铁的现状。只要做饭时把特制的鱼形铁锭（鱼在那儿被认为是好运和繁荣的象征）放入一起煮 10 分钟，它就会释放一个人每天所需摄入铁含量的大部分。

另一个获得"迈向繁荣"活动大奖的是布雷奥公司（Bureo）[9]。这是智利的一家公司，以水生物为设计灵感，利用废弃渔网来生产滑板。该公司通过"净正值"（Net Positiva）计划教育当地渔民的联合团体，让他们了解在海洋中丢弃渔网的危害，同时还为当地人重新利用这些废弃渔网提供了一个渠道，既有益于环保又改善了当地的海岸环境[10]。

展示这些正面的商业案例是一个非常有价值的做法。当商业人士了解到追求利益的企业也能产生改变世界的积极影响时，他们将受到鼓舞，去追求更高远的目标，并让其他领导和组织一起参与其中，共同实现这一目标。

在这一章中，我们的目标是深入了解企业领导力的本质，识别和分析共创繁荣的领导力的特征。前几章，我们从曹慰德的个人经历和观点（第 2 章和第 3 章）、从具备量子领导力属性的企业案例研究（第 4 章）的角度，审视了量子领导力，我们现在要进一步探究共同繁荣的组织的领导和文化。这类组织的文化定义是什么？他们的日常工作又是什么？我们的目标是做循证研究，只有通过回答这些问题，才有希望扩大这类领导力，才有可能为全人类和地球上的所有生命创造共同繁荣。

关于意识的假说

为什么有些领导者倾向于自我、分裂和剥削，而另一些则倾向于关爱、整体和同情心？根据多年的经验，我们的假设是：意识是领导者关于在社会意义和责任中自我定位的基础。我们从 2015 年开始研究和验证这种想法。多年的项目研究成果终于形成了关于意识的假说，具体如下：

> 意识，是对思维本体及其周围世界的认知，是回答我们是谁、如何对待他人和自然、解释我们行为方式的强大思想源泉。改变我们的意识是揭示局部和全局变化的最有效工具。

假说也呼应了系统科学家多内拉·梅多斯的观点：复杂系统的最有效干预点是"创造系统的思维模式或范式"[11]。麦肯锡前董事弗雷德里克·拉鲁克斯（Frederick Laloux）在他的畅销书《重塑组织：组织的创建方式受人类下一阶段意识的启发》（*Reinventing Organizations：A Guide to Creating Organizations Inspired by the Next Stage of Human Consciousness*）中提出了类似的观点："纵观历史，我们创造的组织类型与当时盛行的世界观和意识紧密相关。"[12] 近期，进化学习中心的研究小组得出结论："应对（全球可持续性挑战）的答案在于人类意识中的'进化跳跃'。如此快速而又深远的变化可以在生活的各个领域，也包括商业领域，产生综合的意识、经验、决策和行动，自然而然地推动共同利益。"[13]

我们不是第一个走上这条路的人，但我们感到时机已到，是时候把它介绍给更广泛的商业受众了。有利时机在于：越来越多的人开始关注到科学界的新发现，包括量子物理学、意识研究、进化生物学、表观遗传学、神经科学、经济学、心理学和组织行为学等学科，都开始颠覆关于现实本质的传统观点。我们将在下一章中呈现这些新发现。

转变意识不仅仅是一个认知问题。社会责任导向的商业案例试图基于理性分析来说服管理者，而我们希望建立一种整体连接性的意识，从认知层面改变人们对现实的感知。目前存在两种截然不同的意识形态，这两种形态的冲突较以往任何时候都要来得激烈。

一种割裂的意识。 过去 300 多年来，无论自然科学还是社会科学，不同学科的知识都告诉我们：个体是割裂的、自私的、效用最大化的、没有精神意识的独立存在；我们置身于一个冷冰冰的、机械的、由物质构成的宇宙中，服从重力和电磁力定律，最终走向无意义的灭亡。

一种整体连接性的意识。 人类很早就开始从事大量关于人生更高生存意义的研究[14]，这些研究因为如今面临的全球生存威胁加重显得愈加迫在眉睫。自然科学和社会科学都有新的发现，一种认为我们彼此之间在身体上、情感上和精神上紧密相连的新意识正在浮现[15]。这是从一种更偏向于人际关系的视角来解释"我们是谁"。

……

意识到自己是整体组成部分的感观可以解释我们对他人、对地球上所有生命体的最原始冲动。它改变了我们的思考和行动方式，让我们变得更有同理心和同情心。当我们把自己看作是自然世界不可分割的一部分、而不是与之分离的时候，就会更加深刻地理解，我们的行为不仅影响他人，还会影响所有生命形式。

我的观点是：意识是诠释"我们是谁""我们生活的世界本质是什么"的基础。这些诠释又会反过来决定我们在商业和生活中所采取的行动。

意识跃迁：企业进化发展的直观进程

量子领导力是一种全新的商业范式。由量子领导者带领的社会企业并不是单纯地要比其他企业承担更多的社会责任。它们以一种整体连接性的新意识为基础，促使组织追求幸福、繁荣和活力，正如它们的本质要求它做的那样。

要理解意识如何从割裂态到连接态转变，我们要从企业发展的三个维度（即三条轴线）进行回顾和展望：经营宗旨、组织原则和领导模式。这种多因素的演化将在下一章中进行讨论，在图5-1~图5-3中以可视化的方式呈现，以帮助理解向新范式过渡的完整系统的内涵。

第一次过渡

自20世纪60年代以来，本和杰里（Ben&Jerry's，美国）、美体小铺（Body Shop，英国）、达能（Danone，法国）、特里多斯银行（Triodos Bank，荷兰）、京瓷（Kyocera，日本）、大自然（Natura，巴西）和许多其他的一些公司，一直声称把社会使命嵌入了它们的核心业务中——见图5-1中的水平轴——让世界知道它们正逐渐摆脱对股东价值的专一关注。与此同时，企业社会责任学者如埃德·弗里曼（Ed Freeman）正建立另一种新理论，兼顾股东和利益相关者。1994年，约翰·埃尔金顿（John Elkington）提出了关于人、星球和利润的"三重底线"的概念。三年后，企业战略学家斯图·哈特（Stu Hart）发表了《超越环保》（Beyond Greening），这是刊登在《哈佛商业评论》的一篇里程碑式的文章，获得了当年的麦肯锡奖。在文章里，他提出企业战略既可以为创造可持续发展的世界做出贡献，同时又能追求股东价值。2000年，杰德·爱默生（Jed Emerson）提出了"混合价值"的概念，2003年克里斯·拉兹洛提出了"可持续价值"的框架[16]。

直到 2011 年，当哈佛商学院教授迈克尔·波特发表他的文章《共享价值》（Shared Value）时，这已经不再是个新鲜的观点。波特的这篇文章只是帮助坚定了高管们的态度。在文章发表的多年后，对全球首席执行官们的调查显示，超过 80% 的人认为环境和社会的可持续性对企业竞争优势至关重要[17]。

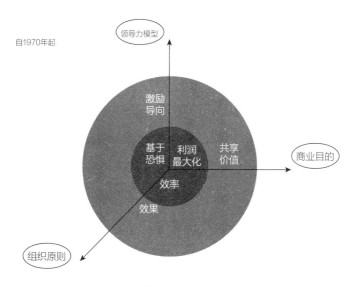

图 5-1 股东价值向共享价值的第一次转变

第二条轴代表组织原则。第一阶段对应追求股东价值阶段，它的特点是大多数组织都基于权力和等级。效率是定义人力资源管理水平的唯一指标。为了追求股东利润，企业内部员工和外部利益相关者像机器一样被对待。随着企业目标的逐步转变，利益相关者的价值创造被包含在内，组织原则也随之演变。效果变得比效率更重要。企业绩效延伸到社会和环境方面，同时出现了一些新工具指标，如平衡计分卡和全球报告倡议（the Global Reporting Initiative，

GRI)。我们考量效果原则时，会把员工和其他利益相关者的关系和情感作为整体的一个考虑因素。尽管它们在企业绩效评估的量表中仍然还只是定性因素。

第三条轴代表领导力模式。在"以股东价值为主要商业目的，以效率优先为组织原则"阶段，它是以恐惧驱动的。在工作中，员工知道如果他们无法完成主管设定的目标，就可能会失去工作。高层领导利用他们的职位惩罚违规行为并控制绩效。1995年《哈佛商业评论》有一篇文章，管理大师约翰·科特（John Kotter）敦促领导人建立一个"燃烧的平台"，利用危机感来推动人们参与变革[18]。然而在企业中，基于恐惧的领导力逐渐开始变得不那么流行了。尽管仍被广泛使用，但它在更复杂、关系密集的商业环境中的应用局限性也很明显[19]。

在一定程度上，取而代之的是激励领导力。这种做法自20世纪90年代开始流行起来，主要是通过发行大量的股票期权，当上市公司股价表现提升，高管人员也将获得相应回报。激励性股票期权和股权激励计划成为激励和保留员工的常用工具。根据企业管理顾问约翰·科尔德（John Collard）的说法，激励型管理的关键是"设定合理的目标和进度体系，让管理者能对绩效负责，通过沟通以确定衡量标准和奖励形式，然后放手让他们去执行"[20]。

从第一阶段到第二阶段的过渡已经在图5-1中直观展示。

第二次过渡

商业进化中的第二次转变可以被描述为从"共享价值"到"行善"。其中，为社会利益相关者创造价值成为企业自我驱动的使命。这种社会目的有着悠久的历史起源，源自社会企业家精神和一些小众市场，比如巴塔哥尼亚（Patagonia）和特里多斯银行（Triodos Bank）。然而，代表新形式的主流企业模式也在涌现，比如快速发展的共益公司（2007 年首次亮相）、共益企业（2010 年首次亮相）和自觉资本主义［在帕特丽夏·阿伯金（Patricia Abergene）《2010 年大趋势》一书的副标题中出现，后来被用来作为约翰·麦凯（John McKay）和拉吉·西索迪亚（Raj Sisodia）2012 年著作的标题］。联合利华和达能这些跨国公司提出要成为共益公司，宜家的人和星球积极战略（People & Planet Positive Strategy）是最近比较瞩目的主流企业转型案例。

关怀和同情心现在正开始成为组织原则。员工、供应商、客户和其他利益相关者的利益被认为是企业成功的核心。关心与同情自我和他人（也包括地球上所有的生命）帮助我们驱动商业活动。正如弗雷德里克·拉鲁克斯（Frederick Laloux）所写的，在商业发展的当今阶段，人们"只愿意与那些有明确和高尚目标的组织打交道。我们可以期待这一目标成为组织决策的指导原则，而不仅仅是靠利润、增长或市场份额"[21]。

领导力模式从"激励导向"到"服务他人"转变。"领导者转为关注公平、平等、社区关系及协作共生。"[22] 他们将多视角地考虑问题，比起交易结果，关系越来越被重视[23]。这种领导力模式强调让员工、供应商和客户拥有更多自主权，同时对企业经营地的社区和自然环境做出贡献。

从第二阶段到第三阶段的过渡转型如图 5 - 2 所示。

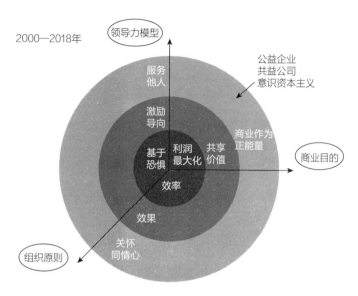

图5-2 共享价值向行善企业的第二次转变

第三阶段会不会足以为企业和社会都带来预想的结果？不幸的是，答案很可能是否定的。越来越多的证据显示，在这一阶段企业的可持续发展只是延缓了危害的进程，这与为所有人创造幸福、繁荣，为所有人注入活力的目标是有很大不同的。迹象显示我们还没有找到正确的方向，大气中二氧化碳的排放与日俱增，贫富差距不断扩大，2018 年乐施会的一项研究显示，世界上最富有的九个人的财富比最贫穷的 40 亿人加起来的还要多[24]。这进一步说明，企业总体上并没有为世界进步做出贡献，而我们在第 1 章中也得出了相同的结论。

第三次过渡

第三次过渡转型的特点是达到全方位的繁荣。在后期，人们行善的追求源于"本我",而不是因为别人劝说这样做是正确的或者其他商业理由。他们的心态和行为的动力来自于内心的整体观。这类似一个概念"乌班图"(ubuntu),这个词来源于非洲南部的祖鲁语,大致的意思是"我之所以存在,是因为我们的存在"。这里没有他人,个人的幸福与他人的幸福紧密相连。人性不再局限于部落主义、民族主义或宗教分裂主义。我们是自然环境的一部分,而不是独立于自然之外的监护人或管家。

商业的目的将变成创造健康和幸福,从个人层面、组织层面、当地社区的层面,再上升到更复杂的层面,一直到全人类和整个生物圈。这时的企业不再满足于将产生积极的影响当作社会使命的一部分。企业希望产生积极影响,既不是因为商业道德准则,也不是由投资收益分析来驱动。量子领导者会以新的方式来体验世界,他们将认同一个观念:自由和尊严不是个人的私产,只有当每个人都拥有它们的时候,真正的自由和尊严才会存在[25]。

这个阶段的组织原则是以整体为基础的。对他人的同理心、减轻他人苦难的意愿,不是来自于一种隔离的社会身份感,而是来自整体感。我们认为这一区别很重要,但是如何把整体性转化为特定的社会过程、构成组织成员之间的互动关系,其具体的方式还不明确。我们还需要通过研究来获得有实证支持的答案。

同样,我们的经验也表明第四阶段超越了为他人服务的观点。对轶事案例的研究表明,自我意识,尤其是关于万物互联、整体连接性的意识,是第四阶段领导力的本质。同样的,我们还需要进一步的研究来支持这种观点。

从企业的第三阶段到第四阶段的过渡如图 5 - 3 所示。

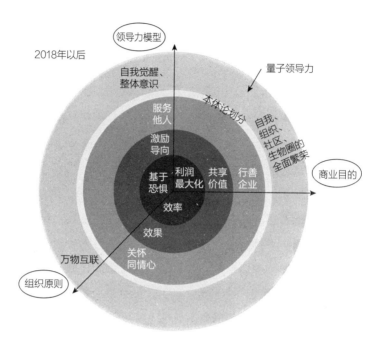

图5-3 商业作为正能量向全面繁荣的第三次转变

有时，我们会被持怀疑态度的商界领袖和管理专业的学生所质疑：这种把企业作为世界福祉代言人的模式是否现实、又是否可行呢？这又延伸出另一个问题：只有我们对过去和现在的认知才能指引人类的行为吗？正如英国科幻作家阿瑟·克拉克（Arthur C. Clarke）定义的三大定律中的第三条所说的："任何先进的技术起初都会被认为是一种魔法。"[26]这和关于人类意识的理解其实是一个道理。

农耕文明前的游牧祖先文化被历史学家莫里斯·伯曼（Morris Berman）称之为"矛盾的意识状态"。他们把自己视为自然世界不可分离的一部分[27]。那时的他们不可能想到：在后青铜时代，自

我、他人和自然会分裂成不同的意识形态；而到了工业时代，自我
意识又进一步演变，把其他人和自然都当作取之不尽的全球资
源[28]。今天的我们可能无法想象整体连接性的意识，但这并不意
味着它不会发生。

克莱尔·格雷夫斯（Clare Graves）、弗雷德里克·拉鲁克斯、
埃尔文·拉兹洛（Ervin Laszlo）、彼得·圣吉（Peter Senge）、肯·
威尔伯（Ken Wilber）等许多人早就提出了这样的观点：即人类进
化的下一个阶段将由意识的范式转变所驱动[29]。我们认为，下一
个阶段的商业进化——迈向全面繁荣——只可能由于群体意识的量
子跃迁而产生。

我们的研究旨在探索、测试、验证和澄清意识假说。我们的兴
趣在于理解意识的作用，在于如何帮助企业领导者跨越从割裂和自
我到整体关联与关怀的本体论鸿沟。我们希望开发一个有实证支持
的量子领导力体系，涵盖内涵、文化和实践等各个方面。下一部分
内容将回顾我们的研究方法和关键成果。

量子领导力研究

2015 年 12 月—2018 年 6 月，一群来自亚洲、欧洲、北美和南
美的研究人员开展了多方法的研究[30]。这些研究既有定性的也有
定量的分析[31]。来自调查对象的定量和定性数据经过搜集、分析
和整合。

定性研究

作为研究的一部分，49 位企业领导接受了调研[32]。另外，我

们还对其中的 8 人进行了深度访谈，就调查结果进行了跟踪访谈。访谈的对象范围覆盖较广，来自不同的组织规模和行业类型[33]。在选择样本时，我们主要考虑的因素是：组织和领导人需要表现出第四阶段量子领导力的特征。我们找到那些以"把社会影响作为企业目的"而闻名的企业、在领导练习中以整体连接性为指导原则的领导人，通过一定的筛选使他们成为我们的样本目标。整体连接性练习在早期被定义为：正念练习或反思与自然的相互关系；后来扩展到更宽泛的练习行为，以及旨在增强整体连接性意识的日常活动。例如，在筹备会议时通过进行个人登记，鼓励人们担当志愿者来帮助当地社区，让员工可以在工作日休息外出等。通过这些方法，我们排除了样本中尚处于第一或第二阶段运营的组织（如图5-2所示），重点去了解那些已经跨越了"本体论鸿沟"，从第三阶段进入第四阶段的对象企业。

研究过程中，我们请 49 名受访者谈了关于演化方向的个人看法。由于这项研究的方向在一开始无法确定和预测，过程中浮现了许多新的问题。后期讨论的一些问题是在分析和研究早期观点的基础上形成的。

在选定的样本集中，定性分析使用了巴尼·格拉泽（Barney Glaser）和安瑟伦·施特劳斯（Anselm Strauss）两位学者的基础理论[34]。访谈的定性分析涉及对结果进行编码，编码原则是根据理论学家凯西·查玛兹（Kathy Charmaz）和约翰尼·萨尔达纳（Johnny Saldana）对整体连接性行为、整体连接性意识、领导力属性和行为、积极社会影响之间的新关系研究成果[35]。

所有访谈都按照一套标准、四个主题类别进行。每个主题类别的开头和整个过程中都使用了开放式问题。我们允许采访者在访谈过程中的控制节奏、拓展访谈主题，自由地探讨过程中产生的想法。

1. 核心业务目的、组织原则和领导力模式

在这一类别中，我们询问的是企业的业务目的。企业声称和践行的目标是什么？更高远的目标是如何指导业务战略的，是如何嵌入企业的组织原则和文化的？员工在多大程度上认可这些内容？被采访者如何描述企业"做事的方式"？更深入的问题是探讨对组织原则和领导风格的看法，包含了关怀和同情心、协作风格、关系能量以及企业与自然环境的关系等主题。

2. 整体连接性的练习

这一类别的重点是领导力练习和日常惯例，包括个人、团队、组织及整个体系的各个层面。领导方法具体表现为哪些练习和日常惯例行为？随后还会问一个更开放的问题：为了增强与自我、他人、世界的连接感，企业具体做了哪些探索？这些问题探讨了同情心、同理心和整体性的主题（我们把"整体性"定义为：将工作身份和个人身份很好地融合，可以将个人价值观和组织价值观很好地统一）。我们还会探讨另一个问题，即企业是不是具备有助于连接自我、他人和世界的文化练习活动与文化传统。

3. 整体连接性意识

此类问题研究的是领导者认知自我及周边世界本质的最底层的思维定式。我们一开始会问受访者如何理解"意识"。我们会记录受访者对"整体连接性意识"这个词的反应、产生的联想或共鸣（当进行开放式提问时，我们要求受访者把"意识"定义为关于"我们是谁，我们生活在什么样的世界"的描述；把"整体连接

性意识"定义为关于"一个人的态度和行为会如何影响地球上所有生命和后代"的认知）。还有一些问题则是关于挖掘受访者作为组织领导者的发展历程或成长经历的。我们会搜寻一些因为领导者意识转变对企业决策、经济效益和社会效益产生影响的故事与轶事。

4. 业务成果

这类问题是关于受访者在看待组织的经济效益及社会和环境成果方面，与同行之间的认识差异。我们会具体关注受访者如何看待企业在创造经济繁荣和积极的社会影响方面取得的成就，以及与竞争对手的比较情况。由于大多数受访者都来自私营企业，实际财务指标并不会按照标准化的要求进行披露，所以我们使用了主观度量业务成果的方法。考虑到由于缺少两次数据源，可能会产生数据导入的偏差，我们在设计访谈问题、评估量表、测试观察员可靠性的时候，都要求将使用的、观测到的企业绩效数据根据管理文献中公认的标准进行再次梳理。在多数情况下，访谈在尾声时都会询问受访者对企业和社会的"梦想愿景"。企业主导的繁荣未来会是怎样的景象？生活在那样的世界里会是什么感觉？

数据采集

数据采集始于 2015 年 12 月，直到 2018 年 6 月才完成。访谈时间一般为 90 分钟~2 个小时，一些特殊情况长达 4 小时。有些是面对面进行的，有些则通过电话或 Skype 之类的视频会议。接受访谈的候选人来自研究小组的职业社交网络。当候选人被选中后，我们会先通过电子邮件或电话联系对方。我们还采取了"滚雪球"的办法让更多人参与到后续的访谈中来。

我们建议参与访谈的候选人采取一些预防措施，以保护他们的隐私。他们被要求签署一份同意参加访谈的授权书。所有的访谈录音都被保存了下来，授权书也包括了录音授权。我们会告知参与者有权随时退出访谈，也可以选择匿名参与。

研究是与"贝尔蒙报告"（Belmont Report）同步进行的[36]。所有研究计划都提前递交给了凯斯西储大学机构审查委员会。

数据分析

为了保持理论原则的一致性，对数据的分析在第一次访谈后就开始了，并贯穿始终。我们使用了轴向分类和选择性的方法来分析访谈数据。轴向分类包括分解核心主题，选择性方法是将数据重新以有意义的方式组合，以支持鲜明的观点。研究团队还使用了基于网络的定性分析平台 Dedoose 来支持整个分析过程。

最初一轮的编码产生了 2 695 个开放代码。我们在迭代了团队对话后大幅降低了这个数字。通过分析，我们将代码做了几个有意义的分类，使整个访谈中出现的语义模式更加清晰。

我们这么做的结果是，在第二轮中仅产生了 369 个轴向代码，第三轮更减少到了 225 个。最终，通过选择性编码，我们聚焦到以下三个最重要的主题：

（1）量子领导者的属性。在这个根代码下，我们把所有关于量子领导者的重要属性的描述进行了分组。

（2）繁荣的组织文化。在这组，我们将所有与量子领导力相关的组织文化描述进行了分组。

（3）整体连接性的练习。在这组代码中，我们将所有受访者在个人、团队、组织和体系等各个层次关于整体连接性的行为进行了分组。

我们在探究一些对于事物本质的不同理解方式，包括企业领导力、组织文化、实践在整体连接性意识中的形成、迭代和自我增强等。换而言之，我们研究在图 5 - 3 中的最外圈中企业是如何运作的。

定量研究

定量分析的内容包括来自不同行业的企业主、高级管理人员和中层经理等共 322 名受访者[37]。定量研究的主要问题集中在：整体连接性意识与更高远的企业目标的结合，是如何在商业环境中影响经济、社会和环境产出的。我们基于前文所述的早期定性研究的结果建立了模型。目标是进一步探讨以下这些要素之间的关系，包括：整体连接性意识、更高远的目标、领导行为和特性、正向的经济产出、正向的社会和环境成果[38]。

调查还以其他的定量研究成果为基础，比如有证据说明可持续发展领导力与财务绩效数据之间存在正向关系。这些研究还包括其他一些工作成果，比如罗伯特·埃克勒斯（Robert Eccles）、伊安妮丝·伊安诺（Ioannis Ioannou）和乔治·塞拉芬（George Serafeim）的关于高度可持续发展公司的超常财务表现的分析，拉金德拉·西索迪亚（Rajendra Sisodia）、杰格迪什·谢斯（Jagdish Sheth）和大卫·沃尔夫（David Wolfe）出版的《友爱的公司》（*Firms of Endearment*）[39]。上述两项研究成果都提供了令人信服的证据，把创造利益相关者的价值作为企业战略和文化的一部分，能正向促进企业的财务绩效。我们对了解这种关系的前因非常感兴趣：促使企业追求积极影响的源头动力是什么？具体来说，我们是对以下这些因素之间的关系感兴趣，包括：更高远的企业目标，整体连接性意识（自变量），正向的经济社会和环境成果（因变量），共享愿景的领导力，同情心和关系能量（中间变量）。

调查设计和数据收集

一个调查工具需要在多阶段的过程中进行完善和测试。我们设立了筛选点，以确保只有在组织中处于领导岗位的候选人才能参与调查，还通过设定访谈时间的上下限阈值来确保参与度。

与整体连接性意识相关的四个问题设计采用了通过视觉表述来描绘整体的方法。这个方法基于以下两方面的内容改编而来：一是威廉·斯旺（William B. Swann）和他同事关于"整体性"的调查问卷；二是斯蒂芬·迈尔（F. Stephan Mayer）和辛西娅·弗兰兹（Cynthia M. Frantz）关于"与自然的连接"的调查问卷[40]。与更高远的企业目标相关的四个问题则改编于安特·格拉瓦（Ante Glavas）和肯·凯利（Ken Kelly）[41]。

衡量领导特质和行为的 12 个问题是从由理查德·博亚特兹（Richard Boyatzis）、凯莉·罗克福德（Kylie Rochford）和斯科特·泰勒（Scott Taylor）撰写的"关系型氛围调查"（Relational Climate Survey）中抽取出来的[42]。我们所谓的领导力不仅局限于那些在科层组织架构顶层的内容，还包括了所有有助于塑造"相对稳定集体组织、表达社会情感氛围"的行为，以及人们在二元关系、团队、组织中的行为[43]。

为了衡量模型的因变量，我们的调查要求受访者主观评估自己的组织：相比主要的竞争对手，组织的表现如何。其中有三项是关于经济表现的，具体表述为"对组织创造的经济繁荣的相对评价"；有四项是关于积极的社会和环境成果的。

数据分析

用于检验假设的统计分析技术是结构方程模型（Structural Equation Modeling，SEM）。假设 1 和假设 2 是关于更高远的目标和整体连接性意识如何影响领导力的。研究证实了更高远的目标、整体连接性意识与三个领导力因素（共享愿景、同情心和关系能量）之间都存在显著的正相关性。整体连接性意识和同情心之间、更高远的目标和共享愿景之间，这两对因素体现了最强的相关性。这对企业领导者的启示在于：更强的整体连接性意识对于组织内人员之间的关系具有可衡量的积极影响，能增进人员之间的相互关怀、同情心和协作。另一方面，具备更高远的目标可以强化共享愿景的感受。

假设 3 和假设 4 关注更高远的目标是如何受关系氛围等中间变量的影响，并最终直观地影响经济效益、社会和环境产出。

假设 5 和假设 6 关注整体连接性意识是如何受关系氛围等中间变量的影响，并最终直观地影响经济效益、社会和环境产出。

汇总这些影响经济效益、正向（积极）的社会和环境产出的间接途径，我们得出了一系列的结论。比如，更高远目标与经济效益之间，共享愿景与关系能量之间都有显著的关系。然而，在同情心和经济效益之间却出现了显著的负相关（与竞争对手相比，高同情心导致相对较低的经济绩效），我们把它归因于过多的同情心弱化了高绩效文化，反之亦然[44]。调查结果并不支持更高远的目标可以正向促进社会和环境产出的结论。

假设 7 的重点是研究更高远目标和整体连接性意识与正向（积极）的社会和环境产出是否存在直接关系。更高远目标与正向（积极）的社会和环境产出之间的关系非常显著和强相关。虽然整体连接性意识与正向（积极）的社会和环境产出之间只存在微弱的正相关关系，但当把整体连接性意识与同情心两个因素一起作为变量进行观察时，它们与正向（积极）的社会和环境产出的关系就紧密了许多。

下一节将综合讨论这些研究成果。

研究结论

研究结果根据定量和定性研究目标的不同，大致被松散地分为两组。第一组结论说明的是以下这些变量之间的关系：整体连接性练习、整体连接性意识、领导力特质和行为，正向的经济和社会产出。第二组则有助于大家加深对量子领导者的理解：他们是谁，他们的组织文化和实践是什么。由于关于实践活动的覆盖面广，而且主要集中在"如何"进行量子领导上，所以我们将在第三部分统一地阐述和进一步讨论这些内容。

关系。 一位领导者的整体连接性意识指的是与他人、与自然环境的连接，它与共享愿景、同情心和协作正相关，反过来又会间接地促进正向的经济效益和社会环境产出。同样的，一个拥有更高远目标的企业会与愿景、同情心和协作精神正相关，同样也会正向促进社会和环境成果与经济表现。综上所述，这些研究结果表明，定义量子领导者是高关系型的：这是一种自我意识觉悟和具有整体观的领导模式、一家旨在促进全面繁荣的企业以及一套基于整体性的组织原则。对于同情心与经济效益之间呈现负相关的结论，则引发了一个问题：在什么情景下，同情心才能促进更好的经济效益？同样的，由于整体连接性意识与共享愿景、同情心（这里指的是一种众生平等的慈悲心态）和协作正相关，但却与正向（积极）的社会和环境产出弱相关，也提出了一个疑问：整体连接性意识该如何有效地转化为行动。

属性。 定性研究中使用的编码过程描绘了一个量子领导者的画像。根据重要性降序排列（通过代码频率衡量的方式），量子领导者需要：①整体连接性意识高；②受更高远的目标所驱动；③关系、协作和以人为本；④致力于自我修养；⑤自我迭代。每个属性的内容具体扩展如下：

（1）整体连接性意识高指的是具备全局视野，注重关系及精神能量场和宇宙能量场的和谐。量子领导者能感到与以下这些对象的高连接（按重要性降序排列）：社区、所在的组织（组织内）、网络（组织间）、整体（即与所有生物的联系）、所有的关系（即关系的协调性）、自然和自我。

（2）更高远的目标驱动。它的意义是指：坚持价值观，对他人有责任感。更高远的目标按重要性降序排列为：转变企业发展方式、环境、社区和社会、人类、世界、经济增长。

（3）关系型、协作型和以人为本按重要性降序排列为：有协作意图、作为组织和社区的连接者、产生与他人共鸣的体验、同理心、欣赏多样性、在对话中习惯于采用不同的观点。

（4）自我修养承诺与深层的繁荣渴望紧密相关。它不仅应包含个人发展目标，还应该包括地球上所有人和生命的繁荣。该属性的含义按重要性降序排列为：对自我修养的承诺，致力于组织繁荣、社会繁荣、自然繁荣。

（5）自我迭代意味着成为一个终身学习的领导者（按重要性降序排列）：要面向未来和过程导向，对环境敏感，了解全局，能够建设性地运用他人的反馈建议，能够将危机和局限转化为机遇，能够不断学习新事物，具有创造性和适应性。

繁荣组织的文化属性

确定研究指标的编码过程还揭示了具备量子领导力的、繁荣组织的主要文化属性和特征。按重要性的降序排列为（按代码频率来衡量）：繁荣组织的文化是以人为本和关系型的，是具有创造性和创新性的，是旨在促进组织内外福利的，在运营过程中更关注长处而不是缺点。

1）以人为本和关系型组织文化强调的是员工、客户和组织其他利益相关者的兴趣与价值观，而不是采用经济范式、以交易模式和市场利益为主要原则[45]。它的内容包括（按重要性降序排列）合作和共同创造、同情心、同理心和关怀、信息透明度、信任和真实性、沟通、协调、团队价值。其他一些关键词根据出现的频率排序分别是"参与""拥有""归属""共享""影响"（集体和正向的）。

2）创造性和创新性文化的特别之处就在于设计思维，而在设计思维中，溯因思维和演绎思维、归纳思维是同等重要的。它的特点是能欣赏文化多样性和当地的知识。

3）旨在促进组织内外福利的文化，是指能够让个人和组织的价值观协调一致的文化。它让员工全身心投入工作、把工作和生活的平衡放在首位。

4）运营过程中更关注长处而不是缺点，指的是一种包含积极心理学和积极组织发展的企业文化。

以上这些是在编码过程中产生的量子领导者属性和繁荣组织的文化。以下是从访谈中选出的摘录，典型地描述了受访者关于量子领导者的理解。

受访者的声音

杰弗里·艾布拉姆森（Jeffrey Abramson）是宝塔公司（Tower Company）的首席执行官，他说："意识是一种内在智慧和沉默的感觉，意识的自然体验更为警觉、清醒、清晰……但除了警觉，意识还具备一种品质……（这是）一个术语，被普遍地用于描述一种必要性，作为地球公民，我们有必要了解自己的情感、超越自己的情感……而且允许社会上其他人也自发超越自己的情感。"

音波什（In Posse）公司的香农·卡普兰（Shannon Kaplan）说："我想它触及深层的持续意识，你所做的每件事都会影响到其他人。……我觉得现在很多人都认识到了这点，所以，我们可以一起尽可能地建立有意义和有价值的连接，或者我们可以……变成每个人的噩梦。"

"你能够扪心自问，我从来没有掠夺环境、攫取人力资源来获得资源，做某些事情吗？"奎克（Quikes）公司的黛布·金（Deb King）说道。

弗兰克·福蒂（Frank Foti）是维戈尔（Vigor）造船厂的首席执行官，他解释道："与人连接是经常发生的，不需要语言，有时候仅仅是一个动作、微笑、眼神交流……我想起了一个产业工人，他是一个动觉学习者、视觉学习者或听觉学习者……他们不是通过语言连接……他们（通过）感情相互信任，而且我也信任他们……这是高阶的意识和连接。如果你问我，那就是活生生的例子。"

"当我沿着街道走的时候，我看着周围的人，心里想：'每个人都是一个完整的世界'……我强烈感觉被连接了……对我来说，每个人都很重要，我不知道为什么。它不属于任何哲学思想流派。这是它运行的方式。"OHL 公司的曼纽尔·维伦（Manuel Villen）解释说。

绿山咖啡烘焙店（Green Mountain Coffee Roasters）的罗德·伊利（Rod Ely）说："我试想着我的生活能与世界和谐相处……当我回顾过往，我发现情况确实总是如此。"

惠顿和罗伊合伙公司（Whitten & Roy Partners）的罗伊·惠顿（Roy Whitten）表达了类似的哲学："当我去工作的时候……我用展示真实自我的方式来工作。我从不假装，不会改变自己的道德立场。我做事的方式是：我知道我和周围其他人是有关联的，我为自己的生活方式而自豪。"

舒贝格·菲利斯的联合创始人兼销售负责人格温·舒林（Gerwin Shuring）说："我认为这种人际关系还有更多的含义。从职业的角度，我真的很喜欢与其中有些人一块儿工作。……我认为，公司里的友谊确实让我们感到更多的彼此牵挂。还有与客户之间——我确实与一些客户建立了深厚的友谊（在某种程度上），即使不常与他们见面……关于家庭的想法，考虑如何为我们的孩子留下一个更美好的世界，这是决定我们现在做事方式的一个原因。"

埃顿服务（Aden Service）的集团副总裁凯瑟琳·乔文斯（Catherine Chauvinc）解释道："我们仅仅需要追求技术进步，还是需要保留一些人情味？最近有一场相关的激烈辩论。我作为中国公司的首席执行官已经五年了……（我相信）需要保留人与人之间的连接，因为这才是我们的力量，这也是万物运作的方式……它让你更灵活……5 ~ 7 年内（将要）发生的一个变化就是企业将更加社会化，对社会的影响也更大……我们的大多数经理和领导都是中国人，我认为他们关心这些（方面）——与环境、企业和自我的联系。"

"我们对他人的行为，将最终由自己承受结果。我相信当我们在自己的社区里做生意时，会更在意（连接）。更在意的原因是：做出的企业决策很可能最终影响我们自己。无论他们是我们的员工还是客户、供应商或是邻居，或者是经营所在的自然环境，跟我们的关系都很紧密。所以，我们更有可能基于共同利益做出决策"，白狗咖啡馆（White Dog Café）的朱迪·威克斯（Judi Wicks）说道。

"我不抽烟，但每次休息的时候，我总是会出去走走，呼吸一些新鲜空气……我喜欢走出去，我认为这是在与大自然进行连接"，戈约（GOJO）的首席科学家斯里尼·文卡泰什（Srini Venkatesh）说。

CCP 公司的林奈特·布朗（Lynnette Brown）指出："我不信仰宗教，星期天也不会去教堂，但我是一个注重精神的人，而且非常认同一定有比我们更伟大的东西存在。我认为精神的内涵应该是正义和尊重，以及意识到自己帮助他人的责任。"

KPB 公司的米歇尔·费德曼（Michel Fedelman）说："我一直很热衷于让人们感受到自己是社区的一分子，我认为这对于一个人的健康和完整是很重要的。你会去感受身边的人，你可以走出家门，感受到自己成为更大事物的一部分。"

研究的结论

以上这些研究成果提供了令人信服的证据，说明量子领导力转型的根基：一是向整体连接性意识的转变；二是这种意识在量子领导者行为中的体现。这是一种观察、感受和体验世界的新方式。它源于一个人如何看待他的态度和行为对地球上所有生命和后代的影响。这种意识转变与企业积极影响社会的指标之间存在密切的相关性，这些指标包括关于人类福祉的共同价值观、创造全面经济繁荣的长期视角。

尽管研究清晰地描绘了量子领导者的形象和繁荣组织的文化，但研究同时也发现意识的转变可能是混乱的、非线性的、复杂的。有些企业完全没有整体连接性的迹象，但领导人却在追求共同繁荣的结果。还有些案例中，领导者们的观点虽然体现了整体连接性的意识，但他们员工的待遇却很差。尽管如此，研究的总体证据表明：意识的转变是新企业形式出现的根源，在这种企业形式中，全方位繁荣（而不仅仅是利润）和整体繁荣（而不是为了最有钱的1%）是主要的发展结果。

研究发现，即使是我们数据库里的领头企业，也在**整体连接性意识和割裂意识之间不断摇摆**。这反映了社会在这个历史交汇点不稳定的特征。一些国家的激进转变，包括民族主义、种族主义和保护主义的抬头，也证明了这种不稳定性的存在；一些观察家将生物多样性的丧失称为"第六次大灭绝"[46]。随着由于意识形态而引发的恐怖主义事件数量的逐步上升，这种不稳定会持续很长的过渡期吗？我们的发展会不会倒退，回到割裂分离、自私自利，陷入一个又一个的社会环境危机的恶性循环中去呢？商业领袖们是否能在认知上发生跃迁，建立整体连接性的意识，在人类的下一个进化阶段中起到中心引领作用呢？

第6章　整体连接性的科学

The Science of Connectedness

在日本清和县的森林里，城市的居民们在高耸的橡树丛中漫步。他们正在练习森林瑜伽，也被称为"森林浴"，意思是一边吸收森林的新鲜空气，一边漫步思考。从20世纪80年代开始，森林浴在日本逐渐流行起来，现在已经成为公认的预防性保健练习。有一项关于衡量森林浴所导致的生理影响的研究，对象是280名20多岁的人群，得出的结论是："森林环境相比城市环境更能够刺激人体分泌低浓度皮质醇（一种与压力相关的激素），降低脉搏频率，降低血压，使副交感神经活动更活跃，降低交感神经的活跃度"。[1]研究还表明，沉浸自然有助于心理健康，因为它能帮助人们减少负面情绪，减少自以为是的想法[2]。

一群高管在伦加诺（Lungarno）沿途支起画架。傍晚的阳光辉映着意大利最古老的维琪奥大桥（Ponte Vecchio），这是中世纪早期建筑的一个杰作，也是佛罗伦萨地区唯一在第二次世界大战中幸免于难的大桥。慢慢地，大桥的形状和颜色开始跃然于画布上。这些来旅行的商人希望借此来探索新观点，在一个破碎的世界中发现美，进而提升他们的领导能力[3]。就像麻省理工学院教授埃德加·

沙因（Edgar Schein）所说的："艺术和艺术家促使我们感知内心和周围的一切，看到更多，听到更多，体验更多。"[4]管理学者指出，要在商业中创造出更受社会认可的未来，艺术是非常重要的[5]。越来越多的研究表明，艺术还有助于人们感受幸福、恢复健康、生活得更好更长久[6]。

海伦娜·斯图雷伯格斯室内演出团（Helene Stureborgs kammarkör）在斯德哥尔摩的市中心每周进行聚会，练习阿卡贝拉（Acappella，即无乐器伴奏合唱）[7]，他们表演的曲目很多，从中世纪民谣《带》（*Bältet*）到瓦尔德马·奥伦（Waldemar Åhlén）的流行曲目《夏季赞美诗》（*Sommarpsalm*）。阿卡贝拉在这个国家有悠久的传统。根据一项估计，有近 5% 的瑞典人加入合唱团表演[8]。这是一个已经被实践证明有治疗效果的做法[9]。研究表明，唱歌有益于呼吸系统，能减轻压力，增强免疫力，改善认知，减轻阿尔茨海默症（Alzheimer disease，即老年痴呆症）的影响[10]，对社会也更有信心。

在墨西哥北部的铜峡谷（Copper Canyon）隐居的塔拉乌马拉人（Tarahumara），也被称为拉拉穆里（Rarámuri，意为奔跑的人），把奔跑作为日常生活的一部分。他们经常为了快乐而奔跑，参加一个被称为拉拉基帕瑞（Rarajipari）的社交活动。选手们要在接力赛中沿着山路踢木球，并持续好几天。虽然那里的物质条件很差，主食只有豆类和玉米，但拉拉穆里的心理障碍概率异常的低，几乎不存在癌症或 II 型糖尿病等现代疾病，也基本没有人犯罪[11]。除了跑步，各种形式的运动，如散步、游泳和举重，都已经被确定有助于降低死亡率和改善幸福感[12]。

在巴塞尔的老城区圣阿尔班（St. Alban），40 岁的卢卡斯

(Lukas）每天坚持写日记。每天早上喝完一杯拿铁咖啡，他就开始着手写下自己的想法和情感。像许多瑞士公民一样，他努力追求思维表达的准确性和经济性。但他也像许多同胞一样，正遭受过度的劳累和工作压力。写日记能帮助卢卡斯表达他内心的感受，直面他个人的恐惧和希望。这有助于他留心自己的人生经历，从中学习并建立联系，避免让它们埋没在自己的潜意识中。写日记已被充分证明是一个健康习惯，它有助于减少患病概率，减少倦怠感，提升积极情绪，提升社交参与和亲密关系的质量[13]。

整体连接性活动及其好处

除了沉浸自然、艺术、音乐、锻炼和写日记，还有许多其他的练习活动，包括进行慈心禅冥想（Loving-Kindness Meditation, LKM），练习瑜伽，与朋友共享葡萄酒[14]，这些都能为个人和社区福祉带来可衡量的益处。我们把这些统称为整体连接性活动，会在本章中具体进行阐述和说明。

由于以上这些练习似乎都在不同的层面上运行（例如，运动是生理层面的，而艺术是一种感观层面的体验）[15]，我们看来，它们都有三个共同的重要特征。

首先，这些练习活动都是已被证明的、螺旋上升的生活方式，它能增强我们的积极情绪和能量，提升个人的可支配资源，而这反过来又会提高我们的生活满意度及提升我们为他人和世界做好事的内在倾向[16]。换个角度来说，我们发现这些练习活动有助于避免幸福感下降的恶性循环和孤独感，这种恶性循环会不断加深不信任，产生不合作的行为[17]。

　　其次，这些活动拓宽了我们与他人共处、与世界共处的意识，帮助我们克服每天的恐惧和孤独焦虑。现代对心流体验的研究，是由米哈里·齐克森米哈里（Mihaly Csikszentmihalyi）定义的一种被称为"静定空间"（Zone）的状态。当你进入静定空间时，创造力和生产力会毫不费力地出现。[18]这就是说，我们可以通过艺术和运动的方式来实现整体性[19]。这些练习活动能提升一个人作为更大整体一部分的意识觉悟，表现为在"心流"活动中浑然忘我。

　　第三个共同的特点是，这些活动都需要人的全身心投入，而不仅是理性的、分析的左脑部分。神经科学家称之为"进入默认联网模式"（Default Mode Network，DMN）。这种模式在自我意识情感、社交活动、道德决策中起着核心作用，而另外的主要皮层网络和任务正激活网络（Task Positive Network，TPN）则在解决问题、集中注意力和控制行动方面扮演着重要角色[20]。一些研究人员认为，DMN 可能在集中注意力冥想等统感练习过程中被关闭；同样的，也会在诸如慈心禅冥想之类的增强 DMN 的行为中被重新激活[21]。我们的重要发现是：TPN 的神经活动有抑制 DMN 的倾向，反之亦然。这也许就可以解释：为什么高度理性、分析能力强、以任务为导向的领导者有时候在情感、社交和道德方面会有所缺陷[22]。

　　具有这三个特征的练习活动，提供了一条在当今复杂而动荡的商业环境中如何进行企业家创新和有效合作的行动路线。

探寻幸福的根源

　　今天，临床神经科学已经能够证实，上述练习活动确实在物理层面改变了我们的身心功能[23]。临床研究显示，它们能帮助我们平静五感、减缓大脑的分析性认知活动[24]，还可以激活副交感神经系统及大脑的特定区域，让我们能更有效地感知个体与人类和地球上所有生命本质的一体性[25]。有确凿的证据表明，整体连接性练习之所以能让一个人的神经产生生理变化，这与他/她能更深刻地感受与他人的一致性有关[26]。根据功能性磁共振成像（fMRI）和单光子发射计算断层成像（SPECT）的观察结果，我们认为冥想可以减少顶叶的大脑活动，从感知上模糊自身与外部世界的界限[27]。这解释了练习活动让我们更紧密地感知自身与他人、与自然联系的现象。

然而，直到现在我们仍不清楚为什么这些练习行为会导致这些可观察的变化。临床研究只能告诉我们，整体连接性活动改变了我们的神经网络。例如，为什么正念冥想会增加大脑皮层褶皱（神经科学家称之为"脑回路"），进而增强我们的认知功能和情绪控制能力？我们目前对此所知甚少。

- 为什么这些练习行为会引起心理和神经方面的变化，会有益于健康和幸福生活？
- 为什么它们会增加我们整体连接性的感受？
- 为什么会加强我们亲和社会、环保的行为？

回顾一下以下两个练习领域的研究：冥想和沉浸自然。芭芭拉·弗雷德里克森（Barbara Fredrickson）在"拓展和建设"（broaden-and-build）的研究中，有力地证明了：即使是短期的慈心禅冥想（LKM）也能增加积极情绪，进而影响我们的认知、心理、社交和生理资源，让我们更好地应对生活挑战[28]。慈心禅冥想练习者的变化在九个维度显示出统计意义上的显著性：正念、路径思考、对未来的憧憬、对环境的掌控、自我接纳、生活目标明确、得到的社会支持、与他人的积极关系以及减少疾病的症状[29]。要建立上一章所定义的量子领导力，这九个维度中的每一个都是必不可少的。弗雷德里克森的研究仍然无法回答的是：为什么慈心禅冥想能产生这些非常理想的效果。

同样的，为什么沉浸自然会改善情绪、认知和健康？获奖记者弗洛伦斯·威廉姆斯（Florence Williams）在他的《自然修复》（the Nature Fix）一书里提到的证据表明，即使是少量与自然世界接触的经历，也可以提高我们的创造力，增强我们的幸福感和公民责任感[30]。大量的实证研究表明，与大自然的连接感受对我们的幸福很重要，它也是我们对环境正向行为的预言指标[31]。所以，我们理解了自然的修复作用，知道它能够改善情绪、引导负责任的行为，但对于其中的机制却一无所知。另外，关于脱离与自然的联系、压力、沮丧、对自然环境漠不关心的副作用也有充分的文献记载[32]。畅销书作家理查德·勒夫（Richard Louv）的《森林里最后一个孩子》（Last Child in the Woods）定义了一种现代疾病，他称之为"自然缺失症"。根据勒夫的观点，儿童的健康和地球的健康是分不开的。他指出，这在当下尤其重要，因为孩子们在自然环境中玩耍的时间与先辈相比越来越少[33]。但是沉浸自然为什么会有益于健康、带来幸福、引导负责任的行为呢？

接下来，我们希望试着说明量子领导力的起源，来解答这些问题。我们将深入探究整体连接性练习的临床研究，看看现实的科学本质，包括以下诸多领域：量子物理、意识研究、进化生物学、表观遗传学、神经科学、经济学、心理学和组织行为学。

可作为行动指南的新兴科学

我们的目标是，让那些想要了解"我们是谁""世界的本质是什么"的人们，能够理解和接受新兴科学及它们关于企业领导力的影响。在理解了以后，人们就会修正自己对于人类本性和行为的基本假设——从"自私的、独立的"转变为"相互关联的、关爱的"。我们还试图得出一个有根据的回答——在目前的科学认知水平下，仍然只是推测性的——为什么整体连接性的活动会提升我们的意识、改变我们对他人和自然的态度和行为[34]。

弗里特霍夫·卡普拉（Fritjof Capra）、戴维·玻姆（David Bohm）、肯·威尔伯、埃尔文·拉兹洛、玛格丽特·惠特利（Margaret Wheatley）和丹娜·左哈尔是这方面的先行者，他们帮助建立了新科学及其对人类行为的影响（尤其是对领导力方面的影响）两者之间的关系[35]。我们在他们的工作基础上，力争使这些内容对于商人来说更加通俗易懂。

对"全面理解现实，作为行动指南"的探究至少可以追溯到2 500 年前。早在公元前 6 世纪，科学哲学家们——包括来自米利都的泰勒斯（Thales）和阿那克西曼德（Anaximander，他的学生）、萨摩斯岛的毕达哥拉斯（Pythagoras）、阿克拉噶斯的恩培多克勒（Empedocles）、爱利亚的巴门尼德（Parmenides）和印度的阿提耶（Atreya）等——就已经开始使用科学的可验证假设来替代神话故事，作为描述可观察世界的方法[36]。根据中国学者南怀瑾的说法，下列三条来自于儒家大师孔子的基本原则[37]也可以追溯到公元前 6 世纪，它们在"如何理解世界"和"应该如何行动"之间建立了联系：

(1) 要真正了解宇宙的本质、人的本质及我们存在的意义。

(2) 能够把你的理解传播给全人类。

(3) 坚守中国的中庸之道，超越极端思维并引导我们走上一条寻求人性各方面整体和谐的温和道路。[38]

量子领导力试图重新思考中国古代的智慧，通过在科学上的新发现，揭示宇宙和人类的真实本质，让尽可能多的人能理解这种认识。这样做的话，就能提供一种途径：让人们参与练习，帮助他们体验到一种强化的意识，了解到他们的态度和行为会如何影响他人，进而产生更大的个人幸福感，强化潜在的行善欲望。

我们之所以说"潜在"，是因为我们认为：提升的意识境界并不能保证一个人有行善的倾向，但却能提高概率[39]。同样，我们说"强化行善欲望"并不是期望商业领袖成为道德典范。我们追求的是一种在 21 世纪生存和行动的科学模式。

正如一位商界领袖所说的："我认为关键是冥想之上的神经科学……（它）使人们准备冥想练习变得更容易，大大提升效果。"[40]想象一下，当我们在神经科学——仍然是一种还原论——的基础上构建一个更广阔的科学视角时，那些提升认知的实践案例将会变得多么有说服力。

迈向新的本体论

在下一章节中，我们将审视各个科学领域关于新本体的证据。本体论是研究存在和现实本质的。这是一个关于"我们是谁"的故事，关于"我们生活的世界是什么"的叙述。最近的科学发现正在彻底改变这一叙述，这种改变使用了基于证据的推理而不是意识形态的传统站位关系。新的叙述用一种"整体连接性和关怀的思想"来定义我们是谁及生命的本质，它取代了传统的割裂观和自私观。只要有足够多的人接受这种新假设，人类就有可能真的朝着这个方向发展，就像文艺复兴时期的人文主义和求知欲取代了中世纪的牧师和封建叙事那样。我们在这里讨论的科学突破虽然尚未成为主流，但它们对于如何成为一名领导人已经产生了巨大的影响。正如文艺复兴时期的知识进步渗透影响了人类关于整体社会的意识，并导致了关于理解和存在的新方法，同样的事情现在可能再次发生，最终表现为我们对待他人和自然的根本行为变化。

自然科学和社会科学就整体连接性练习对企业领导力可能产生的因果影响提供了重要见解，让我们能够推测这些活动为什么会改变领导者的形象。

一个关于割裂与自私的故事

目前关于物质世界的主流观念很大程度上是过去 2 500 多年来科学进步的产物，特别是在启蒙时代后、最近 300 年的影响巨大[41]。在这一时期，主流科学逐渐强化了唯物主义的观点，粒子和力构成的物理现实解释了各个方面，包括思想和情感。我们发现粒子是由原子构成的，后来又发现原子的组成部分是质子、中子和电子。随着科学技术的日益发达，更小单位物质的神秘面纱还会陆续被揭开。力主要是指万有引力、电磁场力以及让原子聚合为一体的强核力和弱核力。这个体系里的最基本形式是：唯物主义的科学观认为，粒子与力的相互作用解释了存在的每一个可观察的方面。物理学中更多复杂概念的涌现，如爱因斯坦的相对论和量子力学，并没有改变主流科学中普遍持有的观点：思想和精神是物质世界相互作用的必然结果和伴生产物。伽利略·伽利雷（Galileo Galilei）、艾萨克·牛顿（Isaac Newton）、勒内·笛卡尔（Rene Descartes）、戈特弗里德·威廉·莱布尼茨（Gottfried Wilhelm Leibnitz）、安托万·拉瓦锡（Antoine Lavoisier）及其后继者的科学体系都有意无意地把自然当作没有灵魂的物质。

这种唯物主义的观念把人的心灵和意识看作大脑的产物。这就好比把人脑设想为一个 1.3 千克的超级计算机，它以一种物质的、可还原的机制运作着，其中所有的思想都可以归结为轴突和树突的突触生物放电现象[42]。在 20 世纪，逻辑实证主义甚至一度否认了意识的存在[43]。

在新达尔文主义中，物种的进化被认为是靠适者生存的竞争与基因遗传。基因遗传意味着生物体完全是由它们的染色体决定的。环境引起的基因变化在很大程度上被否认。

在新古典主义经济学中，商品的生产和消费是由有效市场决定的。消费者被他们的效用偏好所定义。企业需要达到生产均衡，即满足其边际成本等于边际收入。消费者和企业的存在都只是为了最大化效用和利润等成果[44]。

在心理学和组织行为学方面——相对较新的、以研究领导力为主的理论和实践学科——最近 100 年来，主要是通过解决问题、探寻病理的方法来对待组织生命。商人被描述成多疑的、焦虑的、自我专注和恐惧的。在这些领域的学者着重关注解决问题的理论（如何处理员工心理问题和组织障碍），以此来获得相对竞争力[45]。他们倾向于研究消极的偏差因素——人和组织可能会出什么问题[46]。根据美国心理学会（APA）马丁·塞利格曼（Martin Seligman）的观点："心理科学忽视了对人们正确行为模式的研究。"[47]组织研究则专注于管理功能障碍的研究（例如导致员工工作效率下降的情境），同样忽略了研究组织的正确模式。

过去的 300 年，本体论对科学的影响可以总结如下：

- 已知世界可以还原分解为粒子及控制它们的作用力。
- 物体和生物都有独特的身份，它们彼此独立。
- 物理过程是物质的、确定的（即可以用已知的力及其相互间的作用关系进行解释）。
- 人类是效用最大化的自利者。
- 企业存在的唯一目标是追求利润。
- 社会的定义特征是竞争性、成长性和消费性。
- 人和组织是需要解决的问题根源。
- 大自然主要是作为人类消费的资源而存在的。

西方科学的基本原理帮助人类在工业和医学上实现了非凡的成就。这些成就的记录翔实并引起了人们的关注，其间人类在生活素质和健康方面有了显著改善，寿命变得更长，物质变得更丰富[48]。

但我们发现，人类认知的进程目前正处于一个转折点。爱因斯坦相对论并没有取代牛顿力学，但它却让我们意识到后者只是理解宇宙的一种局限方式，只是在一个特定的（人类可观测的）尺度上来观察宇宙。今天的情况也是如此。我们正在开发新的模型，其中一些已经被广泛接受，还有一些有待被了解，这就让我们不得不把西方科学的那些原理摆放到历史的位置上，并朝着一个全新的领域准备出发。这些问题将在下面的章节中进行讨论。

量子物理学

量子物理学已经收集了许多被广泛认可的证据，以此来证明能量场和信息场是现实的最基本构成部分[49]。关于现实的场域概念源自于近代的杨－米尔斯（Yang-Mills）理论（1954），根据这个理论，现存最小的已知粒子不应该被看作是"微小的台球"，而只是看上去像粒子，但实际是处于"激发态的场"[50]。当物质生成的时候，物理学家在宇宙最微小的尺度上只能观测到振动。以前，科学家们认为这是粒子或粒子团在振动，但后来发现情况正好相反。我们的世界构成中并没有基本物质粒子。我们所观察到的物质世界是由一簇簇的振动创造出来的[51]。

换句话说，我们祖父母那代的物理世界是由粒子和力组成的，而在量子宇宙中，物理世界则是由振动场域所构成的。所有的物质现在都被看作是场的能量激发态。生活中存在许多场连接的现象[52]。它们就像渔网那样，既细又结实，贯穿着看不见的空间。在网络中进行移动的对象会产生涟漪效应，这种效应的影响是迅速而又非定域性的，是跨越了空间限制的[53]。这种关于所有物质本质既不寻常而又令人疑惑的观点，现在已被接受并成为主流物理学的一部分。它的前身包括戴维·玻姆的隐秩序理论[54]、卡尔·普里布拉姆（Karl Pribram）的大脑全息模型[55]、鲁珀特·谢尔德雷克（Rupert Sheldrake）的遗传形态场理论[56]和伊利亚·普里高津（Ilya Prigogine）的耗散结构理论[57]等。"根据我们最棒的物理定律"，剑桥大学的唐大卫（David Tong）说，"自然的基础组成部分根本不是离散的粒子……每一个你体内的粒子——实际上，包括宇宙中的每一个粒子——都是微小的底层场的波，被量子力学的机制塑造成了一个个粒子。"[58]

意识

人们对意识科学重新开始产生兴趣，仅仅是几个世纪以前的事。这距离美国的威廉·詹姆斯（William James）、德国的弗朗茨·布伦塔诺（Franz Brentano）和英国的迈尔斯（F. W. H. Myers）使之成为一种流行概念，要晚了近100年[59]。关于意识基本本质的争论现在仍然很激烈，吸引了许多普罗大众的关注，包括《纽约客》（New Yorker）和《经济学人》（Economist）等商业出版物[60]。美国哲学家丹尼尔·丹尼特（Daniel Dennett）领导的物理学家阵营认为意识是大脑神经元活动的产物。他们纯粹使用物质（物理学）术语来揭秘和解释自我观念。以澳大利亚科学家大卫·查默斯（David Chalmers）为首的反对阵营则认为，意识是所有生命的基本属性，不能简单归结为物理现象[61]。它的拥护者认为，无论是大脑还是高级人工智能，都无法解释伴随着感官体验的"感觉"是怎么回事。现在，量子科学进入了意识研究领域[62]，生命科学有了揭示人类心灵本质的新发现。令人惊讶的是，关于精神和物质内在统一的结论竟然支持了查默斯的观点。

现在有一种仍处于激烈争论阶段的新兴理论：大脑有能力在量子水平上通过蛋白质结构来处理信息，我们称之为微晶管网格[63]。根据这一观点，意识不是由大脑产生的，而是作为时空几何维度固有的量子级振动频率存在于大脑之外的。查默斯将这种观点称为"泛心论"（也称为中性一元论）。他认为意识是普遍的、原生的宇宙特征[64]。大脑科学家埃德·弗雷斯卡（Ede Frecska）和社会心理学家爱德华多·卢纳（Eduardo Luna）认为，大脑中有两个系统处理信息[65]：一个是经典的神经轴突网络，专门处理感官输入信息，诸如图像、声音、气味、味道和纹理；另一个是量子级网络，由微晶管网格组成，提供了一种直观的、非定域的感知模式。但在感知——认知——符号为主导的模式下，上述感知模式大部分会被过滤屏蔽掉。

整体连接性练习帮助我们在两种体验方式之间达到一种更平衡的状态。通过使我们的感官静下来，"调谐"到我们所观察到的、现实背后最基本的振动场，这些活动可以帮助我们体验一种整体连接性意识，那也是所有生命的基础。换句话说，这些活动让我们直接体验统一性和整体性，因为这两者才是我们生活中的常态。

进化生物学

要感谢查尔斯·达尔文（Charles Darwin）和 阿尔弗雷德·拉塞尔·华莱士（Alfred Russel Wallace），进化论逐渐被认为是世界发展的基本动力。然而，影响进化的因素正日益受到科学界的质疑[66]。新兴的进化生物学领域正在证明，合作与共生——物种间的相互作用有益于所有参与其中的生物——才是蓬勃发展生态系统的核心[67]。自然界并不总是像大家有时候所想象的那样只有"弱肉强食"，它不仅仅是由"残酷竞争，适者生存"这一个机制驱动的[68]。共生，即生物体之间生理上的合作，同样被认为是进化的关键之一。智利生物学家汉博托·马图拉诺（Humberto Maturano）有句名言："爱是我们作为人类生存的基础，是我们作为人类系统认定身份的最基本情感。"[69]从这个角度来看，我们在学会战斗、分离或个体化之前就已经体验到了爱（和连接）。

量子生物学

量子生物学是一个新兴的领域，在主流科学方面正获得越来越多的追随者。早期有说服力的理论尝试使用量子科学来解释一些生物学现象，包括光合作用、鸟类的磁场接收和嗅觉等[70]，主要是用量子隧穿、量子纠缠和量子态叠加理论[71]。这些理论和它们的研究结果表明，量子世界所观察到的、事物之间存在的关联性和一致性，在生命系统的宏观层面上可能也是真实的。2018年《科学美国人》(Scientific American) 杂志的一篇文章指出："最近的几次研究（例如2009年、2011年和2015年）已经证明了量子纠缠现象同样存在于更大的系统中。去年，一家报纸甚至报道了'大质量'对象的量子纠缠。此外，在活体组织等系统中也观察到了量子态叠加现象。很明显，量子力学的定律适用于所有层级。"作者总结道："对于那些想逃避面对量子力学影响的人来说，再也没有借口了。为了避免继续按照现在已知是错误的观点生活，我们必须转移关注，去努力理解大自然反复告诉我们的、关于她自己的真理。"[72]

表观遗传学

染色体基因提供了一组公认的指令来定义有机生物体，而表观遗传学研究指令包含的一系列激活或失活的基因行为，也反映了基因在生物体的生命过程中会受到环境的影响[73]。你吃什么，在哪里生活，和谁交往，睡多久，锻炼多久——所有这些因素最终会导致基因的化学变化，随着时间的推移这些基因会被开启或关闭。正如彼得·梅达沃（Peter Medawar）和琼·梅达沃（Jean Medawa）有力指出的："遗传学提出想法，表观遗传学落实想法。"[74]

神经科学

神经科学能在临床上证明，人类对某些刺激的反应更有效。例如，因为我们大脑天生的方式，我们对激励的反响比命令更好[75]。神经成像技术也发现了神经元镜像的证据。当我们观察另一个人的情绪时，有一种特殊的大脑神经元会被激发，就好像我们正在亲身经历这些情绪[76]。例如，无论一个人是担心手指被一根针刺到还是看到别人被针刺到，功能磁共振成像扫描显示，大脑前扣带皮层中同样的神经元在这两种情况下都会被激活[77]。这种特殊的大脑镜像神经元也被称为同理心神经元，被认为是神经科学在 21 世纪的头十年中最重要的发现之一[78]。它的存在说明了一个人的感觉会被他人连接是具备神经物理学基础的。加州大学洛杉矶分校的马科·亚科博奈（Marco Iacoboni）说："镜像神经元体现了自我与他人的相互依赖。"[79]关于镜像神经元的研究认为"自我和他人之间的界限比传统范式所研究和建议的要更加模糊"[80]。当我们感受到另一个人的快乐或痛苦时，我们就会被连接到一个共同的现实，这不仅仅是一种比喻，更是肉体上的感受。

经济学

一种新兴的经济模型正在逐步取代个人效用最大化和企业利润最大化的经济人假设，它旨在为生活服务、繁荣所有人[81]。在为生活服务的经济环境中，"企业和社会必须转向一个新的目标：在一个健康的星球上共享幸福"[82]。新框架正在被提出，比如凯特·拉沃斯（Kate Raworth）的甜甜圈经济学（Doughnut Economics）、理查德·泰勒（Richard Thaler）的可预测的怪诞行为学、阿米特·

哥斯瓦米（Amit Goswami）的超越物质的量子经济学[83]。在甜甜圈模型中，经济活动受到行星边界的限制（甜甜圈的外圈），同时被要求在最低社交准则底线以上运行（甜甜圈的内环）。在两个圈层之间运行为人类追求目前和未来的繁荣提供了一个安全、公正的空间[84]。经济活动的目的变成了满足地球范围内所有需求的目标之一。它孕育的经济体不再是"首先考虑自身成长，然后再考虑是否能让整体繁荣"，而是"先让整体繁荣，其次考虑自身是否会增长"[85]。拉沃斯（Raworth）在经济理论创新方面的意义可以和梅纳德·凯恩斯（Maynard Keynes）的经济通论相提并论[86]。

心理学和组织行为学

积极心理学和积极组织发展领域在 1998 年以后才逐渐成为主流思想[87]，它们强调的是积极情绪对人类行为的影响。它们利用早期人本主义心理学运动的好时机，释放人的潜能[88]。它的理论基础认为，"自我实现是每个人的内在欲望"。积极组织学术研究（POS）的哲学根源则可以追溯到古希腊的亚里士多德[89]。

积极组织学术研究更加强调人性的善良本性。它认为"改善人类状况的愿望是普遍的"[90]。它并不排斥"什么是错的"研究，也就是研究个人和组织的负偏差。它也认同把个人和组织从功能失调调整到健康状态是一种战略需要。它还扩展了研究领域，探索导致积极状态、积极过程和积极关系的因素。它更倾向于研究激发活力、激发创造力和崇高的人类行为[91]。

沿着这一研究脉络，人类天生就有向积极方向发展的倾向。欣赏式探询的先行者大卫·库伯莱德（David Cooperrider）认为："人类系统有趋向性特征，即它们表现出一种可观察的、几乎是自动的向'善'的方向发展的趋势……就像许多品种的植物都有趋光性（以希腊太阳神赫利俄斯为象征），所有的人类系统都也有类似的机制。"[92]

除了强调什么是善的，积极组织学术研究还很重视整个系统的动力机制与合作关系。"组织研究的重点正在从竞争和还原论转为研究伙伴关系、网络、高质量关系、社区和利益相关者谈判。这个运动意味着范式主体从个人变成了集体。"[93]

……

这种改变范式的模型不可避免地会遇到阻力，至少是在某些方面不被理解。物理学家尼尔斯·玻尔（Niels Bohr）可能会说，"那些第一次碰到量子力学而没有被震撼到的人，也不可能理解它"。另一种情况也说明了类似的问题。一位古典物理学家在谈到量子时说道："即使这是真的，我也不会相信。"当我们从唯物论的概念中摆脱出来、对新的科学发现的态度更加开放的时候，我们会看到一种横亘在传统的唯物观点与新兴模式的整合现实论观点之间的紧张关系。许多科学家仍然对一些新东西感到不安，包括量子物理的纠缠和非定域性[94]、进化生物学里的共生与协作、表观遗传学中关于环境媒介影响表征的表述[95]。他们对 150 年的实验证明不置一词，虽然这些实验提供了诸如遥视和预知等超感知觉的证据，而这些证据都已使用公认的科学方法验证了存在性[96]。我们才刚刚开始认识到新思想的影响和好处：意识可以帮助治愈我们的身体，影响我们的幸福[97]。对这类现象进行统计学意义的合理性分析被取消了，因为无论如何精心设计和执行这些实验，总是无法控制诸如欺骗、感知泄露等问题[98]。

关于"我们是谁"的新故事：整体连接性和关怀

最近科学思想的发展对于我们如何看待周围世界产生了巨大而直接的影响。新科学表明，我们都是一个相互联系的整体存在的一部分，而不是独立于他人和自然之外的个体。用量子物理的语言解释，我们是即时的、遍布各地的、与他人和世界普遍联系的。在诸如生物学、表观遗传学和环境科学等宏观层面，生命系统内部与其环境之间是动态连接的。进化并不依赖于基因组中的偶然突变，我们现在把进化认为是一个精细调整的过程，物种与其环境之间具有非常高的一致性[99]。

要把这一新的科学成果转化为日常的思考，仍然面临着巨大的阻力。加州大学伯克利分校的名誉教授迈克尔·纳格勒（Michael Nagler）说道："令我惊讶的是，当我们说到生命的统一性时，仍有一些朋友并不相信我们，但他们却接受量子物理中所谓的'非定域性'，这其实是一码事。"[100]在人类相关的世界里，针对个人、组织和系统制定的干预策略目标，越来越多是关于产生积极成果的，比如创造繁荣和活力，而不是消除功能障碍、减少负面偏离行为[101]。

新兴科学的本体论影响可以概括为以下几个方面：

- 已知世界是由能量和信息的振动场构成的。
- 物理现实是整体的、相互联系的。所有人、事、物在系统中都是相互联系的。
- 物理过程是有机的、相互交织的，体现了高度一致性。
- 人的生存意义在于关心他人和地球上所有的生命。

- 企业的目标是为了创造幸福、繁荣和活力。
- 幸福和快乐比单纯的物质成功更重要。
- 人和组织都是生命系统。
- 人性是生命网络中不可或缺的一部分。

新叙事的力量

在过去的 2 500 年里，道德和伦理行为一直是哲学辩论的主题，而这往往是以特定的领导或文化的价值体系为基础的。因此，好的或正确的行为本质上是非常主观的，通过一位宗教、精神或哲学领袖来具体阐述和解释。即使出现了诸如黄金法则等普世规范，关于割裂与自私的本体论叙事，在世界上许多地方仍然发挥着强大的吸引力。这些地方的特征仍然是环境不可持续的增长、种族主义、其他形式的歧视、社会排斥和日益加剧的收入不平等。

在一个相互联系的世界里，对某个人有益的东西同时也是对他人和环境有益的。个人的自由取决于所有人的自由。生命被看作是一个包含着个人、共同环境、地球上所有生命的整体。相互间的整体连接性和一致性意味着每一个生命体和非生命世界的每一个部分都彼此相互作用。这不仅仅是一种比喻，而是在一个相互联系的场域中，可以被科学验证的。

根据关于整体连接性和关怀的新叙事，行善不仅仅是满足个人的需要，也不仅仅是关于社会问题的零碎的技术解决方案。它需要我们通过日常的整体连接性活动来建立一种新意识，把我们与他人和自然的关系看作一个整体。

为什么练习把我们联系在一起，使我们成为一个整体

一位母亲对儿媳说："我的儿子永远不会改变。他就是他——他的性格导致了他的行为。"人们总是被鼓励"做真实的自己"，接受"真实的自我"。整体连接性活动真的能改变我们的本质吗？部分答案就在新科学关于人类进化能力的表述中。表观遗传学告诉我们，环境因素会在我们的一生中改变基因表述。神经科学表明大脑具有可塑性，随着我们年龄的增长，大脑会重新配置我们的神经通路。细胞生物学发现我们身体的每一个细胞每7~10年就会再生（除了一些大脑皮层细胞，当它们死亡时并不会被替代）。因此，我们并非生来就具有固定身份、在一生中都不可改变的存在。我们是谁，取决于我们在不同的时间点选择做什么，包括对生命方式的选择、日常行为和规矩、我们的经验、我们所存在其中的环境因素等。

科学揭示了为什么这些行为会在进化过程中改变我们的本质，告诉我们为什么练习能让内在自我向更关注关系认知的方向转变。"通过深入地审视自己，我们正在触及人性的本质，产生深层次的意识……它把整个人性都包含在了一起。理解精神扩展和相互关联的概念是人类意识进化的关键。"[102] 虽然这个想法并不新鲜[103]，但直到最近它才有了精神框架。内心的转变历程一直是一个基本的信仰问题。

今天，我们可以寻求科学支持，不同的学科都表明人类和所有生命表现出了高度的相互联系和一致性。量子科学和新意识研究的观点尤其重要。它们认为，当我们进化时，通过低频长波的振动场

与宇宙进行能量和信息的互动。量子物理学家戴维·玻姆和神经外科医生卡尔·普里布拉姆都是最早提出这个新观点的科学家之一：这种与宇宙能量场和信息场的全息相互作用，在物质（物理系统）和思维（意识）中创造出互联性和一致性[104]。经过数十年的研究和阅读，哲学科学家埃尔文·拉兹洛同样提出了一张关于现实不可分割的图谱，其中既包括物质又包括精神，一个底层的、潜在的振动场指引着复杂系统动力的精细调谐——从原子到人类躯体，从自然生态到生物圈，应有尽有，一直到恒星和星系[105]。就像凯瑟琳·帕夫洛维奇（Kathryn Pavlovich）和凯科·克伦克（Keiko Krahnke）提出的，"我们生活在一个连贯力的量子世界……我们和他人之间的界限是模糊的，我们变得对他人更加无私，我们可以到达宇宙意识，在那里我们可以作为一个整体生活"[106]。

少即是多

对人类的特殊挑战是，我们不像一棵树或一只宠物狗，过度活跃的大脑皮层可能会阻止我们靠近量子场，从而阻隔我们"获取信息"，阻碍我们变得一致和相互关联[107]。通过援引物理学家安德鲁·纽伯格（Andrew Newberg）和宾夕法尼亚大学的尤金·达奎拉（Eugene D'aquila）的研究成果，斯坦福大学心理学家伊丽莎白·梅耶（Elizabeth Mayer）指出："冥想或'天人合一'的神秘体验之所以成功，不是……通过获取新的感官信息资源，而是通过学习如何调低构成我们日常生活和习惯饮食的输入感官信息流。"[108]

这个设想和神经科学的一个发现不谋而合。当我们激活大脑中的 TPN 时，它会抑制大脑的 DMN 的活动。换句话说，分析能力、任务导向、解决问题等精神状态倾向于压抑情感化的自我意识、社会认知和道德决策能力。量子场的存在增加了一个可能的解释。通过放缓大脑的分析认知，整体连接性练习允许我们更敏锐地感知相互联系、一致连贯的量子场影响。如果我们允许，它还可以进一步指引我们生命进化的道路。

如果整体连接性练习可以通过调低我们的认知过程并调谐到量子场来起作用，为什么我们不能证明它们的成效是由量子场的相互联系和一致连贯效应直接引起的呢？伊丽莎白·梅耶（Elizabeth Mayer）提出一个可能的解释：这个领域的信息并不是在传统意义上可量化的，它可能违背了通常的可测量性、可靠性和可预测性的标准。普林斯顿大学的弗里曼·戴森（Freeman Dyson）补充道："我认为超常的心理能力和科学方法可能是互补的。'互补'（complementary）一词是一个技术术语，由尼尔斯·玻尔引入到物理学当中。这意味着两种对于自然的描述可能都是有效的，但不能同时被观测到。"[109]

现在科学界已经接受了一些无可争议的量子现象，比如量子纠缠、EPR悖论[110]和由法国物理学家阿兰·阿斯佩（Alain Aspect）在实验室中证明的非定域性[111]。阿斯佩的团队无可辩驳地证明，两个成对粒子，像电子这样的，会立即保持相互关联的特性，即使他们相隔很远的距离。成对粒子现象——爱因斯坦称之为远距离的幽灵行为——违反了我们熟悉的时间和空间的限制法则，但它确实存在。就像量子世界和（宏观）物质世界之间存在的关系目前仍然无法被解释，量子场和生命系统之间的相互作用同样不能被完全解释，虽然它们的影响已经被许多分支学科观测到，被我们日常所感知到。

与精神传统的融合

新兴科学正在与来自传统文化——特别是中国和印度的文化——的悠久观点进行融合。"不可分离性、广阔无垠感、与所有自然合而为一的感觉、与他人的直接交流，在所有的文化中，这些都被赋予了很高的价值"，物理学家大卫·皮特（F. David Peat）发现，"这样一种连接的感觉，似乎独立于时空规则之外，与我们的经历产生深刻的共鸣。"[112]

在所有文化里几乎都能找到关于"万物起源"的类似说法，如从犹太基督教的信仰传统，从基督教诺斯底派关于"单子"（Monad）的概念，到卡巴拉的"无限者"（Ein-Sof）、中国道教的"无名"、印度吠陀的"梵天"（Brahma）、佛教的"万物皆空"、琐罗亚斯德教的"正"（Aša）和内在神秘主义的"苏菲主义"。"起初神创造天地。地是空虚混沌，渊面黑暗；神的灵运行在水面上。"（创世纪1：1-2）从这没有空间、没有时间的虚无中，世间万物出现了。在道教中，道生万物，而万物又归道。它既是万物的源头，又是万物的归宿，虽然"道可道非常道""道常无名"。道不能被我们眼睛所观察，不能被我们的耳朵所听到，不能被我们的手所触摸到，但它也可以被认为是由隐晦的量子级振动所引起的。佛教也一样，我们所观察到的空间和时间的显化世界只是表象，它的背后是更深层、超越时空的梵天实相。

虽然形式不同，但世界作为一种固有振动的概念早就被中国和印度的传统文化所认可[113]。它就是梵文里面的阿卡莎、中国的"道"，它是万物之源、万物之根。与"道"和睦相处被视为一种净化行为，因为它精炼了物质和能量的振动[114]。如同要与音乐合拍，和谐的振动引导繁荣的生活[115]。宇宙被表述为一个由阴、阳两力共同组成的振动。当它们平等地存在时，一切都很平静；当一方被另一方所压倒时，例如过分地追求财富和权力，困惑和混乱就产生了。

人们在很大程度上曾拒绝把这些精神智慧作为管理专业研究或商业实践的基础，但科学领域的实证又为这些"关于整体性的直觉"以及"作为一个人意味着什么的"的悠久观点给予了新的关联和支撑。

伟大的中国哲学家和圣人老子对于"道"的表述如下：

> 有物混成，先天地生。
> 寂兮寥兮，独立而不改，
> 周行而不殆，可以为天下母。
> 吾不知其名，字之曰道，
> 强为之名曰大。
> 大曰逝，逝曰远，远曰反。
> ……
> 人法地，
> 地法天，
> 天法道，
> 道法自然。[116]

量子引导者的启示

通往量子领导力的道路不仅仅是理解关于整体连接性和关怀的

新叙事等概念那么简单。我们的观点是整体连接性练习能让我们体验相互连接的感觉。新兴科学提出了相互关联的现实，而大量令人信服的临床神经科学数据表明，整体连接性练习可以提高我们的幸福感，增强我们积极地影响世界的愿望。从事整体连接性实践和有意义地生活可以给我们带来一种"合一"的直接体验。两者结合——新兴科学的新描述和从练习中获得的合一体验——提供了一条通往量子领导力的关键之路。

理解了关于"一致性和相互关联性"的新理念，再通过整体连接性练习感受到那种体验，就可以改变领导者的本质。理念和实践的结合能让我们体验完整性和治疗效果，也能促使我们的行为对他人、对自然负责。

PART 3

第 3 部分阐述了整体连接性的实践活动案例。本书先讲述了 16 个典型案例和支撑整体连接性的科学理论模型，再讲述了日常的实践活动方法，给那些有意愿踏上全面繁荣之旅的人一个实际操作的路径。

第 7 章提供了理解实践活动的模式：实践活动的类型及分类，以及各类实践活动对我们的影响。第 8 章介绍了适应个人、组织和系统层面的一系列练习活动的选择方案。每一种选定的练习活动方法都详细地描述了指导步骤，以便你融入其中。

最后是一个结论，总结并展望未来，企业作为世界福祉的代言人，将扮演一个强有力的组织角色。

第7章 练习如何提升我们的意识

How the Practices Elevate Our Consciousness

在与非政府组织农业创新网络（Ag Innovations Network）总裁约瑟夫·麦金太尔（Joseph McIntyre）的会谈中，他与我们分享了他的故事：

> 你练习的次数越多，你的临在感[⊖]就越强。所以我昨天坐在理发店的椅子上……在加利福尼亚州的圣罗莎（Santa Rosa），（那里）发生了一场特别可怕的火灾，40人丧生，超过7 000所房屋被毁。我们整个社区都深深地陷入痛苦和精神创伤中。我坐在理发椅上，想要理发，我希望有那么一会儿，脑子可以放空，不想任何东西。我开始和理发师聊天，慢慢地，他开始原原本本地告诉我他是如何在火灾中失去一切的。他和他的妻儿是如何（幸运地）逃脱的，还有他们的财产是如何被烧毁的，以及他因为家人的需要而不得不在他们面前保持坚强。我所能做的只是和他待在一起并说，"我很抱歉。那一

⊖ 对当下的自我状态有所察觉，就像意识是存在的，没有被外界的干扰带走。——译者注

定是太糟了"。他在讲述这个故事的同时非常小心地慢慢地给我理发，但你可以说我们之间正在建立某种联系。我在理发结束时站起来，去和他握手，因为我想让他知道我是多么同情他的遭遇，他把我拉进了怀抱。在那一刻，（我）感觉到这种深刻的整体连接性。就是这样。这不是只有当你坐在山顶时才会发生的奇特事情。正是在那一刻，我可以用心聆听，他能够感受到（确实）被聆听，并（以那种方式）慢慢处理这些痛苦的经历。我练习得越多，越不把这当作是一种练习，感悟和经历得也越多。

我们采访了喜力（Heineken）墨西哥公司首席执行官道夫·布里克（Dolf van den Brink），他解释说：

我决心每年会花一周的时间到野外去（沉浸自然）。这种体验消除了每天受到的刺激。我会确保自己彻底沉浸，去荒野，没有电话，没有电子邮件……坐在房间里冥想对我不起作用。在大自然中，当我放慢节奏时，我可以抽离出来，而不是被眼前的短期任务所困住。在大自然中度过一段时间后，我会在工作中表现得更好。作为领导者，总想控制一切。在大自然中，所有这些都会消失，你会感觉到与比你更大的东西进行连接。我不再是首席执行官，而是比自己更伟大的事物的一部分。在大自然中，感觉自己很渺小并不是一种很坏的体验。这是一种感觉真正彼此联系的体验。

家得宝（Home Depot）的首席沟通官史黛西·坦克（Stacey Tank）向我们解释了她的灵活性理念：

我采用非传统的以人为本的做法，例如，关于工作时间和工作场所。家得宝是一家传统的公司，员工从周一到周五按时上班打卡。当然，我认为有些时候在一起工作是很重要的，但我们必须理性地认识到一点：什么时候必须要在一起，什么时候则不需要。我给员工机会，让他们自己判断……如果他们想在星巴克或家中工作，或者在上午 10 点去参加瑜伽课，也没有问题。我们有很高的标准，员工也知道自己的绩效目标……另一个非传统的做法是我们将"自由星期五"制度化。我们每周五中午让所有人回家（当然也有例外）。这是在告诉他们："我很珍惜你并相信你会完成工作。"同时还有另外一个原因：你在看邮件或在会议中做笔记时，是不会产生创新思维的……创新不会出现在受限制的环境中。当你正在洗澡或在自然环境中与你的狗一起散步时，才会发生"我（突然）发现"之类的体验……我希望我们的团队能够有受保护的时间和空间……待在沉默中、隐居状态中……我每天都会尝试做一点。20 年来，我养成了一些颇有仪式感的固有习惯。每个工作日我都会早起，做一些运动——跑步、散步或做瑜伽，然后进行冥想。白天，我静静地开车，有一个沉思的空间，晚上还会做冥想。我会尝试至少冥想 15 分钟，但即使只有 15 秒我也仍然坚持，从不评判自己。

在我们采访玛塔·切罗尼（Marta Ceroni）——系统变革学院（Academy for Systems Change）的项目总监时，她表达了类似的情绪：

> 从这些练习中——不仅是音乐、舞蹈和写作这些形式，而是这些方式让我觉得自己是一个完整的人，让我保持活力。所

以我喜欢的另一种活动是在花园里亲手干活。我有一个菜园，所以我才意识到如果我遗漏其中一种活动，我就不会完整，我的活力会受到影响。进而，如果我不完整，那么我的活力会减少，其他一切都会受到影响。我会更累，担心更多，我会对必然要发生的事情不适应……有一个认知模式要素……也许在你的活动中你可以面对更深的恐惧和担忧；或者你也可能通过很舒缓的方式感受它们，这样你就会养成一种调节治愈的能力，熬过这些。所以，你能提升的最好的技能就是调节治愈的能力。

"练习"意味着"效果"——"人类的练习可以变成改变外在事物的能力"[1]我们都有童年练习的经验，无论是打电子游戏还是学习一项运动、驾驶汽车或是从事绘画或舞蹈等艺术活动。练习影响着我们和我们周边的事物，因为练习是一种具体化的知识形式，带我们实现梦想。它们涉及的是专业知识，而不是传统学校的典型学习内容[2]。当我们坚持一种特定的练习时，我们会习得如何做某事的知识，并内化成一种无意识的行为。

在上一章中，我们将整体连接性练习定义为：为个人和社区提供可衡量的福祉，为我们自己和周围人的生活增加一种繁荣的感觉。这些练习提高了我们的个人效率，也提高了我们工作的团队和组织以及所在的社区和系统的效率。

这些做法的共同之处：它们是生活方式螺旋式上升的一部分，这种生活方式让我们感觉自己与自我、他人和自然联系得更紧密；它们提高了我们与他人和世界融为一体的意识；它们使我们整个人参与到一个更和谐、对生活更满足的进化之旅。

以下部分提供了几个关键的区别和分类方法，以帮助你了解实践活动的方式：在什么层级，使用什么技能，产生什么效果以及使用什么技术方法。例如，它们将帮助你理解显性和隐性知识之间的差异，以及此类知识在复杂系统中所起的作用。

显性和隐性知识

第一个有用的区别是显性和隐性知识之间的区别[3]。显性知识通过语言进行符号化、编纂和传播。隐性知识是程序化的，这类知识不能完全用语言表达但可以被展示和模仿。正如加拿大记者马尔科姆·格拉德威尔（Malcom Gladwell）在《眨眼之间：不假思索的决断力》（Blink: the Power of Thinking Without Thinking）一书中所述："我们通过榜样和直接经验来学习，因为语言教学是不够充分的，是有限制的。"[4] 了解这些限制有助于我们领会通过行动产生和传播知识的练习的力量。练习通过经验和重复将行为原则内化，通过这些原则，知识得以体现。

复杂系统中的因果关系（那将是我们！）

由整体连接性练习产生的"我们是谁"的转变不是线性因果的结果。在冥想中花费的时间加倍并不能保证两倍的效果——我们不可能有两倍的临在感、感觉两倍的安宁，或者是变得两倍的睿智。这些做法只是为转换创造适当的条件来打基础的[5]。它们通过具体行为和相互作用的反复强化，为不连续的转变或转折做好准备[6]。因此，整体连接性练习为丰富我们的生活和存在方式创建了可靠的基础。

复杂性理论在领导行为中的最佳应用之一是理查德·博亚兹（Richard Boyatzis）的有意识改变理论（Intentional Change Theory, ITC）[7]。ITC 从构建以下一些内容开始：一个理想的未来愿景（理想的自我）、最真实的渴望意识、希望、激情和价值观，然后将其与我们的优点和缺点（真实的自我）进行比较，进而制订学习计划和练习行动计划。理查德·博亚兹强调了练习引起改变的重要性。通过练习，我们创造了变革的条件。ITC 是通过整体连接性练习转变意识的过程的一种表现形式。理想自我的愿景如果没有具体行为和内化，仍然很肤浅，就不能转化为持久的行为变化。

建构与耗散练习

另一个有用的区别是建构和耗散练习之间的区别。建构练习是指特定社会或技术领域的专业练习，例如医学临床实操或商业实操。耗散练习在一个领域内或者跨领域都会发生，包括诸如质疑、欣赏和正念之类的行为。虽然在量子领导力的进化过程中同时需要这两种类型的练习，但在正式学习计划中，耗散练习的重要性往往被低估。

问题：你如何才能在卡内基音乐厅表演？
答案：练习、练习、练习

练习通常会导致特定技能的发展和获得。练习者成为他们领域的擅长者、专家或领导者。在《异类：不一样的成功启示录》（*Outliers: the Story if Success*）中，马尔科姆·格拉德威尔记录了企业家比尔·盖茨、披头士乐队的艺术家（the Beatles）和运动员曲棍球明星韦恩·格雷茨基（Wayne Gretzky）以及其他一些在某个领域成为大师的人物[8]。马尔科姆·格拉德威尔总结说，在所有这些案例中，成功的要求至少需要一万小时的练习。相当于连续四百天以上（1 天 24 小时，1 周 7 天）。

幸运的是，为了实现改变，我们不需要为发现生活中正在做的内容而花费额外的时间。许多需要做的事情，我们在日常生活中已经在开展了，包括工作、锻炼、饮食、建立高质量的关系、追求激情。关键是要以不同的方式来进行这些行动，以更加清醒、刻意的方式。

导师和练习社区

人们在人际关系和分享经验的过程中学习练习。学习某种练习通常需要一位大师或导师、一位传授学科知识的专家，还需要发展信任关系，以便学习者能够接受在练习中被指导[9]。因此，虽然也可以通过模仿和实验来开始练习，但通常由一位导师指导，导师能带来显性的知识，直到技能知识转变为具体行为，或者正如迈克尔·波兰尼（Michael Polanyi）所说的，"不可言说"[10]。

练习社区（Community of Practice，CoP）是练习的另一种方法。教育理论家艾蒂安·温格（Étienne Wenger）将练习社区定义为一群对他们所做的事情有共同关注或热情的人，并通过定期互动，学习如何做得更好[11]。一个经常被引用的例子是施乐（Xerox）复印机维修技术人员的非正式团体[12]。这些现场技术代表建立了一个网状社交群体，每次见面都会分享他们的小技能和技巧；尽管他们的付出不是任何正式计划的一部分，但据估计，练习社区已经为施乐公司节省了 1 亿美元。

在所有的案例中，练习都有助于将整体连接性和关怀的新本体论转化为一种生活方式和领导方式。对这些日常练习的重新关注反映了一种趋向于体验性和身体学习的趋势，其目的是改变我们是谁，而不仅仅是我们在做什么。因此，学习不仅是一个人知道什么，而且是一个人要成为什么人的问题[13]。

练习的类型

有很多方法可以将我们与自己、他人和世界联系起来的练习进行分类。我们可以根据主体层级（个人、团队、组织和系统）、活动类型（反思的、具体行为的、关系的、艺术的、运动的和以自然为中心的）、技能（集中力、感官清晰度和平静）[14]、效果（例如，构建意义或存在感还是两者兼而有之）、技术（例如，日记或舞蹈）和起源（例如，小乘佛教）以及其他的区分方法进行分类。

对练习进行分类的目标并非是为了穷尽所有方法。作为读者，你可以将自己的练习添加到附录的列表中。而我们的目标是列出现存的各类练习方法。我们的分类试图根据对练习方法文献的解释及我们对这些练习的体验进行。但是，我们承认还有许多其他方法可以进行组织和分类，同时还有许多其他方法应该包含在这些类别中。通过前面提到的分类中的两个主要视角，我们可以更好地理解附录中的练习方法。第一个是关于练习所针对的层级，到底是个人、组织还是系统；第二个是练习的预期效果，到底主要是意义产生还是临在。

视角 1：　实践活动层级

在这里，我们根据受练习结果影响的主要行为者对练习进行分类：个人、二人小组、团队、组织、社区或诸如供应链或全球社会的系统。许多（但不是全部）练习旨在自我培养，我们称之为个人层面的练习。正如精神场学者朱迪·尼尔（Judi Neal）所说："系统转型必须始于个人的转型。"[15] 团体层面的练习根据二人小组、团队、组织、社区或系统而设计。有些团体层面的练习旨在自我修养，虽然它们涉及两个或更多人，但它们的主要目的还是改变个人。其他的——比如音乐家演奏交响乐——则是在集体层面运行的。因此，尽管根据主体层次来划分练习是一种便捷的方式，但这并不是固定的分类方式。

视角 2：意义产生和临在

意义产生与临在的练习效果并不相同，因为它们涉及非常不同的存在方式。意义产生是人们领会、理解和认知世界的过程。组织理论家卡尔·韦克（Karl Weick）将其正式定义为"对人们正在做的事情进行回顾式分析，找出合理的解释"[16]，虽然意义产生被交替描述为一种社会活动和一种通过对话和叙事来创造秩序的尝试，但我们定义的显著特征是它涉及我们存在的分析——认知模式。"（意义产生）的目的是将注意力集中在将经历过的情况描述为有意义的主要认知活动上。"[17]

临在的练习主要是直观获得的[18]。它们体现在完整的人身上。它们的影响具有即时性，因为这些练习调动了我们的思想和身体、心灵和精神，给我们一种瞬间的觉知[19]。沉浸其中，会让我们关于部分与整体、主体与客体之间的边界变得模糊。在临在的练习中，个人并不是处于分析—认知模式，而是对自我与整体的关系进行更广泛的洞察和更强的意识。例如，当听到一首特别能引发我们共鸣的诗时，诗歌中呈现的语音、语义对我们产生的影响，会远超过诗歌本身的意义。这种共鸣的体验可以成为一个隐喻，用来比喻生活中每时每刻都在发生的事情。我们受到事物和他人的影响，受到我们和周围存在的事物的影响，超出了语言的范畴。我们受到万物存在的影响。只有当我们主动地用正念去感受时，我们才能建立一种全面认知，来理解正在继续的事情、正在发生的事情，超越通常的意义产生。在艺术体验和自然沉浸体验中，仅选择附录中列出的两种练习行为，我们的体验就超出了通常的意义产生和意义建构。

我们需要动态地看待意义产生与临在，而不是将它们视为不同类型的孤立行为，它们是重叠的、互相演化的。就像练习存在不同层次一样，意义产生与临在不是固定不变的分类。临在可以导致意义产生，反之亦然。斯坦福大学教授汉斯·乌尔里希·贡布雷希特（Hans Ulrich Gumbrecht）在《临在的产生：无法传达的意义》（*The Production of Presence*：*What Meaning cannot Convey*）中指的是临在效应和意义产生效应之间的振荡（意义的维度和我们经验中的存在之间的"振荡的结构形态"）[20]。这种存在和意义之间的振荡或张力存在于所有的经验和文化中。诸如舞蹈、诗歌和自然沉浸等练习，"临在效应"是其定义的维度，在有些文化中确实是这样的。苏格拉底之前的希腊文化、中国传统文化、印度文化、非洲文化和美洲原住民文化都是以临在导向的文化，而 20 世纪的西方社会则更加强调意义产生[21]。

尽管意义产生和临在之间具有重叠属性，作为理解练习的过滤器或镜头，它们也是附录中所述分类方案的主要类别。

临在（Presencing）

临在练习对于量子领导者来说尤为重要，因为临在练习能够增强直觉能力，如之前所述，这需要整体的、直接的和具体的感知，而不是分析—认知推理。然而，"临在"一词很难定义，简单的原因是我们试图命名一种远超出语言的体验。贡布雷希特发现我们受到事物和人的存在的影响，因为我们与它们相关，这超出了可以通过语言表达的意义。贡布雷希特并不是在试图回归本真（或直接）的现实主义，即我们的五感可以直接感知事物的本来面目，他是在引导我们探索自身与世界之间的关系，把两者作为一个相互影响的整体，超越我们通过语言和社会互动构建的意义。同样的，19 世纪早期的剑桥大学语言哲学家路德维希·维特根斯坦（Ludwig Wittgenstein）有句名言："对于不可言说之物，必须保持沉默。"[22]他认为，无法表达是语言的另一个面，当我们试图谈论这些内容时，只会制造无意义的内容。语言表达是建立在与物质世界互动、交谈的基础上的。当我们想谈论临在时，是在试图谈论意义和语言之外的东西。

但这并不意味着我们应该放弃用语言表达意义，只是需要承认生活经验的直觉维度。我们知道，这在艺术和体育等极具创造性的活动中、在高质量的人际关系中以及在大自然的宁静时刻中都是真实的。

诺贝尔奖得主、经济学家丹尼尔·卡尼曼（Daniel Kahneman）

提出了两种思维方式，"快思考"可能与临在有关，"慢思考"是我们对意义产生的分析认知。他称其为"系统1"和"系统2"。根据丹尼尔·卡尼曼的说法，系统1是关联性的、整体的、自动的、快速的和平等的，并且需要很少的认知能力，是通过生物学和个人经验获得的。系统2是基于规则的、分析的、逻辑的、受控的、缓慢的和有序的，需要认知能力参与，通过文化和正规教育来获取[23]。

在丹尼尔·卡尼曼的框架中，系统1思考的是对事物之间关系模式的认识。它只适用于以下场景：行为被反复练习到一定程度，达到专业水平，能够感知到模式之间的关系。卡尼曼甚至说"直觉只是专业技能的另一种说法"[24]。就我们的目的而言，他强调的系统1思维的直觉模式和重复的必要，这是我们所认同的，我们需要通过练习来掌握具体的知识模式[25]。

因此，临在练习能引发直觉体验，让整个人（身体、心灵和精神）以一种整体的形式，即组织的、社会的和生物物理的形式参与其中。为什么？因为我们能够更好地体验现实的本来面目：动态地相互联系，高度一致。通过增强分析认知能力，关注直觉模式，临在练习能增强我们对生命整体性的意识。这些活动将我们与现实本质的一致性联系起来。尤其在这个技术融合、政治、经济和环境退化正引发争议，在全球范围内打破我们的个人身份和分裂我们的社区的时代，这样做有助于治愈我们，让我们更具备整体观。

临在练习还使我们更具创造性[26]。戴维·玻姆和戴维·皮特谈到了一种"生成序"，即"与艺术创作有关……对自然的创造性感知和理解"[27]。在他们看来，平庸的艺术家满足于根据思维惯性创造相同的作品，而伟大的艺术家"指引我们以新的方式看待世界……（他或她进入了）新的生成序，这最终超越了个人的作品，并延伸到整体的本质和体验"[28]。

阿尔伯特·爱因斯坦（Albert Einstein）说过："智力在探索之路上几乎不起作用。你对意识的跃迁，称它是直觉也好，其他也罢，会在不知不觉中为你带来解决方案。"[29] 美国文艺复兴科学家兼教育家乔治·华明顿·卡弗（George Washington Carver）和发明家托马斯·爱迪生（Thomas Edison）都把他们的灵感归功于直觉的知识。"他相信他的发明都来自无穷宇宙之源"，米娜·米勒·爱迪生（Mina Miller Edison）⊖是这么评论托马斯·爱迪生的，"他一旦放松，状态就变好"[30]。

对于戴维·玻姆和戴维·皮特来说，我们直觉的本源来自于隐秩序，来自于宇宙的能量和连接所有人与所有事物的信息场[31]。

因果关系的层次

当我们参与意义产生或临在的练习时，就是在连接比自身更伟大的东西。在量子科学和意识研究的视角中，我们正在以某种方式与宇宙同步，不仅可以摆脱思维定式，让我们自动思考的思维方式安静下来，而且还连接到一个动力场，它是一切的基础，有助治愈我们，让我们变得完整。当我们与这个场域连接时，我们就拥有了瞬间的（在量子物理学中也被称为"非定域性"，在意识研究中则被称为"超个体"）直觉体验，帮助我们应对生活中面临的挑战。

因此，有多种方法可以理解这些练习如何提高我们的整体连接性意识，每一种方法都建立在另一种方法的基础上。心理学家和领

⊖　爱迪生的第二任妻子。——译者注

导力专家可能会说，这些练习帮助我们放下对消极情绪的依恋，逐渐建立沉着、平静和智慧的心态；还会帮助我们"看清我们眼前的东西"，更多地感知到塑造我们思考和行动的思维模式。

神经科学家可能会说这些练习的机制是强化与积极情绪相关的神经网络，减少与分离感和个性感相关的那部分大脑活动，使我们的大脑能够通过微晶管网格来处理和获取量子层面的信息（有关量子信息处理的更多讨论请参阅第 6 章中的微晶管网格）[32]。

现在量子科学给出了更深层次的解释，这些练习能帮助我们连接到一个普遍存在的振动能量场，使我们变得完整（只要我们放慢一点节奏，并允许它发生），还能让我们感觉与他人以及地球上的所有生命更加一致。根据这种观点，这些练习使我们能够拥有更广阔的系统视角，因为它们扩展了我们的视野和存在，使我们能够在更广阔的环境中采取行动。它们也使我们能够与比我们更大的东西联系起来，量子科学和意识研究把它描述成一种普遍存在的能量和信息场，这也是我们观察到的物质现实的基础。

正念和临在

社会科学家用自然科学中关于现实本质最新发现的方式来描述这两种现象。他们的观点与玻姆等量子科学家、哈默奥夫（Hameroff）等意识研究者的见解似乎比较接近，即使他们常常没有意识到这种情况，就像法国剧作家莫里哀（Molière）笔下的茹尔丹先生（Monsieur Jourdain）突然发现原来自己一辈子都在以散文诗的方式说话而浑然不自知。

正念专家乔·卡巴金（Jon Kabat-Zinn）说：

在我们存在的每个层面上都存在一种整体性，它本身就嵌入在一个更大的整体中。而这种整体性总是体现出来的。它不能脱离本体，也不能从属于正在展开的生命的更大表达的精致和亲密中分离出来，这种相互连接的网络远远超出了我们个体的心理自我。虽然我们是完整的个体，但也是一个更大的整体的一部分，通过我们的家庭、朋友和熟人与更大的社会，并最终与整个社会联系在一起。[33]

此外，他写道：

除了通过感官和情感来感知我们与世界的联系之外，还有无数种方式可以将我们的生命密切地融入自然的更大模式和周期中，这些我们目前只是通过科学的方式去了解……科学[其]肯定了一种基于强有力的科学证据和推理的观点，这种观点的核心与所有传统文化和人民所认为的那样，世界上所有的生命，也包括人类，是相互联系和相互依存的。这种相互联系和相互依存的关系甚至延伸到地球本身。[34]

奥托·夏莫（Otto Scharmer）在《U 型理论》（Theory U）中描述了意识临在的过程，在彼得·圣吉（Peter Senge）、奥托·夏莫、约瑟夫·亚沃尔斯基（Joseph Jaworsky）和贝蒂·苏·弗劳尔（Betty Sue Flowers）的著作《临在》（Presence）中也有所描述[35]。他们认为，临在指导我们的过程是一种 U 型运动。我们学会了"看清我们所看到的"，换句话说，更加了解我们的思维模式，是什么塑造了"我们是谁"，决定了我们的行为。它需要我们有能力暂停习惯性的思维框架，还需要有勇气来开启新视角，以便以整体观来审视一切[36]。虽然彼得·圣吉及其同事的书中没有明确提及新科学，但却强烈地暗示了这些新科学，甚至提出"临在"是成为自然力量和与宇宙开展对话的形式[37]。

……

我们将整体连接性的练习定义为这样一种练习，其目标不仅是为了理解或为我们的生活体验赋予意义，而且是为了丰富我们存在的品质。怎么做？通过让练习者头脑中的"嗡嗡"声安静下来，让他们摆脱程序化的思考，然后将他们从旧思维模式的反射性行为中解放出来，更加把注意力集中在临在上，以一种更灵活和创造性的方式来回应生命的需求和面临的挑战。这些做法让我们摆脱单调乏味的方式，回到蓬勃发展的道路上。这些做法打断了我们习惯性的思维方式，帮助我们培养更广泛的知觉，更好地意识到我们的思想和行为如何影响他人和地球上的所有生命。这些做法深化了我们的能力，积极影响每个人在生活和工作中的福祉与自我实现，在更大范围内振兴社区/社会，让我们所依赖的自然环境能够再生。

第 8 章　选择适合你的练习

Selecting the Practices That Are Right for You

　　哪些练习适合你？许多人和组织是不经意间参与了整体连接性练习（比如受一位朋友的鼓励尝试了瑜伽），或者是因为他们在孩提时代就会这些连接性实践，比如在唱诗班唱歌、在大自然中徒步旅行或在社区中做志愿者。随着时间的流逝，当人们意识到这些活动对改善幸福感和生活满意度有很大贡献的时候，这些行为就会逐渐呈现出新的意义。在其他情况下，个人或组织的危机或对于更深层次意义的探索，可能引起一个人更新完善自己的练习或采取新的练习方法。现存有许多的练习方法，其中许多会在附录中介绍。

　　无论在什么情况下，太多的人——无论是年轻人还是老年人——都会在自己人生的某个阶段感到与自己的人生意义失联。他们感到孤独，缺乏高质量的人际关系。或者，作为城市居民，他们因为无法与大自然有足够的接触，无法感受那种微风拂面、感知脚下土地的自由，而感到痛苦。他们往往通过物质刺激来摆脱这种失联感（"我要买最新款的手机或最时尚的服饰"），但这些追求越来越无法让人产生满足感和意义感。组织存在一个平行的下行螺旋。当组织与外部利益相关者隔离和脱节的时候，组织高管可能做出决定并采取行动，以牺牲员工、所在社区和自然环境为代价来追求短期利润。

古代中国有"七艺"（琴、棋、书、画、诗、酒、茶），这些是今天许多自我修行活动的古老起源。具体指的是弹古筝（一种弹拨的弦乐器）、下围棋、写书法、作画、吟诗、饮酒和品茶[1]。它们被视为追求有意义的、精致生活的重要途径。"擅长弹古筝的人是善解人意和安静从容的，擅长下围棋的人足智多谋，擅长阅读的人会对事物的本质有很好的理解并且知书达理，擅长作画的人聪明且有一种空灵的特质。"[2]。或许这七种爱好中最普遍和最具现代感的就是品茶。在中国、日本和世界许多其他地方，茶不仅被视为一种食物来源，而且喝茶被视为一种令人享受的习惯。在一种共同的仪式中连接彼此，让感官体验更加细腻的同时，表达更高的自我。

在前几章中，我们证明了有规律的整体连接性练习不仅对一个人的幸福感至关重要，而且对他的领导模式也是如此。要使日常练习成为你生活中不可或缺的一部分，随着时间的推移，它会影响你的职业选择，特别是在提升你的领导力方面。它会影响（但不会决定）你内在的愿望和能力，对你的同事、所在社区和环境产生积极的影响。

本章中介绍的练习包括刚开始练习的步骤和每种练习所带来的相应益处。我们鼓励读者尝试不同的练习方式。对于某些练习，有些人会产生共鸣，而另一些人则可能不会。练习顺序遵循由上海意澄学院领导研发的量子领导力课程。这些练习及其排序是为高管教育和研究生商科课程设计的，例如2018年春季和2019年春季在风向标管理学院（Weatherhead School of Management）教授的二年级MBA量子领导力选修课程。

写日记

写日记在练习序列中排在第一位，因为它可以帮助理解所有其他练习。当你尝试不同活动时，这是一种记录你的体验和心得体会的方式。随着时间的推移，日记可以帮助你克服艰难的挑战，并更清楚地看到什么是可能的。为什么这对量子领导者很重要？麦吉尔大学（McGill University）教授南希·阿德勒（Nancy Adler）在《哈佛商业评论》上写道："领导者独特的洞察力是创造力和竞争优势的重要来源。但现实是，我们中的大多数人过着如此快节奏、疯狂的生活，以至于没有留出时间来真正倾听自己的声音。提升自己的洞察力并不困难；你只需要致力于每天的反思……我推荐一种简单的做法，就是定期写日记"。[3]

以下是开始的五个步骤：

1）找到正确的媒介。纸和笔、平板电脑或手机。选择最适合你的。为了与工作（如果你用计算机工作）和在线社交生活（大部分是在手机上）分开，你可能想要特意选择一本笔记本，用笔来进行记录。

2）从你的现状出发。把你对生活中当前事件的想法、你和周围人的关系、你的感受、你的感恩心、你的焦虑和对未来最大的期望写下来。把脑海中的每一件事都写下来。不加评判地写，把任何想把它写得恰到好处的顾虑放在一边。

3）定期写作。许多日记倡导者建议每天早上起来第一件事就写日记，一次至少写上几句。重要的是找到适合你的节奏。在量子领导力课程中，学生需要在每周一次课前写满三页。你可以选择多写一点也可以少写一点。重要的是在你写作的数量和时间上保持连贯性，不要强迫自己去写，而是让你的思想和感觉自然地流动。

4）写下你的感受。你可能想写那些使你快乐、喜悦、平静或受鼓舞的事情，或者写下那些让你伤心、愤怒、嫉妒或绝望的事情。只是先要了解一点：积极的情绪与消极的情绪在大脑和神经网络中的作用部位完全不同，如果尝试在一段日记内容中同时表达这两种情绪，可能会使神经生理系统变得混乱。这也许是感恩日记存在的原因之一，也是为什么有些人只专注于激励个人、让他们追求最终梦想和实现成就这单一的方面。有越来越多的证据表明，积极的情绪往往会带来更多的好处，并随着长期积累而形成更大的自我恢复能力[4]。

5）定期查看你写的东西。每周、每月、每季度（公司里）、每学期（学校里）——重要的是对你所写的进行评估。看看你生活中发生的任何变化。重读上次写的日记会给你什么新的见解？它们让你更清晰地了解了什么？

如果你觉得书写被卡住了，可以用一些引发思考的问题或提示语，比如：我现在感觉怎么样？我的工作进展如何？在我的生活中，最渴望的项目或计划是什么？另一种新颖的日记方法是写一些关于亲身体验的学习改变了你对某件事或一段关系体验的那一刻。在写这篇文章的时候，尽量放下思想和情感，让所有的信息都通过身体的感官来传达[5]。

日记先驱伊拉·格罗戈夫（Ira Progoff）相信，他所说的"深度日记过程"可以"使每个人的生活按照自己的节奏走向完整……"通过从非医学的先进角度切入，在没有分析或诊断的方式下处理信息，系统地唤起和加强了人们的内在能力[6]。在南希·阿德勒（Nancy Adler）对日记的研究中，她得出结论，艺术和现实世界之间反差的挑战可以揭示隐藏的动态和令人惊讶的新见解[7]。

正念冥想

正念冥想培养了我们感受当下、发现内在完美的能力。通过正念修炼，我们可以系统地修炼专注力技巧而达到这种状态。沉思修炼已经以某种形式存在了几千年，并且融入世界上所有的文化。由于种种原因，现代冥想中使用的技巧通常发源于古代印度和中国。正念冥想的目的不是使头脑平静或试图达到永恒平静的状态，而是通过练习来培养冥想意识本身。练习的真正益处可以在这种提升的意识中获得。

在《时代》杂志上，作者兼记者丹·哈里斯（Dan Harris）写道，练习冥想的最大障碍是在一天中找到足够的时间。但是，他说："好消息是，每天练习 5～10 分钟就会是一个很好的开始。"他接着说："更棒的是，如果 5～10 分钟太长的话，1 分钟的冥想仍然是有效的。"[8]

冥想的步骤因为修习的学派而不同，但它们的核心都是修炼专注力的某种特殊品质。以下是一种名为统一正念（Unified Mindfulness）的正念冥想修炼[9]。修炼是通过"看、听和感受"。这种技术需要有一个安静、安全的空间，它既可以在坐着的时候也可以在日常生活中使用。

1）无论你的双眼睁开还是闭合，让你的注意力自由移动。

2）你的注意力可能随时会集中到你所看到、听到或感觉到的不同体验上。无论你的注意力是自然地还是你有意地聚焦在某一体验上，将注意力专注在那个体验上并保持几秒钟，然后再允许你的注意力再次自由移动。当你集中注意力的时候，试着去发现这个体验的细节，无论你注意到什么，以开放的心态去体验。

3）为了让你的注意力保持在某种体验上，你可以说一个词来识别或标记你所关注的这个体验。如果感官经验主要是视觉的，说"看"；主要是听觉的，说"听"；或主要体感的，可以说"感觉"。你可以每隔几秒钟使用一个中性的音调，大声说出这个标记，或者心中默念。如果你同时观察到这些类别中的一个以上，只需重点关注一个类别；如果一种体验消失了，则选择一个新的关注点。当然，重复关注同样的体验也是可以的。

4）一次又一次地重复这个过程，花几秒钟的时间注意到细节，并对任何吸引你注意力的感官经验保持开放状态，不管它是"看到""听到"还是"感觉"，默念或者大声说出来。

统一正念是由美国正念老师杨增善法师在过去的半个世纪里发展起来的[10]。该系统通过对所有已知的沉思方法进行细颗粒度的维度分析来确定所有冥想修炼的基本原则。它既是一种冥想修炼的方法，也是对所有沉思传统中已知方法的升华[11]。

任何冥想技巧背后的共同主题是技能培养。重点在于一个人如何集中注意力，而不是注意力所专注的内容，比如专注呼吸。冥想之所以起作用，是因为它能培养人的专注力。任何实质性的冥想修炼，无论是慈心冥想、步行冥想，还是任何其他修炼主题，都是以不同的方式来开发专注力的。所以，无论修炼者选择的体验主题是什么，都会对他们产生正向的效果。

在任何特定的传统中，专注力技能可能是隐含的，也可能通过明确的术语或定义来表达。而且，不同的传统用不同的名字来命名这些专注力技能。杨增善曾将它们定义为专注力力量（concentration power）、感官清晰（sensory clarity）和平静（equanimity）。使技能发展成为统一正念的核心范例，为所有冥想传统提供了一个统一的视角，并为清楚地理解它们之间的区别和彼此的互补性质提供了一个背景。

我们所做的任何整体连接性的练习最终都取决于自己的专注力。我们可以把冥想看作是所有其他练习的一种基本技能，从而提高我们以对个人有意义的方式集中注意力的能力。

正念冥想的另一种变体是正念减压（Mindfulness-Based Stress Reduction，MBSR），由马萨诸塞大学医学院（University of Massachusetts Medical School）的乔·卡巴金（Jon-Kabat Zinn）于1979 年开发。他将科学、医学、心理学与佛教冥想教义结合起来，以解决我们生活中的压力来源。有一项为期 16 周关于正念减压效果的研究项目，对印度一家大型公共部门石油公司的 22 名高管的压力和自我关怀的水平进行了跟踪研究。实验结论是："本研究结果表明，16 周的正念减压干预不仅对各种压力指标（身体、睡眠、行为、情感和个人习惯）和自我关怀产生了积极影响，而且还降低了血管收缩压和舒张压以及血液皮质醇水平。"这些发现表明，正念减压可以作为一种有效的压力管理干预措施，用于解决印度企业中高管人员压力过大的问题[12]。

尽管正念减压最初被认为是一种处理身体疾病、精神疾病和工作压力等问题的方法，但它有许多方面与提高我们的生活福祉息息相关。正念减压课程中的正式练习包括"身体扫描"技术，以提高我们对身体的正念意识，正念行走，在身体缓慢动作时留意身体感官，以及慈心禅冥想，这是一种帮助培养对自己和他人的同情心的做法[13]。

我们在摩洛哥大学商学院（Moroccan University Business School）任教的一位同事分享了这份现场报告，该校正试图就美国文科系统建立教育项目的模型：

> 我告诉我的学生（87名学生，分3个组），我们要在每节课开始的时候一起冥想3分钟，持续3周。在3周后，我会要求他们投票（按组），看看他们是否想继续冥想。我向他们保证，他们不需要强制参与冥想，但我要求他们在3分钟内必须安静地坐着，以便其他选择冥想的同学可以参与。我希望87个学生中的一小部分，至少会有10个学生能享受这项实验，投票"继续"实验。上周我们进行了投票，每组都有超过90%的人投了"继续"票，就连金融专业的学生也愿意继续参加！我太激动了！这看起来很简单，但仍需要巨大的勇气来采取步骤让这些年轻人真正地同意在每节课的开始时，继续进行3分钟的有指导的冥想。我能明显地感觉到房间里的能量在我们冥想前后的不同。很显然，他们也同样感受到了。[14]

气功

气功是起源于中国的一种练习，它的字面意思是"生命能量修炼"。它通过缓慢、流动的身体运动，有节奏的深呼吸，能不费力地达到一种平静的冥想状态。根据道家、佛教和儒家的传统，气功让修炼者进入更高的意识状态，唤醒他们的"真实本性"，并在过程中充分发挥自己的最大潜能[15]。

现在，世界范围内越来越流行的气功修炼包括动态冥想、静坐冥想和声音冥想（如唱诵），以及按摩和以表现各种各样的身体姿势来进行的非接触性治疗。两个基本分类是动态或主动气功（动功），它是指缓慢、流动的运动；以及冥想或被动气功（静功），主要指静止的姿势和内呼吸调节运动。这两种功法都是为了打通身体的阻塞，这与针灸中的子午流注针法[○]是一个道理。

这里有几个核心的修炼指导原则。包括有意识的运动，一种柔和平衡的运动方式；缓慢、深长与流畅运动相协调的呼吸节奏；在平静和集中的冥想状态中提升意识；观想气（或能量）的流动；唱诵或声音的使用。附加原则是柔软（如柔和的凝视）；坚实的站姿；放松的肌肉，关节稍微弯曲；在重心之上的平衡运动。

以下步骤提供了一种简单的方法，来让气在你的身体里流动：

1）坐在椅子的边缘，把双脚平放在你前面的地板上。

2）当你的脚牢固地扎根在地面上时，想象你的身体随风摆动。让你的头在你放松的脖子上漂浮，就像船漂浮在水面上。

3）放松你的脊椎，想象一下有人从上面将你提起的感觉，就像有一根绳子系在你的头顶上。

4）吸气，用你内在的能量让你的手臂上升到肩膀的高度。呼气时，把你的手臂放回你的侧边。

5）重复几次，你会感到内在能量推动你的手臂运动的意识越来越强烈。

另一种有趣且常常令人惊讶的气功修炼是，你可以切实地感受

○ 十二经脉气血运行状态，根据不同的时间变化而有相应盛衰变化。子午，即时间变化。流注，即十二经脉气血运行的过程，以及在十二经脉的井、荥、输（原）、经、合等特定腧穴上所呈现的气血盛衰情况，由于年、月、日、时等时间的变化而相应地有所不同，根据这个原理，按时选穴进行治疗。——译者注

到你的气功能量，把它想象成一个能量球（大约一个足球大小），你可以在两手之间推动它。你站着或坐着的时候，当假想球在你两手之间滚动时，试着感受一下你的双手之间的气。想象一下，你在手掌间握着这股能量，开始移动并把它滚动起来。如果你用右手向左推它，你会感觉到你的左手被这个看不见的假想球推动了一个相等的距离。你的手不应该试图穿过假想球，就像手不会穿过一个真正的球的中心一样。

气功的目标是达到平静（更多的流动性，更大的放松）、宁静（一种安宁的感觉和更强的自我意识）和静止，或以越来越小的动作逐步趋向完全的静止。通常来说，修炼者越高阶，运动幅度越小。

在达特茅斯和杜克大学医学院受训的美国儿科医生和精神病学家丹尼斯·纳格尔（Denise Nagel）谈论了在 2005 年被诊断出患有自身免疫性疾病后接受气功治疗的经历。"让我说得清楚一点"，纳格尔博士说，"对我来说，这不是中药和西药之间的选择，而是选择有效的方式。我每天都修炼气功或太极，我把它当作一种治疗的药。"根据她自己修炼气功的经验，她认为气功的好处如下：

> 让心灵平静，身体平静，让疗愈成为可能。通过简单的姿势和平衡动作加强肌肉。柔和和轻负重的运动有助于平衡训练，并对骨密度有好处。达到放松的精神状态可以减少压力。[16]

健康和幸福的好处来自于支持身体恢复平衡和心理平衡的自然倾向，也来自于温和地逐步加强肌肉和关节的力量、灵活性和平衡性。

自然沉浸

哈佛大学自然学家 E. O. 威尔逊（E. O. Wilson）是提出进化论假说的众多科学家之一。该假说认为，大自然具有调节恢复能力[17]。他指出，我们与自然有一种天然的联系，这种联系镌刻在我们的生物遗传基因中。先锋环境学家雷切尔·卡森（Rachel Carson）用更诗意的措辞写道："那些思考地球之美的人，发现了力量的储备。只要生命持续，这些力量就会持续下去。在反复重复的自然演化中，我们很确定，里面有一种无限的调节治愈能力，就像我们能确定黎明总出现在夜晚之后，春天出现在冬天之后那样"[18]。

我们需要在自然中多少时间才能留意到它的积极作用？有一种标准是说，每月 5 个小时足以改善情绪、活力和恢复的感觉[19]。这相当于每天 15 分钟，一周 5 天。好在这可以在城市公园里完成，效果也像在森林里或草地上一样，即使在一个有铺好的小路且能听到街道噪音的公园里也可以。

下面是开始自然沉浸正念方法的步骤[20]：

1）在大自然中找到一个地方。一直走，直到你找到一个适合站立或坐的地方为止。那里最好有一块岩石、一根木头、草地或小路。

2）聆听。聆听你周围自然的声音。当你开始倾听，就能够听到一开始听不见的那些声音了。

3）感受。有风在吹还是无风？专注于身体的感觉，以及它如何诠释周遭的事物或与周围的事物互动。

4）看。用同样的方式对待你在周围看到的东西。可以从附近的一棵树或吸引你眼球的某个物体的活动开始。当你看一棵树的时候，注意看它的树皮，沟纹之间有什么？研究它的叶子、形状、质地，以及它们是如何挂在树上的。

5）融合。"当阳光照耀树木时，自然的宁静将会涌入你的心田。风会把它的清新吹进你的身体，风暴会给你力量，而烦恼会像秋叶一样飘落"，20世纪初的美国自然主义者约翰·缪尔（John Muir）这样写道[21]。

越来越多的科学研究证明，与自然相连接是有益处的[22]。当代关于这些行为的研究提到的一些好处包括：全面改善健康[23]；减轻压力[24]；减少负面情绪（例如，减少恐惧和愤怒）[25]；强化积极的情感[26]；改善情绪和提高主观幸福感[27]；感受快乐和喜悦[28]；感受重新自我连接[29]；建立团队的亲密关系[30]；增强社区意识、亲密关系、平等性、归属感和同理心[31]；拥有更强的方位感[32]；提高创造力、认知流和解决问题的心态等一系列认知能力[33]。

在量子领导力项目研究过程中，每次采访商业领袖时，与自然的连接是一个反复出现的话题。以下是可持续食品实验室（Sustainable Food Lab）的联合创始人兼联合执行官哈尔·汉密尔顿（Hal Hamilton）的看法：

> 身处自然环境是我生命中的一条长期主线。当我还年轻的时候，我有两个小孩，经营了一家农场。事情太多了，我每天要认真工作很长时间。我经常去一个地方，就在我挤牛奶的那座小房子的外面，遥望起伏的山丘上的一个个农场。我会张开双臂，全身心地呼吸，感受深度的放松和与自然的连接。

这一观点与农夫诗人温德尔·拜瑞（Wendell Berry）的诗"野外的宁静"（The Peace of Wild Things）中的诗句相呼应。

> 当对世事的绝望在我心中升起
>
> 当我在寂静的夜里醒来
>
> 担心我和孩子们的生活可能会怎样
>
> 我就出门去找个地方躺下，在那里
>
> 野鸭悠闲地漂浮在湖面，大苍鹭正在觅食
>
> 我融入野外的宁静中
>
> 大家都不必为未知的明天担忧
>
> 我面对宁静的湖水
>
> 我感觉到头顶上耀眼的星空
>
> 它的光芒与我同在
>
> 那一刻
>
> 我在世界的恩典中休息，感觉到自由。[34]

瑜伽

瑜伽在本质上是身体和心灵的连接（"瑜伽"一词来自梵语的动词"*yuj*"，意思是"结合"）。当我们的身体状态不完美时，会导致精神上的不平衡（Chittavritti），这可以通过修炼瑜伽来克服。它也被描述为"个体自我"与"宇宙自我"的结合[35]。瑜伽目前在西方广为流传，但人们常常遗忘了它的真正目的，仅仅把上瑜伽课当作健身训练的一个部分。瑜伽教练有时展示了一种理想化的身体素质或美的概念，但这种小我的诉求不应是瑜伽的主要追求，因为我们修炼瑜伽的目的显然不是为了让身体变得更柔软——哈他瑜伽

（Hatha）只是一种形体姿势，还有阿南达（Ananda）、阿努萨拉（Anusara）、阿斯汤伽（Ashtanga）、高温（Bikram）、艾扬格（Iyengar）、克利帕鲁（Kripalu）、昆达利尼（Kundalini）、维尼瑜伽（Viniyoga）、流瑜伽（Vinyasa）等其他形体姿势。

瑜伽本质上是一种整体性的练习，但它在精神方面的修炼经常会被忽视。因此，你需要找到一位瑜伽导师。明确修炼瑜伽的理由可以帮助你找到适合的老师。瑜伽的基本原理被描述为八个"分支"：*yama*（同情心、真理、欣赏、节制和非物质主义）；*niyama*（纯洁、满足、热情、学习和直觉）；*asana*（身体姿势，净化身体，为冥想做准备）；*pranayama*（调息）；*pratyahara*（控制感官，专注内在）；*dharana*（集中思想）；*dhyana*（冥想）；*samadhi*（控制思想，静谧，极乐）。虽然我们通过身体的修炼来步入瑜伽的大门，但体式练习只是瑜伽的其中一种方法。瑜伽体式的修炼是实实在在的、可衡量的（和心灵的平静不同），因此这个方法很适合初学者。"当你用瑜伽的姿势和调息的方式打开身心时，就会更容易地接受平静内心带来的愉快和深刻的体验。"[36]

如前所述，我们建议你首先找到一个合格的瑜伽导师。不过，如果你想自行开始，这里有四个开始修炼瑜伽的、非常基本和通用的步骤：

1）学会有效地呼吸。学会在保持瑜伽姿势的同时呼吸，包括基本的三段式呼吸调息。练习时，要通过鼻子和腹部进行呼吸。

2）从一个简短的正念冥想开始。以一个简单的或舒适的姿势坐下。花几分钟的时间集中注意力，专注于你的呼吸。你也可以设定一个意向或目标，以冥想来开始修炼。

3）遵循初学者的系列体式。按照基本的瑜伽姿势顺序或以下简单的体式顺序进行：坐姿转体、猫式、犬式、下犬式、婴儿式、眼镜蛇式、山式、三角式、下屈式。

4）大休息结束（放松体式）。总是用大休息结束你的瑜伽练习，用 5～10 分钟的时间躺在地上，有意识地放松你的身体。一些修炼者建议在大休息之后做一次短暂的打坐冥想，让你的瑜伽练习变得更完整。

瑜伽已被证明的好处包括减轻压力、减少焦虑、改善生活质量、降低皮质醇水平（这个与抑郁有关）、减少慢性疼痛、改善睡眠质量、增强柔韧性和平衡性，以及增加肌肉力量[37]。科学研究明确表明：瑜伽可以促进身心健康。只需要每周练习几次，就能看出明显的效果。

慈心禅冥想

慈心禅冥想，在第 6 章中第一次提到，这是一种冥想练习，人们通过简单地重复一些咒语向他人表达善意、仁慈和温暖。在佛教中，它被用来培养无私或博爱的心理习惯。佛教经文《法句经》中说道："仇恨不能与仁爱共存，如果被基于仁爱的思想所取代，仇恨就会消散。"慈心禅冥想通过系统培养"带着爱接纳的特质"这一自我心理治疗的过程，带来积极的变化"——这是一种治愈困扰的方法，使心灵从痛苦和困惑中解脱出来。在佛教传统中，慈心禅冥想是一系列冥想中的第一步，它能产生四种爱的品质：友善、同情、欣赏的喜悦和平静。友善的本质表现为伸出手拥抱他人的温暖。慈心禅冥想产生同情，这是感恩、喜悦和平静的基础与前提[38]。

今天，慈心禅冥想已经成为一种世俗的修炼，而与任何一种灵性传统无关了。它在世界各地的不同文化传统中被广泛使用和研究。慈心禅冥想的咒语有好几个版本。第一个版本侧重于和自我相关的爱与善意：

- 愿我能够慈爱友善。
- 愿我能够和平安宁。
- 愿我远离身心之苦。
- 愿我能够心怀慈爱。

第二个版本关注我们生活中的某个人。这个人可以是我们深切关心的，可能是我们未曾相处过的，甚至只是短暂遇到的，比如路遇的一位流浪汉：

- 愿你能够慈爱友善。
- 愿你能够和平安宁。
- 愿你远离身心之苦。
- 愿你能够心怀慈爱。

慈心禅冥想的第三个版本旨在向宇宙众生普遍传递慈爱：

- 愿众生能够慈爱友善。
- 愿众生能够和平安宁。
- 愿众生远离身心之苦。
- 愿众生能够心怀慈爱。

要开始慈心禅冥想练习，可以采取以下步骤：

1）闭上眼睛，舒舒服服地坐下来，尽量放松身体，伸直脊椎，通过呼气和吸气让意识沉静下来。

2）在整个冥想过程中闭上你的眼睛，将你的觉知转向内在。

3）不要紧张也不要专注，只要放松地、温和地（不要勉强）重复诵读之前的任何一种慈心禅咒语。

慈心禅冥想已经被证明能增加积极的情绪（如愉悦、快乐和满足），能显著提高个人的调节适应能力和生活满意度[39]。它可以帮助加强或改善我们与他人的关系，同时培养更多的情商和幸福[40]。在我们向研究生教授慈心禅冥想的体验中，这一练习经常被描述为所有已知练习中最让人感动、最能让人转变的体验之一。有趣的是，大约有一半的学生选择与他们合不来的人作为他们练习慈心禅冥想的对象，发现传递这样一种个人的带着爱的想法可以缓解他们对于这个关系的焦虑，并让他们自我感觉更好。

艺术和美学

我们很早就认为人类对美的热爱是一种与生俱来的本能——这是对自然环境、对有吸引力的事物和对威胁的反应，由我们的社会环境、文化传统和情欲所决定的[41]。美与我们的整体体验有关。心理学家罗洛·梅（Rollo May）说："美给我们一种神秘感、一种祥和感，同时又是一种兴奋感；总之，美强化了我们的存在感。"[42]

希腊语单词"*aisthesis*"的意思是"与感官有关"。感官是我们通向世界的大门，是我们在世界上存在的方式。我们用"审美"（aesthetic）与"麻醉"（anesthetic）形成对比，"麻醉"使我们麻木和死亡。这种敏感的感官体验使我们能够超越科学术语来看待这个世界，或者超越将其视为满足我们消费欲望的资源组合。瑞士科学家和艺术家保罗·尼尔（Paolo Knill）将我们对美的反应能力作为一种审美责任，这是对生活之美的一种道德使命，也是作为人类存在的一个根本[43]。纳瓦霍语"*hozho*"翻译为"美"，它在纳瓦霍圣歌中经常出现，它唤起了在美中行走的祝福，与美同行，美在自己的前方、后方、上方和内在。"*Hozho*"还意味着和谐、善良和完整。对于纳瓦霍人来说，美不仅仅是一件东西或一个人。美是与其他人、与所有生命的共存关系，通过接受、呼吸和用心等基本的审美反应来实现[44]。

这本书重复的主题是我们每个人都拥有创造的潜力。艺术家兼艺术治疗师史蒂芬·莱文（Stephen Levine）将这种创造的潜力描述为我们存在的基础[45]。因为人类的经验是以感官体验为基础的，我们被驱使去创造、塑造并模式化对世界的感官反应。这种模式化的体验是对生命的一种关怀。艺术创作被视为一种创造性想象力和具体体验相结合的主要的探究方式。艺术，在被当作一种表达方式时，它提供了一条路径，让我们在这个世界上有更完整的存在和存在着的经验。

富有表现力的艺术是个人发展和积极变化的有力途径。通过艺术表达是解决人类苦难问题、建立社区和促进变革的有效手段[46]。有史料记载以来，人类就开始唱歌、跳舞、创造形象、制造艺术品并从事充满艺术气息的仪式和典礼。

下面是一个练习，你可以单独完成，也可以在小团体中使用，还可以在与引导者一起静修时使用。这个练习的目的是探索艺术如何塑造你的视角和影响你的存在方式。

（1）选择一件艺术品。

（2）慢慢来欣赏。

（3）注意它对你身体、心理、情感和精神的影响。

（4）用动作而不是语言来回应，比如跳舞或作画。

（5）写下你的经历并与其他人分享。

（6）想一想，如果艺术品会说话，它会对你说些什么。你甚至可以给它起一个名字。逐字听，它是如何跟你说话的？

从事艺术活动的治疗效果存在于它不同的方式中，并由专业的艺术治疗师来突出效果，包括拥抱惊喜、欣赏差异和培养信任。人类对世界的丰富多彩和美好感到敬畏。通过艺术和创造性的审美过程来探索世界，可以增强我们的好奇心，增加思维的灵活性和意识的开放性。通过探索艺术语言的不同表述，一个人能够以对美和多样性的欣赏方式，对与诸多不同的人和以不同的方式存在于这个世界上而感到真正的自在。相信艺术的过程会教会我们相信自己。个人安全感则会增强我们对他人的信任。

借助于艺术和美学的个人表达是穿越危机、寻找新的意义和可能性的一种方式。重新创造我们在世界上的身份和存在方式。例如，弗里达·卡罗（Frida Kahlo）在她的自传中所叙述的，在经历了一场让她卧床多年的事故后，她通过艺术存活下来，通过绘画熬过了这段过程。绘画是她表达和化解痛苦、苦难、恐惧和欲望的方式。当我们崩溃、遭遇危机、沮丧甚至是绝望的时候，艺术是一种能够清晰地表达我们的情感和思想的资源。它为我们提供了一条出路，借以宣泄和重塑自我。"如果我们可以放弃以前的身份，进入虚空的体验，那么新的存在方式就可能会出现。"[4]

欣赏式探询

欣赏式探询（Appreciative Inquiry，AI）是一种完全不同的系统层面的改变方法。它基于一种新的看待世界的方式，一种建立在一个大整体内的力量和关系之上的方法，而不是通过因果分析的还原论方法。欣赏式探询特别适合于战略利益相关者多样化的、复杂的商业挑战。美国海军、联合国、沃尔玛、惠普、麦肯锡和美国乳品业等不同的组织都在使用这种方法[48]。

现在，我们为商科学生和管理人员以实践为基础介绍一下欣赏式探询。关于欣赏式探询对于企业繁荣发展的有效性的理论假设和应用研究已经在其他地方进行了呈现[49]。其重点是，欣赏式探询关注优点的力量，而不是缺点。它采用一个探询的过程，在整个系统中建立合作的能力，让所有关键的利益攸关方的声音都能被听到。欣赏式探询峰会的方法是为自我管理小组设计的，规模可扩展到 1 000 人（在某些情况下甚至更多），会议为期三天甚至更长。

以下问题构成了欣赏式探询练习的入门基础。作为组织变革过程的一部分，它们必须按顺序被提问（A 向 B 问三个问题，然后 B 向 A 问同样的问题）[50]：

（1）在领导积极变革或协作创新方面，你最重要的时刻是什么时候？分享这个故事。该计划中最令人难忘的部分是什么，包括挑战、创新和见解？反思成功的根本原因。三个你最好的品质或特别的优点是什么？

（2）你的组织中的人在什么时候感到最投入、最充满激情？分享你对组织成员感觉最有激情和联系紧密的时刻的观察。你能分享一个热情的团队、伟大的创新、高度的参与或非凡的表现的例子吗？你的组织的标志性优势是什么？假设你的组织在未来将发生变化，那么你希望保留或增强哪些品质或标志性优势，即使它已走向了一个新的未来？请举出几个例子以解释这些能力的具体表现。

（3）考虑你的组织在未来十年中可能会变成什么样子，你脑海中浮现出的关于非常令人向往的未来的强大图像是什么？假设我们在 2030 年醒来：你看到了什么是新的，不同的，改变的，更好的。

最好是本着探索的精神提出这些问题。提问的目的是为了探究和增强能力、愿景、机遇和期望的结果。

欣赏式探询不仅是一种峰会的方法，也是一种全新的看待世界的方式，它可以用于我们所有的关系和沟通。欣赏式探询可以为复杂的多利益相关者动态提供新的见解，建立强大的关系，并通过运用整个系统的集体智慧来激发超乎寻常的创新能力。更重要的是，它使得那些有冲突和对抗关系的成员也能采取一致的行动[51]。

团体和系统层面的练习

社区层面的仪式和练习是为了将社会重塑为一个整体，具体包括世界咖啡、欣赏式探询峰会和团队练习，旨在激发社会项目的创造力和活力。

为列举一个关于社区层面的练习案例，我们要回到艺术和美学的世界。在小组环境中创作艺术为参与者提供了与其他人分享自我的机会。艺术作品的呈现让艺术家和小组内其他人都能真正地展现自我。建立社区是一项重要的艺术能力[52]。整个团队共同创造的过程，给参与者提供很多机会去感受领导和跟随、给予和接受、创造和放手。以下是开始团体艺术练习的一些简单步骤：

1）在设置小组的背景下进行艺术实践，在一块硬纸板上从一侧到另一侧画一条线。这是你的生命线。

2）在线的上下方是你生命中不同阶段的最高峰和最低点。用直觉来画一条线代表你从出生到现在所经历的起起落落，并想象你未来十年会是什么样子。

3）现在，在每个阶段绘制一个符号，来代表有意义的事件、人物、地点和对象。

4）在同一张或另一张纸上，用艺术的形式再画一条你的生命线，你可以使用任何你想用的材料。

5）首先在两人小组中分享感受，然后再与整个小组进行分享。

让自己的艺术作品被别人欣赏和尊重，这种经历能够改变人生，提供具有变革性的洞察力和清晰度[53]。艺术作品有一种神秘的力量，使它不仅是知识的产物，它总是比口头所能表达的拥有更多的内涵。

我们采访的一位高管哈尔·汉密尔顿（Hal Hamilton）谈到，将不同的练习相结合，将领导者转变为世界福祉代言人的群体层面的参与者：

　　我们（在组织中）最有效的长期经验是，把人们分成小组。我们确保每个小组都是多元化的，包括企业、非政府组织、政府、农民及其他人。我们会把他们集中组织起来，花至少几天的时间参加实地考察和访问。我们让大家写很多日记、静默，并对特定的问题进行反思。在每次访问之后，我们会让大家就一些简单问题分享一个答案，关于他们注意到了什么、是什么让他们感到惊讶、是什么激励了他们、是什么让他们担心。最后，他们发现大家的所见所闻有如此多不同的角度……有一种方法可以让人们以尊重为基础分享他们看待事情的不同视角，分享他们接受和解释的不同数据。他们还逐渐发现，在这些不同的访问、观察和对话中存在共同的人性。很长一段时间以来，我一直在想，让人们体验到他们对同一件事的不同看法，这在心智模式方面是多么重要的一课。让拥有完全不同看法的人达成某种共识真的是一件很有趣的事，通过一遍又一遍地分享这些体验，当然也包括分享一起旅行的感受：疲惫地坐在货车里，在乡下的道路上颠簸，以及其他的一些事情。人们会感觉身体也在发生变化，因此，他们对于某种方式——人性的方式，更乐于接受。正是在这2~4天的旅程中形成的人际关系，让乐施会（Oxfam）之类的组织成立了一些专项项目，来改善不同地方小农户的生活。如果那些观点完全不同的人没能发展他们的人际关系，不明白差异背后存在的一些共性，即某种相互关爱，这是不可能发生的。

在我们对量子领导者的访谈中，团体层面的实践活动从内部和外部连接团队与组织的这一价值是一个反复出现的主题。

……

意识是资本之母，而正念修行是我们深入研究人性和发展人际关系技能、寻找人生目标的大门。意澄量子领导力中心和音昱为正念修炼提供了一个完整的学习系统，使我们能够平静、转变意识。这些修炼的目的是使内部意识和外部意识保持一致，并允许其以创造性的形式表达出来。它是一个涵盖修身、齐家、社区建设并最终达到宇宙和谐的终身学习旅程，它唤醒了人类爱的本性和不断进化的自我。这样的学习项目是一个在自我（心灵—身体—精神）、家庭、组织和人性的完整系统中重新连接、重组框架、重组技能和再次更新自我的过程。

结论

我们大多数人每天都被一大堆关于环境日益恶化、世界冲突加剧的故事所困扰。从粮食危机、公共卫生危机到日益严重的收入不平等、社会分裂和生态破坏，每周 7 天每天 24 小时的新闻报道都在揭露负面消息。在这些现象背后有着更深层的故事——关于我们是谁和世界的本质的故事，很多迹象表明这些故事已经不再符合我们的需要了。我们迫切需要一种新的叙事，来取代当前利润最大化、无休止的增长、物质消耗、彼此和后代子孙之间缺乏关心的故事情节。

这本书从头到尾都在强调，意识是决定我们会成为谁、我们如何对待他人和自然的最有力杠杆。我们展示了意识转换如何成为解决本地和全球变革的最有效工具。

在意识的光谱中：一端是割裂和自私，另一端则表现为整体连接性和关爱。这两个极端对立面比以往任何时候都更加相互冲突，隐含了一场萌芽中的科学革命，它暗示着对人类存在意义和现实本质的全新的根本性的理解的到来。接下来的两段总结了这些对立的描述。

一种割裂和自私的意识。 过去 300 多年来，无论自然科学还是社会科学都告诉我们：个体是割裂的、自私的、效用最大化的、没有精神意识的独立存在；我们置身于一个冷冰冰的、机械的、由物质构成的宇宙中，服从重力和电磁力定律，最终走向无意义的灭亡。这样的描述在牛顿物理学、笛卡尔二元论、达尔文主义的生物进化论、约翰·斯图尔特·米尔（John Stuart Mill）的效用理论及威廉·斯坦利·杰文（William Stanley Jevon）关于经济行为的数学定律等理论中，有着悠久而清晰的脉络。

一种整体连接性和关爱的意识。 自然科学和社会科学的新发现表明，我们彼此之间深深地联结，这不是一种隐喻，而是通过能量场和信息场呈现。量子物理学揭示了在最微观的现实层面上发生的量子纠缠和非定域性特征。量子生物学和表观遗传学表明，这种整体连接性被延伸到了生命的层面。越来越多的研究表明，意识可能是宇宙的场属性，而不是大脑活动的局部性结果。在社会科学中，关于社会和自然环境的积极心理学和新经济理论的迅速兴起，强化了一种关系性的人生观。

这些完全不同的描述不仅是关于科学竞争的。它们塑造了我们的思想，并最终塑造了我们的生存和行为方式。在日常生活中接受正念和直觉训练的领导者，随着时间的推移，可以提高自身的联结意识。他们之所以能够走向繁荣，是因为他们的本性，而不仅仅是为了经济利益。提升意识觉悟的练习活动使我们能够利用宇宙的能量源，那是巨大的创造力和关系智慧的本源，能够将进化推向繁荣。这一结果对于商业来说是必需的，因为文明正在经历着巨大的飞跃和快速的变化。

商业最重要的是能够创造财富，财富的定义很广泛，不仅是金钱，还包括物质财富、关系财富、情感财富和精神财富，并能够为人类服务。对于身为整合者的领导者最全面的表述是能作为一位智慧的企业家，能激发创造力和协作精神，并服务于全人类。量子领导者会采取"中道"，避免别人的责备和评判别人，放下过去，表现出同理心和同情心，同时对新兴的未来持开放态度。量子领导者在帮助其他人提升领导力的旅程中，自己也得以成长。

关注的焦点已经从早期创业资本主义的铁腕老板到孤立运行的官僚主义，到使用"胡萝卜加大棒"机制来激励他人的管理层，再到前进一大步转变为基于完整性和关系智慧追求持续繁荣的人。今天的挑战比以往任何时候都更大，因为今天的社会政治和经济结构不再具备我们经历破坏时所需的凝聚力。有必要提高企业领导人的整体连接性意识，并增强他们的更大使命感，使他们具备在长期动荡的时代取得成功所需的适应能力和直觉技能，只有这样才能够使他们的员工也同频追求为繁荣服务的商业目的。

因此，量子领导者的一项关键任务就是激励他人有效地应对快速且不连续的变化。他们必须培养识别变化和适应变化的能力，以创造积极的经济、社会和环境价值。在最根本的层面上，这需要更高的整体连接性意识，以便从一个广阔的、关联的、充满爱心的视角来看待世界。

量子领导者经常受到系统性阻力的挑战。当变化是唯一的常量时，学习是终极的工具时，现有的组织结构和流程会惯性地维持现状，成为进化的障碍。诀窍是超越仅强调概念理解的分析认知方法。从整体的角度管理变化，需要通过直觉的体验进行具体学习，除了技术技能之外，还要建立关系和精神智慧。

量子领导者必须具有创造性和战略性，具有好奇心和开放的头脑，必须主动地领导和管理变革，在市场和竞争中保持前瞻性。他们必须进行富有洞察力的分析，以预测变化，能够制定创新的战略和商业模式，并能够进行整合来执行这些战略。他们必须积极主动，能够在保持谨慎的同时推动战略思维。他们还要能够在前线进行指导。为做到这一切，他们必须建立一种组织文化，在这种文化中，整体连接性练习是企业"做事方式"的一部分。

无论是通过曹慰德先生的个人故事和他的组织的进化历程，还是通过以小型案例研究的形式呈现的 16 家典型公司，或是证实量子领导力模式效果的实地研究，抑或是整体连接性科学，你现在都已经看到了：日常练习可以帮助领导者和组织将他们的意识从分离与自私转变为整体连接和相互关爱。从冥想到在大自然中行走，从音乐到运动和祈祷，这些活动都有助于平静我们的五种感官，减缓大脑的分析性认知。它们有助于培养关于我们的行为如何影响他人和子孙后代的更广泛认知和更深刻的意识。

整体连接性意识改变了我们的思考和行动方式。我们变得更有同理心和同情心。当我们把自己看作是自然界不可分割的一部分，而不是与之分离时，我们就会更加习惯新的意识想法。我们的行为不仅影响他人，而且会影响地球上所有的生命。

通往量子领导的道路首先是一条体验性的道路。这并不是仅仅通过概念学习来实现的。正念，是唤醒整体性体验的大门。它涉及心—身—灵的连接，而不单单是大脑。成功的量子领导者通过寻求积极的社会影响而找到更大的目的和意义。

重点是，我们的意识受科学、自己的价值观和信念的影响，为我们的日常行为所塑造，是讲述我们是谁及我们所生活的世界本质的故事基础。这些故事反过来又决定了我们在商业和生活中所采取的行动。

附录

整体连接性练习的
分类方案

I. 临在练习

A. 冥想和沉思练习：这里包含了许多来自世界上主要精神传统的冥想和沉思修炼，以及广泛流传的一些世俗修炼。所有这些修炼都或多或少地强调安静、具象化意识、不依恋的、同情他人以及与自然的和谐。

1. 世俗修炼

a）沉思时间（花时间"融合"）

b）完形（Gestalt）感官意识

c）工作场所的正念修炼

    Ⅰ. 使用冥想室

    Ⅱ. 在会议前安静片刻

    Ⅲ. 休息或用一段时间来反思

d）正念减压（MBSR）

    Ⅰ. 身体扫描

    Ⅱ. 慈心禅冥想

    Ⅲ. 自我同情和对他人的同情

    Ⅳ. 促进创造力发展的正念

    Ⅴ. 正念饮食

    Ⅵ. 正念工作

    Ⅶ. 与他人的正念关系

2. 来自世界上主要宗教和精神传统的修习

a）基督教传统的修习，如沉默冥想、祈祷和月度集会

b）犹太教传统的修习，如哈西德（Hasidic）修习和卡巴拉赫（Kabbalah）

c）伊斯兰传统的修习，包括苏菲派（Sufi）的修习

d）从印度教传统中发展起来的修习，从瑜伽〔如哈他、艾扬格、流瑜伽和坦陀罗（Tantra）〕到超越冥想

e）从佛教精神传统中发展起来的修行

　　Ⅰ．从小乘佛教发展而来的修习：三摩地、观出入息和内观修行

　　Ⅱ．从大乘佛教发展而来的修习：禅宗修行，如打坐和心印

　　Ⅲ．从密宗发展而来的修习：大圆满、阿提瑜伽

f）道教禅修，包括气功和太极

B. 身体练习：就像演员运用身体一样，通过不同的身体工作来内化身体训练方法，以促进身心灵的整体变化。通常包括一系列的形式和姿势，它们随着时间的推移被重复和完善。

1. 身体意识练习

a）哈科米（Hakomi）心理疗法

b）指压（Shiatsu）按摩

c）颅骶（Craniosacral）疗法

d）健康的姿势和运动

　　Ⅰ．罗尔芬结构整合（Rolfing）

　　Ⅱ．身体情绪释放疗法

　　Ⅲ．戈卡莱方法（Gokhale Method）

　　Ⅳ．零平衡

2. 主动具身性练习

a）东方主动具身性练习（也与冥想和沉思修行重叠）

  Ⅰ. 瑜伽

  Ⅱ. 气功（中国）

  Ⅲ. 净灵（Jorei，日本）

  Ⅳ. 大圆满（Dzogchen，藏语）

  Ⅴ. 武术（多种）

b）西方主动具身性练习（运动性的）

  Ⅰ. 团队运动，如足球、篮球和板球

  Ⅱ. 个人娱乐运动，如长跑（公路和小径）、骑自行车、游泳和举重

  Ⅲ. 个人竞技体育项目，如田径跑（体育场内）、跳跃、投掷（如标枪和铁饼）

  Ⅳ. 户外社区活动，如水上活动、跑步游戏（如 rarahipari/Tarahumara，印第安语）、狩猎和钓鱼

  Ⅴ. 室内社区娱乐，如电子竞技［如英雄联盟/LOL 和刀塔（Dota）］

C. 自然实践活动

1. 自然沉浸

a）坐在或待在户外（个人、人际、团队和家庭层面）

b）森林浴（个人、人际、家庭、团队和组织层面）

c）徒步旅行/步行（个人、人际、家庭、团队和组织层面）

d）野外团建（团队层面）

2. 园艺（个人、人际、群体和家庭层面），包括野外疗养

3. 观察和照顾非人类生命形式（动植物群）

D. 美学与艺术实践活动

1. 感受或接受一种艺术或审美体验

a）听音乐

b）观看展览/戏剧/电影

c）感官之旅

2. 创作或表达一种艺术或审美体验

a）演奏音乐：

　　Ⅰ. 演奏乐器（个人和团体级别）

　　Ⅱ. 爵士乐队（团体级别）

　　Ⅲ. 合唱团（团体级别）

　　Ⅳ. 鼓乐（团体级别）

b）跳舞：

　　Ⅰ. 自由舞蹈

　　Ⅱ. 灵魂舞动

　　Ⅲ. 冥想舞蹈

　　Ⅳ. 真实动作

　　Ⅴ. 表达性动作

　　Ⅵ. 世界舞蹈，如探戈或弗拉门戈舞

　　Ⅶ. 基督教、苏菲和其他宗教舞蹈

c）叙事练习：

　　Ⅰ. 讲故事（二人或小组级别）

　　Ⅱ. 创造性的写作

d）戏剧练习：

　　Ⅰ. 古典戏剧

　　　　Ⅱ．即兴戏剧/自发性戏剧

　　　　Ⅲ．社会大剧院

　　　　Ⅳ．日本歌舞伎剧场

　　　　Ⅴ．被压迫者剧场

　　e）视觉艺术：

　　　　Ⅰ．绘画和涂鸦

　　　　Ⅱ．用油彩或水彩绘画

　　　　Ⅲ．用黏土、木材和陶瓷雕刻

　　　　Ⅳ．摄影

　　　　Ⅴ．花艺（如插花）

E. 关系练习

1. 组织内部的关系练习

a）饮水机旁的谈话（职员闲谈）

b）家庭成员出现（如带孩子上班）

c）关爱练习（多种）

2. 组织外部的关系练习

a）社交（在组织之外花时间在一起）

b）分享兴趣/一起学习新的东西

c）练习社群（CoPs）

F. 空间/方位练习

1. 基于空间的仪式

2. 基于地点的仪式（找到能使你平静的地方）

Ⅱ. 意义建构练习

A. 反思练习： 重点是内省的过程，这些过程帮助我们理解经验和直觉并赋予其意义。作为人类，我们有一种存在主义的需要，就是把我们的经验用文字表达出来，作为一种赋予意义和理解意义的方式。

1. 内省，其反思练习包括专心或聚焦在一个图片、物体或主题

2. RAIN，即承认（Recognition）、接受（Acceptance）、调查（Investigation）和不依恋（Nonattachment），一种旨在穿越那些把你压倒的情绪练习

3. 日记，如伊拉·格罗戈夫（Ira Progoff）的强化日记方法和我们每天醒来时练习的意识流写作

4. 在小组或工作坊中进行自动写作练习，探究个体叙事中出现的内容，在小组中共享这些叙事，然后就其中对小组来说很重要的主题进行反思性对话

5. 以访谈和讲故事作为行动研究项目的基础，对收集到的故事进行定性分析，以找出共同的意义模式，以及共同的优势、关注、渴望和需求（团队和组织层面）的基础

B. 以关系/沟通为导向的练习： 重点放在关系和沟通过程上。

1. 建设性对话（团队层面）

2. 对话活动练习（团队层面）

3. 协作活动练习（团队层面）

4. 开放空间（在组织会议后让人们有时间进行开放式对话）（组织层面）

5. 世界咖啡（组织层面）

C. 构建未来愿景的练习：包括使用参与式组织发展方法进行人际层面的教练式培训。

1. 建立共同愿景的指导（团队和组织层面）

2. 欣赏式探询的过程和峰会（团队、组织和系统层面）

D. 创新/创造力开发

1. 创意写作（个人和团体层面）

2. 创新的设计思维和以人为中心的设计方法（团队层面）

3. 横向和平行思维，如爱德华·德·波诺（Edward de Bono）的六顶思考帽（团队层面）

4. 角色扮演和创造力开发（团队层面）

E. 以健康/幸福/个人发展为导向的练习活动

1. 生活教练和生活方式设计（个人层面）

2. 个人发展计划（人际和团队层面）

3. 幸福和健康计划（生物、心理、社会和整体健康模式）（团体和组织层面）

F. 以价值观为导向的做法：价值观、道德和更大的目的

1. 内部

a）横向练习：为他人服务，培养对他人的同情心，并为营造良好的关系氛围（人际、团队和组织层面）做出贡献

b）纵向练习：导师（人际层面）

2. 外部

a）社区/社会志愿服务

b）环境保护

c）拥有共同伟大目标的涉众网络

参考文献

序言

［1］ See EMRG, "Einstein Enigmatic Quote," *Icarus Falling*（blog）, June 24, 2009, http：//icarus-falling. blogspot. com/2009/06/einstein-enigma. html.

［2］ Michael Bendenwald, "Sustainability Fatigue, Disruptive Innovation and the Flourishing Enterprise," *GreenBiz*, June 20, 2013, https：//www. greenbiz. com/blog/2013/06/20/sustainability-fatigue-disruptive-innovation-and-flourishing-enterprise.

［3］ Chris Laszlo and Nadya Zhexembayeva, *Embedded Sustainability*：*The Next Big Competitive Advantage*（Stanford, CA：Stanford University Press, 2011）.

第1章 新商业意识

［1］ Milton Friedman, "The Social Responsibility of Business Is to Increase Its Profits," *New York Times Magazine*, September 13, 1970, http：//umich. edu/~thecore/doc/Friedman. pdf.

［2］ 美国环境保护署成立于1970年,同年通过了空气净化法案,次年通过了水资源净化法案。

［3］ Thomas Donaldson and James P. Walsh, "Toward a Theory of Business," *Research in Organizational Behavior* 35（2015）：183, http：//www. jamespwalsh. com/Resources/Donaldson%20and%20Walsh%20-%202015%20-%20Toward%20a%20Theory%20of%20Business-1. pdf.

［4］ 更多完整信息,详见联合国可持续发展全球目标网（http：//www. globalgoals. org.）。2016年年末,天主教教皇方济各（Pope Francis）在会见全球财富500强首席执行官期间提出,全球经济系统需要鼓励增长并更广泛地传播其价值。《美国商业资讯》新闻标题称"杰出的商界领袖和智囊团领袖就民营企业该如何协助消除贫困及创造可持续发展的世界等问题向教皇提出了解决方案"。近年来,类似的活动层出不穷,促进了商业发展。见"方济各教皇在2016年梵蒂冈《财富》《时代》全球论坛致辞",及2016年12月3日《美国商业资讯》新闻（http：//www. businesswire. com/news/home/20161203005054/en/Holiness-Pope-Francis-Addresses-Time-Inc.%E2%80%99s-2016.）。

［5］ Marc J. Epstein, Adriana Rejc Buhovac, and Kristi Yuthas, "Managing Social, Environmental and Financial Performance Simultaneously," Journal of Long Range

Planning 48（2015）：35 - 45. 这项实证研究发现,管理者"总是优先考虑商业利益,但是当讨论具体决策细节的时候,社会和环境目标的重要性得以凸显"。这些决策往往与底线要求有关,例如贿赂或供应商使用童工的情况。这些情况下,遵守法规的代价可能比行贿更高,但隐含的非道德行为风险是管理层不允许的。研究还通过实证来说明中高层管理者如何通过创新来破解经济效益与社会、环境成果之间的取舍难题。

［6］调查包含了《斯隆管理评论》针对波士顿咨询集团、埃森哲、德勤和麦肯锡的调查。

［7］2016 年联合国全球契约/埃森哲战略的一项研究表明,80% 的 CEO 表示,对以可持续发展为目标导向的承诺已经成为他们所在行业的分水岭。2016 年联合国全球契约和埃森哲战略："Agenda 2030：A Window of Opportunity", https：//www. accenture. com/t20161216T041642Z _ w _/us-en/_ acnmedia/Accenture/next-gen-2/insight-ungc-ceo-study-page/ Accenture-UN-Global-Compact-Accenture-Strategy-CEO-Study-2016. pdf.

［8］Accenture and UN Global Compact, "The UN Global Compact-Accenture CEO Study on Sustainability, 2013：Architects of a Better World," September 2013, http：//www. unglobalcompact. org/docs/news_events/8. 1/UNGC_Accenture_CEO_Study_2013. pdf.

［9］WeSpire, "The State of Employee Engagement Report, 2018," 2018, http：//www. wespire. com/resource/the-state-of-employee-engagement_qs_whitepaperqs_resource_name2018report-2.

［10］Johan Rockström, W. Steffen, Kevin J. Noone, Åsa Persson, F. Stuart Chapin III, E. F. Lambin, T. M. Lenton, et al. , "A Safe Operating Space for Humanity," *Nature* 461 ,no. 1（2009）：472 - 475.

［11］Simon L. Albrecht, "Work Engagement and the Positive Power of Meaningful Work," in *Advances in Positive Organizational Psychology*, ed. Arnold B. Bakker （Bingley ,UK：Emerald Group, 2013）, 237 - 260.

［12］John R. Ehrenfeld and Andrew J. Hoffman, *Flourishing：A Frank Conversation About Sustainability*（Stanford, CA：Stanford University Press, 2013）.

［13］See Michael Pirson, *Humanistic Management：Protecting Dignity and Promoting Well-Being*（Cambridge：Cambridge University Press, 2017）.

［14］See, for example, the Barrett shared vision and values approach. Barrett Values Centre, "Culture and Vision/Mission," https：//www. valuescentre. com/mapping-values/culture/culture-vision（accessed November 16, 2018）.

［15］Stuart Hameroff and Roger Penrose, "Consciousness in the Universe：A Review of the Orch OR Theory," *Physics of Life Reviews* 11, no. 1（2014）：39 - 78.

［16］Dirk K. F. Meijer and Hans J. H. Geesink, "Consciousness in the Universe Is Scale Invariant and Implies an Event Horizon of the Human Brain," *NeuroQuantology* 15 , no. 3（2017）：41 - 79.

［17］"An Overview of the Field of Transformation," in The Handbook of Personal and

Organizational Transformation, ed. Judi Neal（New York：Spring-erNature, 2018），3-46. 作者给出关于转型(Transformation)的一个有用且实际的定义，她提出了意识膨胀的概念。作者引用了一位撰稿人的定义："转型是一种运行范式的进化或变革，它从原来的坐标体系转变为一种新的坐标体系，体系包含了不允许、被考虑、被归因和包含关系的现实。它通常发生在我们受当前坐标体系所局限的时候：当我们无法解释所发生的事，或者不断地重复那些由于决策所造成的不讨人喜欢的麻烦和局面。"

[18] Donella H. Meadows, "Places to Intervene in a System," *Whole Earth*, Winter 1997, http://www. wholeearth. com/issue/2091/article/27/places. to. intervene. in. a. system. A second version of the article appears as Donella Meadows, "Leverage Points：Places to Intervene in a System," Donella Meadows Project, http://donellameadows. org/archives/leverage-points-places-to-intervene-in-a-system （accessed November 16, 2018）.

[19] Ray Anderson, personal communication, 2006.

[20] Meadows, "Leverage Points." 梅多斯(Meadows)还认为，存在着一个高于转变范式的杠杆点，即所谓的"超越范式的力量"。对她而言，这意味着进入未知领域、进入佛教所谓的顿悟和中国传统智慧中一直弘扬的正确生活方式。"正是基于对这种范式的驾驭，"她写道，"人们走出沉溺，生活在持续的快乐中，摧毁帝国，被锁起来、被烧死、钉死在十字架上或者被射杀，并流芳千古。"在第二部分，我们讨论这种超越范式的力量及其对企业领导力的影响。

[21] Thomas S. Kuhn, *The Structure of Scientific Revolutions*, 3rd ed. （Chicago：University of Chicago Press, 1996）.

[22] Meadows, "Leverage Points. "

[23] Peter Senge, Hal Hamilton, and John Kania, "The Dawn of System Leadership," *Stanford Social Innovation Review*, Winter 2015, https://ssir. org/articles/entry/the_dawn_of_system_leadership.

[24] Chris Laszlo and Nadya Zhexembayeva, *Embedded Sustainability：The Next Big Competitive Advantage* （Stanford, CA：Stanford University Press, 2011）, 42 – 54.

[25] Richard E. Boyatzis, Kylie Rochford, and Scott N. Taylor, "The Role of the Positive Emotional Attractor in Vision and Shared Vision：Toward Effective Leadership, Relationships, and Engagement," *Frontiers in Psychology*, May 21, 2016, http://journal. frontiersin. org/article/10. 3389/fpsyg. 2015. 00670/abstract.

[26] 管理思想的领导者和作家丹娜·左哈尔（Dana Zohar）谈到，这种创造性思维"主要源于自我的精神层面（和）来自大脑的动力系统，其功能与量子力学和复杂性科学所描述的过程和系统非常相似。Dana Zohar, The Quantum Leader：A Revolution in Business Thinking and Practice （New York：Prometheus Books, 2016）, 47.

[27] Jeremy Hunter and Michael Chaskalson, "Making the Mindful Leader：Cultivating Skills for Facing Adaptive Challenges," in *The Wiley-Blackwell Handbook of the*

Psychology of Leadership, Change, and Organizational Development, ed. H. SkiptonLeonard, Rachel Lewis, Arthur M. Freeman, and Jonathan Passmore (Chichester, UK：Wiley-Blackwell, 2013), 195 – 220.

[28] See Chapters 6 and 7 for the social and natural science defining the practices.

[29] Jonathan Porritt, "Jonathan Porritt Reviews *Designing Regenerative Cultures*," *Age of Awareness*, June 24, 2017, https://medium. com/@ designforsustainability/ jonathon-porritt-reviews-designing-regenerative-cultures-6baa2177340c.

[30] See the evidence presented in Chapter 6.

[31] 例如，N. A. Farb 和同事们进行的一项研究表明，经过八周的正念训练，通过发自内心的方式传导同情心，参加试验的人群脑岛活跃程度变得更高，(脑岛活动对于感受人类整体连接性至关重要)。参见 Norman A. S. Farb, Zindel V. Segal, Helen Mayberg, Jim Bean, Deborah McKeon, Zainab Fatima, and Adam K. Anderson, "Attending to the Present：Mindfulness Meditation Reveals Distinct Neural Modes of Self-Reference," Social Cognitive and Affective Neuroscience 2 (2007)：313 – 322. 第 6 章还介绍了其他一些临床神经科学研究的案例，涵盖各类实践活动。

[32] See also Sandra Waddock, "Integrity and Mindfulness：Foundations of Corporate Citizenship," *Journal of Corporate Citizenship* 1 (Spring 2001)：25 – 37.

[33] 参见 Peter Guy Northouse, Leadership：Theory and Practice (London：Sage, 2009). 詹姆斯·伯恩斯(James MacGregor Burns)于 1978 年出版了《*Leadership*》一书，创立了领导力研究领域。其中两项主要贡献是：从研究优秀领导者的特征与行为的研究转向领导者与其支持者间的相互影响；描述了两种形式的领导：交易型领导和变革型领导。引自 Neal, "*Overview of the Field of Transformation.*" 17.

[34] Todd Spangler, "Top 20 Most Pirated Movies of 2014 Led by 'Wolf of Wall Street,' 'Frozen,' 'Gravity,'" *Variety*, December 28, 2014, http://variety. com/2014/ digital/news/top-20-most-pirated-movies-of-2014-led-by-wolf-of-wall-street-frozen-gravity-1201388403.

[35] 联合国, "We Can End Poverty, 2015," September 2010, http://www. un. org/en/ mdg/summit2010/pdf/MDG_FS_1_EN. pdf. 生活"极端贫困"的人，最初是以每天花费不到 1 美元的标准计算，2008 年被世界银行调整为 1. 25 美元。联合国在 1995 年最初将"极端贫困"定义为"人类基本生活需求匮乏，包括食物、安全饮用水、卫生设施、健康、住所、教育和信息。" United Nations, "Report of the World Summit for Social Development," April 19, 1995, http://www. un. org/documents/ ga/conf166/-aconf166-9. htm.

[36] See the works of Richard Boyatzis, Martin Seligman, Barbara Frederickson, and Shinzen Young.

[37] Michael Puett and Christine Gross – Loh, The Path：What Chinese Philosophers Can Teach Us About the Good Life (New York：Simon and Schuster, 2016). 本书以哈

佛大学一门课为基础。它在最受欢迎的本科课程排行榜中已经排到了第三位,每次都有超过700名的学生报名。课程和书籍的流行再次引发了人们对重新认识中国古代智慧的兴趣,这些智慧基于老子、孔子、庄子、孟子、荀子、墨子等人的著作,为人们提供了关于揭秘繁荣和富裕生活方式的新见解。

[38] Jay H. Bragdon, *Companies That Mimic Nature*: *Leaders of the Corporate Renaissance*(Sheffield, UK: Greenleaf, 2016), 12 – 13.

第2章 关于曹慰德人生经历的故事

[1] 这些条约是中国在鸦片战争后,被迫分别与英国和法国签订的,条约内容对欧洲各国非常有利。《南京条约》把香港岛割让给了英国(后在1997年被收回),上海作为被迫开放的"通商口岸",逐渐成长为当时主要的商业中心。

[2] Michael Zakkour, "The China Miracle Isn't Over—It Has Entered Its Second Phase," *Forbes*, March 30, 2017, https://www. forbes. com/sites/michaelzakkour/2017/03/30/the-china-miracle-isnt-over-it-has-entered-its-second-phase/#659be3b76635.

[3] Adam Smith, "Conclusion to the Mercantile System," in *The Wealth of Nations*, by Adam Smith(New York: Random House, 1994), 715.

[4] For a complete list of the goals, see http://www. undp. org/content/undp/en/home/sustainable-development-goals. html.

[5] *Daodejing* is also transliterated as the *Tao Te Ching*. A good English-language edition is Philip J. Ivanhoe, *The Daodejing of Laozi*(Indianapolis, IN: Hackett, 2001).

[6] It is in no way patronizing to direct the curious to a quick overview titled "A Children's Picture-Book Introduction to Quantum Field Theory," by Brian Skinner, a physicist and a postdoctoral researcher at MIT. See Brian Skinner, "A Children's Picture-Book Introduction to Quantum Field Theory," *Ribbon Farm*, August 20, 2015, https://www. ribbonfarm. com/2015/08/20/qft.

[7] Johnjoe McFadden and Jim Al-Khalili, *Life on the Edge*: *The Coming of Age of Quantum Biology*(London: Bantam Press, 2014).

[8] 正如第6章所讨论的:许多新的研究表明,意识本身不是由大脑产生的,而是存在于大脑之外,以固有的量子振动频率存在于时空维度。

[9] See Chapter 6 for discussions of the emerging theories of and evidence for uni versal quantum energy fields.

第3章 组织的旅程:万邦泛亚集团的发展故事

[1] See Business and Sustainable Development Commission, "Better Business, Bet ter World," January 2017, http://report. businesscommission. org/uploads/BetterBiz-BetterWorld. pdf.

[2] See Peter Drucker, *The Landmarks of Tomorrow*(Portsmouth, NH: Heinemann,

1959）.

[3] For more on the roles of culture and sustainability in family businesses, see Joseph P. H. Fan and Chavalit F. Tsao, "Culture and Sustainability: An Analysis of the Chinese Culture and Families," Family Business Academy Research Paper No. 2016-01, October 12, 2016.

[4] Russell Brandom, "A Real Hyperloop Is Almost Here—and It's Not What Elon Musk Envisioned," *The Verge*, August 2, 2017, https://www. theverge. com/2017/8/2/16084154/hyperloop-one-test-size-speed-loop-elon-musk.

[5] Rebecca Harrington, "By 2050, the Oceans Could Have More Plastic than Fish," *Business Insider*, January 26, 2017, http://www. businessinsider. com/plastic-in-ocean-outweighs-fish-evidence-report-2017-1.

[6] Josh Allan Dykstra, "Why Millennials Don't Want to Buy Stuff," *Fast Company*, July 13, 2012, https://www. fastcompany. com/1842581/why-millennials-dont-want-buy-stuff.

[7] Marcel Proust, In Search of Lost Time, vol. 5, e Captive, trans. C. K. Scott Moncrieff and Terence Kilmartin (New York: Modern Library, 1993), 343. 确切的表述是: "真正的旅行……不是去陌生的地方, 而是通过他人的眼睛来看这个宇宙。"

[8] 乔迪·弗莱 (Jody Fry) 和埃盖尔 (Eleftheria Egel) 提供了一种精神领袖模型, 它的一种特质是将可持续性融入三重底线。他们将灵性定义为 "与人类精神品质有关, 性格核心的无形现实, 活生生的生活原则或生活气息…… 提醒我们寻找人类体验的最深维度。它是追求自我超越的核心, 也是与宇宙中所有事物相互联系的伴随感。" Louis W. (Jody) Fry and Eleftheria Egel, "Spiritual Leadership: Embedding Sustainability in the Triple Bottom Line," Graziadio Business Review 20, no. 3 (2017), https://gbr. pepperdine. edu/2017/12/spiritual-leadership.

[9] Dustin DiPerna and H. B. Augustine, eds., *The Coming Waves: Evolution, Transformation, and Action in an Integral Age* (San Francisco: Integral, 2014).

[10] Stephen R. Covey, *The Seven Habits of Highly Effective People* (New York: Simon and Schuster, 1989), 70.

[11] Willis Harman, *Global Mind Change: The Promise of the 21st Century* (Oakland, CA: Berrett-Koehler, 1998).

第4章 16家典型企业

[1] Jonathan Storper, "What's the Difference Between a B Corp and a Benefit Corporation?," *Conscious Company Media*, April 4, 2015, https://consciouscompanymedia. com/sustainable-business/whats-the-difference-between-a-b-corp-and-a-benefit-corporation.

[2] Certified B Corporation, "About B Corps," https://www. bcorporation. net/what-are-b-corps (accessed November 19, 2018).

[3] 共益公司的法律结构扩大了公司责任,包括决策要有利于社会,而不仅仅是利于股东。要成为一家经过认证的共益公司,必须接受并通过共益影响力评级系统基准审查;采用共益公司的法律框架;并签署一份投资协议书,从而使认证正式生效。

[4] 共益公司必须制作公开的年度"福利报告",用第三方标准来评估它整体的社会和环境效益。

[5] John Mackey, cited in Francesca Fenzi, "4 Ways to Become a (More) Conscious Capitalist," *Inc.*, April 8, 2013, https://www. inc. com/francesca-fenzi/4-ways-to-become-a-more-conscious-capitalist. html. See also John Mackey and Rajendra Sisodia, *Conscious Capitalism: Liberating the Heroic Spirit of Business* (Boston: Harvard Business Review Press, 2013).

[6] Otto Scharmer, "Transforming Capitalism: 7 Acupuncture Points," *Huffington Post*, April 1, 2017, http://www. huffingtonpost. com/entry/transforming-capitalism-seven-acupuncture- points_us_58e006cce4b03c2b30f6a6fa (emphasis in original).

[7] Ibid.

[8] Nedbank, "Sustainability Approach," https://www. nedbank. co. za/content/nedbank/desktop/gt/en/aboutus/green-and-caring/sustainability/sustainability-approach. html (accessed November 19, 2018).

[9] Dana Zohar, *Quantum Leaders* (Amherst, NY: Prometheus Books, 2016). See also Peter Fisk, "Haier's 'Rendanheyi' Business Model," *Gamechangers*, November 6, 2015, http://www. thegeniusworks. com/2015/11/haier-thinking.

[10] See the initiative's website, at https://aim2flourish. com.

[11] See Business and Sustainable Development Commission, "Better Business, Better World," January 2017, http://report. businesscommission. org/uploads/BetterBiz-BetterWorld. pdf.

[12] 2017 年,因为"在品牌组合策略中优先考虑可持续性",联合利华被《快公司》(*Fast Company*)评为最具创新力的公司,在 Globe Scan Sustain Ability 调查中,它连续第六年被评为全球排名第一的公司。Unilever, "Awards and Recognition," 2018, https://www. unilever. com/sustainableliving/ourstrategy/awards-and-recognition.

[13] Unilever, "The Unilever Sustainable Living Plan," https://www. unilever. co. uk/sustainable-living/the-unilever-sustainable-living-plan (accessed November 19, 2018).

[14] Dove, "Why the Campaign for Real Beauty?," https://web. archive. org/web/20070816112659/http://www. campaignforrealbeauty. ca/supports. asp? url = supports. asp&section = campaign&id = 1560 (accessed November 19, 2018).

[15] See Axe, "Is It OK for Guys … ," http://www. axe. com/us/en/is-it-ok-for-guys. html (accessed November 19, 2018).

[16] Tim Nudd, "Axe Tackles 'Toxic Masculinity' by Revealing How Deeply Young Men Struggle with It," *AdWeek*, May 17, 2017, http://www. adweek. com/brand-

marketing/axe-tackles-toxic-masculinity-by-revealing-how-deeply-young-men-struggle-with-it.

[17] See Vaseline, "The Vaseline Healing Project," http://healingproject. vaseline. us (accessed November 19, 2018).

[18] Lillian Cunningham, "The Tao of Paul Polman," *Washington Post*, May 21, 2015, https://www. washingtonpost. com/news/on-leadership/wp/2015/05/21/the-tao-of-paul-polman.

[19] Joe Confino, "Unilever's Paul Polman: Challenging the Corporate Status Quo," *The Guardian*, April 24, 2012, https://www. theguardian. com/sustainable-business/paul-polman-unilever-sustainable-living-plan.

[20] Cunningham, "The Tao of Paul Polman. "

[21] Ibid.

[22] "Company Profile for Unilever," *The Guardian*, October 11, 2010, https://www. theguardian. com/sustainable-business/profile-unilever; "Profile: Unilever PLC(ULVR. L)," *Reuters*, https://www. reuters. com/finance/stocks/companyProfile/ULVR. L (accessed November 19, 2018); Trefis Team, "Unilever's Acquisition Spree in 2015 and 2016 Could Help Boost Its Revenues and Profits," *Nasdaq*, December 30, 2016, http://www. nasdaq. com/article/unilevers-acquisition-spree-in-2015-and-2016-could-help-boost-its-revenues-and-profits-cm728080.

[23] Jay H. Bragdon, *Companies That Mimic Nature: Leaders of the Corporate Renaissance* (Sheffield, UK: Greenleaf, 2016), 23.

[24] James Murray, "How Unilever Integrates the SDGs into Corporate Strategy," *GreenBiz*, October 15, 2018, https://www. greenbiz. com/article/how-unilever-integrates-sdgs-corporate-strategy.

[25] Marcus Fairs, "IKEA Aims to Take 200,000 People out of Poverty in Massive Social Sustainability Drive," *De Zeen*, April 18, 2017, https://www. dezeen. com/2017/04/18/ikea-massive-social-sustainability-drive-production-centres-refugee-camps-jordan.

[26] Michael Holder, "IKEA Argues for Businesses to Go All-In on Sustainability," *GreenBiz*, July 7, 2016, https://www. greenbiz. com/article/ikea-argues-businesses-go-all-sustainability.

[27] "#180: IKEA," *Forbes*, September 5, 2018, https://www. forbes. com/companies/ikea.

[28] Statista, "IKEA's Revenue Worldwide from 2001 to 2018 (in billion euros)," 2019, https://www. statista. com/statistics/264433/annual-sales-of-ikea-worldwide.

[29] Woolworths Holdings Limited, "2017 Annual Financial Statements," December 2017, https://www. woolworthsholdings. co. za/wp-content/uploads/2017/12/WHL_Annual_Financial_Statements_2017. pdf.

[30] National Biodiversity and Business Network, "NBBN Partner Profile: Woolworths Holdings Limited," December 2016, https://ewt. org. za/BUSINESSDEVELOPMENT/news/

Dec%202016/National%20Biodiversity%20and%20Business%20Network%20（NBBN）%20-%20December%20Newsletter. htm.

[31] Woolworths Holdings Limited, "2016 Integrated Report," August 2016, p. 36, https://www. woolworthsholdings. co. za/wp-content/uploads/2017/12/WHL-Integrated-Report-2016. pdf.

[32] 2017 年，WSA 的南非客户满意度指数（SAcsi）超过其他所有同行。它拥有最高的品牌忠诚度得分（77. 3 分，行业平均值为 74. 2 分），最高感知值（81 分，平均值为77 分），是消费者最愿意推荐给亲朋好友的超市（Woolworths 得分为 50%，而平均值为 32%）。

[33] Ashlee Vance, "Elon Musk, the 21st Century Industrialist," *Bloomberg*, September 14, 2014, https://www. bloomberg. com/news/articles/2012-09-13/elon-musk-the-21st-century-industrialist.

[34] Christine Rowland, "Tesla, Inc. 's Mission Statement and Vision Statement（an Analysis），" Panmore Institute, August 29, 2018, http://panmore. com/tesla-motors-inc-vision-statement-mission-statement-analysis. See also Tesla, "About Tesla," https://www. tesla. com/about（accessed February 1, 2019）.

[35] Justin Bariso, "This Email From Elon Musk to Tesla Employees Is a Master Class in Emotional Intelligence," *Inc.* , https://www. inc. com/justin-bariso/elon-musk-sent-an-extraordinary-email-to-employees-and-taught-a-major-lesson-in. html（accessed December 11, 2018）.

[36] Certified B Corporation, "B Impact Report: Eileen Fisher," https://www. bcorporation. net/community/eileen-fisher-inc（accessed November 19, 2018）.

[37] www. eileenfisher. com/social-consciousness/what-we-do（accessed November 19, 2018）.

[38] Eileen Fisher, "Annual Benefit Corporation Report, Fiscal Year 2017," 2018, https://www. eileenfisher. com/ns/images/company/18s_nys_benefit_hv_R11. pdf.

[39] "Eileen Fisher," *Wikipedia*, October 6, 2018, https://en. wikipedia. org/wiki/Eileen_Fisher; Marc Bain, "For Eileen Fisher, a Leader in Sustainable Fashion, Perfection Isn't the Point," *Quartz*, April 22, 2016, https://qz. com/661315/for-eileen-fisher-a-leader-in-sustainable-fashion-perfection-isnt-the-point. For estimated 2018 sales, see Barry Sa-maha, "How Eileen Fisher's Design Work Initiative Is Effectively Strengthening Sustainability in Fashion," *Forbes*, August 28, 2018, https://www. forbes. com/sites/barrysamaha/2018/08/28/best-sustainable-fashion-companies-eileen-fisher-designwork/#4c41637d4b67.

[40] Robert Safian, "'Business as a Movement': Eileen Fisher," *Fast Company*, October 14, 2014, https://www. fastcompany. com/3036582/business-as-a-movement-eileen-fisher.

[41] Laynie Rose, "Eileen Fisher Is Growing Her Business by Reducing Its Environmental Impact," *Fast Company*, November 3, 2016, https://www. fastcompany. com/3065315/eileen-fisher-is-growing-her-business-by-reducing-its-e.

[42] Claire Whitcomb, "The Bumpy Path to the High Road," Eileen Fisher, http://www.eileenfisher. com/human-rights/the-bumpy-path-to-the-high-road (accessed December 11, 2018).

[43] 该公司对社会正义的承诺众所周知。其在整个产品生产过程中整合了可持续发展绩效,从确保材料的有机和"绿色"采购到旨在让女性感觉良好的营销和销售活动。公司流程审计的一个组成部分是:在服装行业防范人口贩卖和奴役活动。作为参与国家和全球承诺的一部分,公司还为新兴国家的妇女创造了工作机会,使其成为生产活动的参与者,帮助女性获得商业机会及担任领导的机会。

[44] 截至 2016 年, Eileen Fisher 92% 的棉花、83% 的棉布都是有机的。公司的目标是,到 2020 年两者都要使用 100% 的有机纤维。霍尔(Hall)说公司将提前完成这些目标。

[45] Certified B Corporation, "B Impact Report" (emphasis added).

[46] Lauren Effron, "How Fashion Icon Eileen Fisher Brought Mindfulness into Business with Huge Success," *ABC News*, October 5, 2016, http://abcnews. go. com/Health/fashion-icon-eileen-fisher-brought-mindfulness-business-huge/story? id = 424844. 62.

[47] Allison Engel and Margaret Engel, "Eileen Fisher Wants Those Clothes Back When You're Done," *Washington Post*, August 31, 2018, https://www. washingtonpost. com/business/economy/eileen-fisher-wants-those-clothes-back-when-youre-done/2018/08/31/cd873aea-ac58-11e8-b1da-ff7faa680710_story. html.

[48] Tata, "Tata Group Business Profile," https://www. tata. com/business/overview (accessed February 1, 2019); Tata, "About Us: Values and Purpose," http://www. tata. com/aboutus/articlesinside/Values-and-purpose (accessed February 1, 2019).

[49] Cited in mackey and sisodia, *Conscious Capitalism*, 137.

[50] Jamshedpur, "Out of India," *The Economist*, March 3, 2011, http://www. economist. com/node/18285497.

[51] Tata, "Tata Group Financials," http://www. tata. com/htm/Group _ Investor _ GroupFinancials. htm (accessed November 19, 2018); Tata, "Welcome to the Investors' Page," March 31, 2018, https://www. tata. com/investors.

[52] "Tata Group Looks at $350 Billion Market Cap by 2025," *The Hindu*, December 6, 2015, http://www. thehindu. com/business/Industry/tata-group-eyes-usd-350-billion-market-cap-by-2025/article7954691. ece.

[53] "Tata Group Records $103 Billion Revenue in FY16: Cyrus Mistry," *NDTV Profit*, July 30, 2016, http://profit. ndtv. com/news/corporates/article-tata-group-records-103-billion-revenue-in-fy16-cyrus-mistry-1437925.

[54] Kala Vijayraghavan and Satish John, "Use Tata Group's Leverage as Force Multi-plier: Chandrasekaran," *Economic Times*, July 31, 2017, http://economictimes. indiatimes. com/news/company/corporate-trends/use-tatas-group-leverage-as-force-multiplier-chandrasekaran/articleshow/59836776. cms.

［55］Sujata Agrawal，"Reaching Out to Rural India，"Tata，July 2006，http：//www. tata. com/article/inside/m73PWlDIJmU％3D/TLYVr3YPkMU％3D.

［56］David Wolman，"Want to Help Developing Countries？Sell Them Good Stuff—Cheap，"*Wired*，September 27，2010，http：//www. wired. com/magazine/2010/09/ st_essay_pennies.

［57］Tennant，"About Tennant Company，"https：//www. tennantco. com/en_us/about-us. html（accessed February 1，2019）. Research on Tennant Company in this section draws on Chris Laszlo，Eric Aheam，Indrajeet Ghatge，and Garima Sharma，"Tennant Company：Can 'Chemical-Free' Be a Pathway to Competitive Advantage？，"*Ivey*，March 19，2012，https：//www. iveycases. com/ProductView. aspx？id＝53837.

［58］ec-H2O 技术平台于 2007 年秋季在一个行业贸易展上推出。该技术被用于一系列新型的地板洗涤剂。操作员只需将水放入水箱就可以离开，其他过程将自动操作。离子活化的水会帮助清除和分解污垢，有效清洁地板表面。在该过程结束时，用户只需要处理一下脏的自来水。

［59］Karsten Strauss，"The World's Most Sustainable Companies，2018，"*Forbes*，January 23，2018，https：//www. forbes. com/sites/karstenstrauss/2018/01/23/the-worlds-most-sustainable-companies-2018/#3f615f7332b0.

［60］Cited in Luciana Hashiba，"Innovation in Well-Being：The Creation of Sustainable Value at Natura，"*Management Innovation Exchange*，May 18，2012，http：//www. managementexchange. com/story/innovation-in-well-being.

［61］Ibid. .

［62］Ibid.

［63］"The World's Most Innovative Companies. "

［64］"Equities：Natura Cosmeticos SA，"*Financial Times*，https：//markets. ft. com/ data/equities/tearsheet/financials？s＝NATU3：SAO&mhq5j＝e2（accessed December 11，2018）.

［65］Schuberg Philis，"Schuberg Philis First IT Company to Win European Antistress Award，" https：//www. com/2015/04/27/schuberg-philis-first-it-company-to-win-european-anti-stress-award（accessed November 19，2018）.

［66］Schuberg Philis，"Our DNA，"https：//schubergphilis. com/our-dna（accessed December 11，2018）.

［67］Schuberg Philis，"2017 Annual Report，"2018，https：//annualreport 2017. schubergphilis. com/article/financial-statements.

［68］"United States Steel Production［1969 – 2017］，"*Trading Economics*，https：// tradingeconomics. com/united-states/steel-production（accessed December 11，2018）.

［69］Ken Iverson，*Plain Talk：Lessons from a Business Maverick*（New York：John Wiley，1997），5，cited in Bragdon，*Companies That Mimic Nature*，51.

[70] Ken Iverson with Tom Varian, *Plain Talk：Lessons from a Business Maverick*(New York：Wiley, 1998), 98.

[71] Ross Kohan, "Nucor CEO Says Trust Is Key to Being a Great Leader," *Fortune*, October 11, 2016, http://fortune. com/video/2016/10/11/nucor-ceo-on-leadership.

[72] "Spotlight：How Will One of the World's Leading Companies Work with the SDGs?," *Global Opportunity Network*, http://www. globalopportunitynetwork. org/spotlight-how-will-one-of-the-worlds-leading-companies-work-with-the-sdgs (accessed December 11, 2018).

[73] Vicky Valet, "The World's Most Reputable Companies for Corporate Responsibility, 2018," *Forbes*, October 11, 2018, https://www. forbes. com/sites/vickyvalet/ 2018/10/11/the-worlds-most-reputable-companies-for-corporate-responsibility-2018/# 435ff35d3371.

[74] 诺和诺德公司总裁兼首席执行官拉斯·索伦森(Lars Sorensen)在 2013 年出版的《联合国全球契约报告》中强调了"普遍保障基本医疗项目"这一目标。Novo Nordisk, "United Nations Global Compact Communication on Progress, 2013," 2013, p. 2, https://www. unglobalcompact. org/system/attachments/62791/original/Novo-Nordisk-UNGC-2013. pdf? 1391584998.

[75] Aon Hewitt, 2015 *Trends in Global Employee Engagement*, 2015, http://www. aon. com/attachments/human-capital-consulting/2015-Trends-in-Global-Employee-Engagement-Report. pdf.

[76] Ed Silverman, "Novo Nordisk Becomes Second Major Drug Maker to Limit Price Hikes," *STAT*, December 5, 2016, https://www. statnews. com/pharmalot/2016/ 12/05/novo-nordisk-drug-prices.

[77] 耐克公司是一家总部位于俄勒冈州的全球公司,产品品类包括鞋类、服装和运动装备。耐克最近重新调整了自己的品牌和子品牌的销售和营销,推出了如Nike +、Nike Golf 和 Nike Pro 等新产品。它有两个主要子公司, Converse Inc. 和 Hurley International,其零售店名为 Niketown。该公司赞助了世界各地的著名运动员和运动队,其品牌口号为"Just Do It",标识为"上勾"。

[78] Kate Abnett, "Just Fix It：How Nike Learned to Embrace Sustainability," *Business of Fashion*, November 1, 2016, https://www. businessoffashion. com/articles/people/ just-fix-it-hannah-jones-nike.

[79] Ibid.

[80] Barbara Farfan, "Nike's Mission Statement," *Balance Small Business*, October9, 2018, https://www. thebalancesmb. com/nike-mission-statement-and-maxims-4138115.

[81] 例如,在 2018 年,该公司为女性穆斯林运动员发起了一次头巾设计,成为第一个为体育竞赛提供传统伊斯兰头巾的主要运动服装制造商。

[82] Nike, "Nike, Inc. FY10/11 Sustainable Business Performance Summary," 2012, p.

4，https://sbi-stg-s3-media-bucket. s3. amazonaws. com/wp-content/uploads/2018/05/14214952/Nike_FY10-11_CR_report. pdf.

[83] "Nike's LAUNCH Project Expands Search for Sustainable Materials Innovations," *The Guardian*, March 14, 2014, https://www. theguardian. com/sustainable-business/nike-launch-search-sustainable-materials-innovation.

[84] Bart King, "Nike, Gap, Target Among Founders of Sustainable Apparel Coalition," *Sustainable Brands*, March 2, 2011, http://www. sustainablebrands. com/news_and_views/articles/nike-gap-target-among-founders-sustainable-apparel-coalition.

[85] 耐克还倡导了一些其他的开源合作倡议，包括创新氛围和能源政策，一个名为"游戏变革者"（Gamechangers）的循环基金，旨在为那些生活在服务设施欠缺社区、GreenXchange 和工厂（PET）技术工作部的孩子提供可持续和安全的场所。

[86] Nike, "Nike, Inc. FY12 – 13 Sustainable Business Performance Summary," 2014, p. 4, https://sbi-stg-s3-media-bucket. s3. amazonaws. com/wp-content/uploads/2018/05/14214951/FY12-13_NIKE_Inc_CR_Report. pdf.

[87] Millward Brown, "BrandZ Top 100 Most Valuable US Brands, 2019," Ranking the Brands, https://www. rankingthebrands. com/The-Brand-Rankings. aspx? rankingID = 423&year = 1245 (accessed February 1, 2019).

[88] Corporate Knights, "Global 100 Most Sustainable Corporations 2014," *Syncforce Ranking the Brands*, 2014, https://www. rankingthebrands. com/The-Brand-Rankings. aspx? rankingID = 107&year = 748.

[89] Westpac, "Sustainability," https://www. westpac. com. au/about-westpac/sustainability (accessed November 19, 2018).

[90] David Morgan, "Speech to the Committee for Economic Development of Australia, August 21, 2000," cited in Bragdon, *Companies That Mimic Nature*, 159.

[91] Ibid.

[92] Ibid. , 160.

[93] "Deloitte Top 200: Diversity Leadership—Westpac," *NZ Herald*, November 27, 2015, http://www. nzherald. co. nz/business/news/article. cfm? c _ id = 3&objectid = 11551715.

[94] Westpac, "Ratings and Recognition," https://www. westpac. com. au/about-westpac/sustainability/news-resources-and-ratings/ratings-and-recognition (accessed February 1, 2019).

[95] Money Team, "Bank of the Year 2015," *Money*, June 15, 2015, http://moneymag. com. au/bank-of-the-year-2015.

[96] See Clarke, "Every Action, Every Person, Every Voice: The Clark 2009 – 2010 Sustainability Report," 2010, p. 2, https://www. com/filebin/PDF _ Docs/Sustainability_Reports/The_Clarke_2009-2010_Sustainability_Report. pdf.

[97] US EPA, "Presidential Green Chemistry Challenge: 2010 Designing Greener

Chemicals Award," 2010, https://www. epa. gov/greenchemistry/presidential-green-chemistry-challenge-2010-designing-greener-chemicals-award.

[98] Internal company documents provided to the authors in 2018.

[99] Jennifer Keirn, "From Pesticides to Public Health," *Beyond*, June 28, 2017, https://beyond. case. edu/articles/7OgGcm5M/pesticides-to-public-health.

[100] Ibid.

[101] Yale Office of Career Strategy, "Greyston Bakery," https://ocs. yale. edu/career-resource/greyston-bakery (accessed February 1, 2019).

[102] Ben and Jerry's, "Sweet Success: How Greyston Bakery's Good Deeds Go Beyond Baking Brownies," December 17, 2014, http://www. benjerry. com/whats-new/2014/greyston-bakery-service.

[103] Internal company documents provided to the authors.

[104] REDF Workshop, "Greyston Bakery," https://redfworkshop. org/case-studies/greyston-bakery (accessed December 11, 2018).

[105] Mike Brady and JonathanJ. Halperin, "Greyston Social Enterprise: Using Inclusion to Generate Profits and Social Justice," *B the Change*, April 25, 2017, https://bthechange. com/greyston-social-enterprise-using-inclusion-to-generate-profits-and-social- justice-6847e7ae0832.

[106] Starbucks, "What Is the Role and Responsibility of a For-Profit Public Company?," https://www. starbucks. com/responsibility/global-report (accessed December 11, 2018).

[107] Cited in Yale Environment 360, "Latin America Could Lose up to 90 Percent of Its Coffee-Growing Land by 2050," *E360 Digest*, September 12, 2017, https://e360. yale. edu/digest/latin-america-could-lose-up-to-90-percent-of-its-coffee-growing-land-by-2050.

[108] Howard Schultz with Joanne Gordon, *Onward: How Starbucks Fought for Its Life Without Losing Its Soul* (Emmaus, PA: Rodale Books), 13.

[109] Starbucks, "Our Mission," https://www. starbucks. com/about-us/company-information/mission-statement (accessed February 1, 2019).

[110] Howard Behar, with Janet Goldstein, *It's Not About the Coffee: Leadership Principles from a Life at Starbucks* (New York: Portfolio, 2013), cited in Mackey and Sisodia, *Conscious Capitalism*, 227.

第5章 量子领导力模型

[1] 正如查尔斯·狄更斯为人熟知的著作开篇,"那是最美好的时代,那是最糟糕的时代;那是智慧的年头,那是愚昧的年头;那是信仰的时期,那是怀疑的时期;那是光明的季节,那是黑暗的季节;那是希望的春天,那是失望的冬天;我们全都在直奔天

堂,我们全都在直奔相反的方向——简而言之,那时跟现在非常相像,某些最喧嚣的权威坚持要用形容词的最高级来形容它。说它好,是最高级的;说它不好,也是最高级的。"Charles Dickens, A Tale of Two Cities (London：J. M. Dent, 1914), 5.

[2] Philip Mattera, "Alpha Natural Resources：Corporate Rap Sheet," Corporate Research Project, May 28, 2017, http：//www-research. org/alpha-natural-resources.

[3] Philip Mattera, "Anthem：Corporate Rap Sheet," Corporate Research Project, September 14, 2016, http：//www. corp-research. org/anthem.

[4] CHS-Sachetan, "India：Environmental Damage Caused by Western Pharmaceutical Companies," Global Research, June 21, 2015, https：//www. globalresearch. ca/india-environmental-damage-caused-by-western-pharmaceutical-companies/5457296.

[5] Reuters in Dhaka, "Rana Plaza Collapse：38 Charged with Murder over Garment Factory Disaster," The Guardian, July 18, 2016, https：//www. theguardian. com/world/2016/jul/18/rana-plaza-collapse-murder-charges-garment-factory.

[6] Paul Mooney, "The Story Behind China's Tainted Milk Scandal," U. S. News, October 9, 2008, https：//www. usnews. com/news/world/articles/2008/10/09/the-story-behind-chinas-tainted-milk-scandal.

[7] See the initiative's website, at http：//aim2flourish. com.

[8] See the company's website, at https：//luckyironfish. com.

[9] See the company's website, at https：//bureo. co.

[10] Weatherhead School of Management, "Announcing the 2017 Flourish Prizes," May 17, 2017, https：//weatherhead. case. edu/news/2017/05/17/announcing-the-2017-flourish-prizes.

[11] Donella H. Meadows, "Places to Intervene in a System," Whole Earth, Winter 1997, http：//www. wholeearth. com/issue/2091/article/27/places. to. intervene. in. a. system.

[12] Frederick Laloux, Reinventing Organizations：A Guide to Creating Organizations Inspired by the Next Stage of Human Consciousness (Brussels：Nelson Parker,2014), 50.

[13] Center for Evolutionary Learning, The Evolutionary Leap to Flourishing Individuals and Organizations (Abingdon, UK：Routledge, 2017).

[14] See, for example, Andrew J. Hoffman, Finding Purpose：Environmental Stewardship as a Personal Calling (Sheffield, UK：Greenleaf, 2016).

[15] See Louis W. (Jody) Fry and Eleftheria Egel, "Spiritual Leadership：Embedding Sustainability in the Triple Bottom Line," Graziadio Business Review 20, no. 3 (2017),https：//gbr. pepperdine. edu/2017/12/spiritual-leadership.

[16] Chris Laszlo, The Sustainable Company (Washington, DC：Island Press, 2003).

[17] "The UN Global Compact – Accenture CEO Study on Sustainability, 2013：Architects of a Better World," September 2013, http：//www. unglobalcompact. org/docs/news_events/8. 1/UNGC_Accenture_CEO_Study_2013. pdf.

[18] John P. Kotter, "Leading Change: Why Transformation Efforts Fail," *Harvard Business Review*, May – June 1995, https://hbr. org/1995/05/leading-change-why-transformation-efforts-fail-2.

[19] Pacific Institute, "Fear-Based Leadership Is a Thing of the Past," April 16, 2017, http://thepacificinstitute. com/blog/2017/04/16/fear-based-leadership-is-a-thing-of-the-past.

[20] John M. Collard, "Show Them the Money: A Case for Incentive-Based Management," *Smart CEO*, 2016, http://www. strategicmgtpartners. com/. pdf.

[21] Laloux, *Reinventing Organizations*, 50.

[22] Ibid. These leadership characteristics correspond to the green pluralistic meme.

[23] Chris Laszlo and Nadya Zhexembayeva, *Embedded Sustainability: The Next Big Competitive Advantage* (Stanford, CA: Stanford University Press, 2011), chap. 5.

[24] Sarah Jacobs, "Just Nine of the World's Richest Men Have More Combined Wealth Than the Poorest 4 Billion People," *The Independent*, January 17, 2018, https://www. independent. co. uk/news/world/richestbillionairescombinedwealthjeffbezosbillgateswarren buffettmarkzuckerbergcarlosslimwealth-a8163621. html.

[25] See also the Leading for Wellbeing website, at http://leading4wellbeing. org.

[26] Gerald Jonas, "Arthur C. Clarke, Author Who Saw Science Fiction Become Real, Dies at 90," *New York Times*, March 19, 2018, https://www. nytimes. com/2008/03/19/books/19clarke. html.

[27] Morris Berman, *Wandering God* (Albany, NY: SUNY, 2000), 9.

[28] Barbara Dowds, "The Evolution of Human Consciousness and Spirituality," *Inside Out: Irish Association for Humanistic and Integrative Psychotherapy* 61 (2010), http://iahip. org/inside-out/issue-61-summer-2010/the-evolution-of-human-consciousness- and-spirituality.

[29] Clare W. Graves, "Levels of Existence: An Open System Theory of Values," *Journal of Humanistic Psychology* 10, no. 2 (1970): 131 – 155; Laloux, *Reinventing Organizations*; Ervin Laszlo, *The Self-Actualizing Cosmos: The Akasha Revolution in Science* (Rochester, VT: Inner Traditions – Bear, 2014); Peter Senge, Hal Hamilton, and John Kania, "The Dawn of System Leadership," *Stanford Social Innovation Review*, Winter 2015, https://ssir. org/articles/entry/the _ dawn _ of _ system_leadership; Ken Wilber, *The Spectrum of Consciousness* (Wheaton, IL: Quest Books, 2003).

[30] 本章介绍的研究借鉴了约瑟夫·利亚(Joseph Leah)和玛莉亚·穆诺兹-格兰德斯(Maria Munoz-Grandes)的博士论文。在作者的指导下,他们将本书的整体研究结合起来。他们得到了 Sook Yee Tai, Linkang Gong 和格雷斯·克雷兹(Greth Craze)的协助,还要感谢美国凯斯西储大学的风向标管理学院和 IMC 泛亚联盟的意澄学院的慷慨赞助。

[31] For more information on the mixed-methods approach to social science research, see

Charles Teddlie and Abbas Tashakkori, *Foundations of Mixed Methods Research：Integrating Quantitative and Qualitative Approaches in the Social and Behavioral Sciences*（Thousand Oaks，CA：Sage，2009）；and John W. Creswell and Vicki L. Plano Clark, *Designing and Conducting Mixed Methods Research*（Thousand Oaks，CA：Sage，2011）.

［32］本节所述的定性研究是在约瑟夫·利亚的帮助下设计的，当时他是克里斯·拉兹洛的博士生。数据收集和分析由玛莉亚·穆诺兹-格兰德斯执导。这项研究是她在克里斯·拉兹洛研究室所作博士论文的一部分。她的研究为量子领导力项目服务，她与约瑟夫·利亚一起担任研究室联合主任。这种类型的研究旨在从"过去和现在的参与以及与人、观点和研究实践的相互作用"构建新理论。它们旨在通过对访谈记录进行编码来帮助研究人员发现和理解生活体验的意义，目的是在给定主题下的现有知识体系内，形成一理论认识，并发现新的模式。Kathy Charmaz，Constructing Grounded Theory：A Practical Guide rough Qualitative Analysis（Thousand Oaks，CA：Sage，2006），10.

［33］领导人的特征描述如下：(1)性别：23 名女性，26 名男性；(2)年龄范围：35 岁以下 3 人；35 至 55 岁 29 人；55 岁以上 17 人；(3)"整体连接性意识"水平：高水平 36 人，平均水平 10 人，低水平 3 人；(4)参与具体"整体连接性练习"的人数：42 人。组织的特征描述如下：(1)组织的年收入：低于 1 亿美元 27 个；1 亿美元到 10 亿美元 13 个；超过 10 亿美元 9 个；(2)员工人数：100 人以下 31 个；超过 1000 人 9 个；(3)所代表的行业类型：服务业 32 个，制造业 14 个，零售业 1 个，其他行业 2 个；(4)地区：北美 28 个，欧洲 7 个，中国 4 个，拉丁美洲 3 个，新西兰、澳大利亚和亚太地区 7 个（总计）；(5)家族企业：7 个；(6)公认具有"更伟大目标"意识的公司：42 个。

［34］Barney Glaser & Anselm L. Strauss，"The Discovery of Grounded Theory：Strategies for Qualitative Research（Berlin：Aldine de Gruyter，1967）. "扎根理论是一种归纳思维的方法论。这是一种通用的方法。它是由系统研究发展而来的系统生成理论。它是一套严格的研究程序，旨在找出概念性的分类。Grounded Theory Institute，"What Is Grounded Theory？"http：//www. groundedtheory. com/what-is-gt. aspx（accessed November 20，2018）.

［35］Charmaz，*Constructing Grounded Theory*；Johnny Saldana，*The Coding Manual for Qualitative Researchers*（Thousand Oaks，CA：Sage，2012）.

［36］United States National Commission for the Protection of Human Subjects of Biomedical and Behavioral Research，"The Belmont Report，"April 18，1979，https：//www. hhs. gov/ohrp/regulations-and-policy/belmont-report/index. html.

［37］本节描述的定量研究由约瑟夫·利亚实施，是他博士论文的一部分，他于 2017 年 5 月在凯斯西储大学的风向标管理学院获得学位，基础研究为量子领导力项目服务，他担任联合研究主任。受访者依据性别分为 171 名男性和 151 名女性；组织级别分为 91 名老板/C 级管理人员、110 名董事/部门级经理和 121 名中层管理人

员;年龄范围分为 46 名婴儿潮一代(超过 55 岁),141 名 X 生代(36 至 55 岁)和 135 名千禧一代(35 岁以下)。

[38] Joseph S. Leah, "Positive Impact: Factors Driving Business Leaders Toward Shared Prosperity, Greater Purpose and Human Wellbeing," PhD diss., Case Western Reserve University, 2017, p. 35.

[39] Robert G. Eccles, Ioannis Ioannou, and George Serafeim, "The Impact of Corporate Sustainability on Organizational Processes and Performance," *Management Science* 60, no. 11: 2835 – 2857; Rajendra Sisodia, Jagdish Sheth, and David Wolfe, *Firms of Endearment: How World-Class Companies Profit from Passion and Purpose*, 2nd ed. (Up-per Saddle River, NJ: Pearson Education, 2014).

[40] William B. Swann, Jolanda Jetten, Angel Gómez, Harvey Whitehouse, and Brock Bastian, "When Group Membership Gets Personal: A Theory of Identity Fusion," 119, no. 3 (2012): 441 – 456; F. Stephan Mayer and Cynthia M. Frantz, "The Connectedness to Nature Scale: A Measure of Individuals' Feeling in Community with Nature," *Journal of Environmental Psychology* 24, no. 4 (2004): 503 – 515.

[41] Ante Glavas and Ken Kelley, "The Effects of Perceived Corporate Social Responsibility on Employee Attitudes," *Business Ethics Quarterly* 24 (2014): 165 – 202.

[42] Richard E. Boyatzis, Kylie Rochford, and Scott N. Taylor, "The Role of the Positive Emotional Attractor in Vision and Shared Vision: Toward Effective Leadership, Relationships, and Engagement," *Frontiers in Psychology*, May 21, 2015, http://journal. frontiersin. org/article/10. 3389/fpsyg. 2015. 00670/abstract.

[43] Ibid.

[44] 我们可以推测可能的解释。可能是高同情组织中的人员更关心人而非利润;而相反地,那些较低同情心的人则来自那些对同情心不够重视,而是将关注重点放在经济效益上的公司。事实上,正如《纽约时报》所报道的那样,这也反映了类似"亚马逊"这样的高绩效企业文化,几乎没有时间来处理工作场所中人际关系的细节问题。Leah, "Positive Impact." See also Jodi Kantor and David Streitfeld, "Inside Amazon: Wrestling Big Ideas in a Bruising Workplace," New York Times, August 15, 2015, https://www. nytimes. com/2015/08/16/technology/inside-amazon-wrestling-big-ideas-in-a-bruising-workplace. html.

[45] See, for example, Michael Pirson, *Humanistic Management: Protecting Dignityand Promoting Well-Being* (Cambridge: Cambridge University Press, 2017).

[46] Damian Carrington, "Earth's Sixth Mass Extinction Event Under Way, ScientistsWarn," *The Guardian*, July 10, 2017, https://www. theguardian. com/environment/2017/jul/10/earths-sixth-mass-extinction-event-already-underway-scientists-warn.

第 6 章　整体连接性的科学

［1］ Bum-Jin Park, Yuko Tsunetsugu, Tamami Kasetani, Takahide Kagawa, and Yoshifumi Miyazaki, "The Physiological Effects of Shinrinyoku (Taking in the Forest Atmosphere or Forest Bathing): Evidence from Field Experiments in 24 Forests Across Japan," Environmental Health and Preventive Medicine 15, no. 1 (2010): 18 – 26. 还有证据证明，如果森林浴活动是赤脚在地上（草或泥土）完成的，那么在身体和地面之间就存在离子交换（字面意义的"接地"）。这种技术被称为"接地"，是一种特殊的森林浴形式。请参阅" What Is Earthing?" https://www. earthing. com/what-is-earthing (accessed November 20, 2018).

［2］ Gregory N. Bratman, J. Paul Hamilton, Kevin S. Hahn, Gretchen C. Daily, and James J. Gross, "Nature Experience Reduces Rumination and Subgenual Prefrontal Cortex Activation," *Proceedings of the National Academy of Sciences of the United States of America* 112, no. 8 (2017): 8567 – 8572.

［3］ Nancy J. Adler, "Finding Beauty in a Fractured World: Art Inspires Leaders—Leaders Change the World," *Academy of Management Review* 40, no. 3 (2015): 480 – 494.

［4］ Edgar Schein, "The Role of Art and the Artist," *Organizational Aesthetics* 2 (2013): 1

［5］ Adler, "Finding Beauty," 482.

［6］ All-Party Parliamentary Group on Arts, Health and Wellbeing, "Creative Health: The Arts for Health and Well being," 2nd ed., July 2017, http://www. artshealthandwellbeing. org. uk/appg-inquiry/Publications/Creative _ Health _ Inquiry _ Report_2017_-_Second_Edition. pdf.

［7］ ChoirPlace, "Helene Stureborgs kammarkör," August 5, 2107, https://www. choirplace. com/choirs/1631/helene-stureborgs-kammark-r.

［8］ John David White, *New Music of the Nordic Countries* (Hillsdale, NY: Pendragon Press, 2002), 560.

［9］ Berkeley Wellness, "Singing Is Good Medicine," December 18, 2015, http://www. berkeleywellness. com/healthy-mind/stress/article/singing-good-medicine.

［10］ Mary L. Gick and Jennifer J. Nicol, "Singing for Respiratory Health: Theory, Evidence and Challenges," *Health Promotion International* 31, no. 3 (2016), https://www. ncbi. nlm. nih. gov/pubmed/25784304; Katsuhisa Sakano, Koufuchi Ryo, Yoh Tamaki, Ryoko Nakayama, Ayaka Hasaka, Ayako Takahashi, Shukuko Ebihara, Keisuke Tozuka, and Ichiro Saito, "Possible Benefits of Singing to the Mental and Physical Condition of the Elderly," *Biopsychosocial Medicine* 8 (2014): 11; Sara E. Osman, Victoria Tischler, and Justine Schneider, " ' Singing for the Brain ' : A Qualitative Study Exploring the Health and Well-Being Benefits of Singing for People with Dementia and Their Carers," *Dementia* (London) 15, no. 6 (2016): 1326 – 1339.

[11] See Anthony Kales, Chester M. Pierce, and Milton Greenblatt, eds. , *The Mosaic of Contemporary Psychiatry in Perspective* (New York: Springer-Verlag, 1992), 10. Ac-cording to this source, there are no police and no jails among the Rarámuri communi-ties. See also Christopher McDougall, *Born to Run: A Hidden Tribe, Superathletes, and the Greatest Race the World Has Never Seen* (New York: Knopf, 2009).

[12] 这项被广泛引用的大样本调研涉及了近 9000 名患者,研究发现,心脏康复锻炼与降低全因素死亡率、提高健康生活的质量呈现正相关。Rod S. Taylor, Allan Brown, Shah Ebrahim, Judith Jolliffe, Hussein Noorani, Karen Rees, Becky Skidmore, James A. Stone, David R. Thompson, and Neil Oldridge, "Exercise-Based Rehabilitation for Patients with Coronary Heart Disease: Systematic Review and Metaanalysis of Randomized Controlled Trials," American Journal of Medicine 116 (2004): 682 – 692.

[13] James W. Pennebaker and Martha E. Francis, "Cognitive, Emotional, and Language Processes in Disclosure," *Cognition and Emotion* 10 (1996): 601 – 626; LyndaJ. Dimitroff, Linda Sliwoski, Sue O'Brien, and Lynn W. Nichols, "Change Your Life Through Journaling: The Benefits of Journaling for Registered Nurses," *Journal of Nurs-ing Education and Practice* 7, no. 2 (2017): 90 – 98; Michael Grothaus, "Why Journaling Is Good for Your Health (and 8 Tips to Get Better)," *Fast Company*, January 29, 2015, https://www. fastcompany. com/3041487/8-tips-more-effective-journaling-for-health.

[14] James A. Raub 的一项研究认为:"在过去的 10 年中,越来越多的研究表明,练习哈他瑜伽可以提高身体力量和灵活性,并可能有助于控制血压、呼吸、心率和代谢率,以提高整体运动能力。"参见 James A. Raub, "Psychophysiologic Effectsof Hatha Yoga on Musculoskeletal and Cardiopulmonary Function: A Literature Review," Journal of Alternative and Complementary Medicine 8, no. 6 (2002): 797 – 812. Seealso UHN Staff, "The Health Benefits of Red Wine: Scientific Evidence Is Compelling,"UHN Daily, June 6, 2017, https://universityhealthnews. com/daily/nutrition/the-health-benefits-of-red-wine-scientific-evidence-is-compelling.

[15] Hans Hansen and Erika Sauer, "Aesthetic Leadership," *Leadership Quarterly* 18 (2007): 544 – 560.

[16] See Barbara L. Fredrickson, "Positive Emotions Trigger Upward Spirals Toward Emotional Wellbeing," *Psychological Science* 13, no. 2 (2002): 172 – 175; see also Barbara L. Fredrickson and Thomas Joiner, "Reflections on Positive Emotions and Upward Spirals,"*Perspectives on Psychological Science* 13, no. 2 (2018): 194 – 199.

[17] Cendri A. Hutcherson, Emma M. Seppälä, and James J. Gross, "Loving-Kindness Meditation Increases Social Connectedness," *Emotion* 8, no. 5 (2008): 720.

[18] Mihaly Csikszentmihalyi, *Flow: The Psychology of Optimal Experience* (NewYork:

Harper and Row, 1990).

[19] Scott Barry Kaufman, "The Creative 'Flow': How to Enter That Mysterious State of Oneness," *Huffington Post*, November 26, 2012. https://www. huffingtonpost. com/scott-barry-kaufman/consciousness-and-flow_b_1108113. html.

[20] Richard E. Boyatzis, Kylie Rochford, and Anthony I. Jack, "Antagonistic Neural Networks Underlying Differentiated Leadership Roles," *Frontiers in Human Neuroscience* 8, no. 114 (2014): 1 – 15.

[21] Anthony Jack (associate professor and principal investigator, Brain, Mind and Consciousness Laboratory, Case Western Reserve University), personal communication, June 5, 2018.

[22] Richard E. Boyatzis, Kylie Rochford, and Scott N. Taylor, "The Role of the Positive Emotional Attractor in Vision and Shared Vision: Toward Effective Leadership, Relationships, and Engagement," *Frontiers in Human Neuroscience* 6, no. 670(2015):1 – 13.

[23] 三种形式的冥想(集中注意力、打开感官和仁爱)被证明可以重新构建大脑回路。正念类练习通过激活和钝化减少焦虑和压力的大脑相关区域来完全改变大脑(这是神经可塑性的结果)。作者总结说:"这些研究现在开始证明,冥想练习可能对身体的生物性产生实质性影响,而这对身体健康至关重要。" Matthieu Ricard, Antoine Lutz, and Richard J. Davidson, "The Mind of the Meditator," Scientific American, November 2014, pp. 39 – 45.

[24] Center for Evolutionary Learning, *The Evolutionary Leap to Flourishing Individuals and Organizations* (Abingdon, UK: Routledge, 2017).

[25] Richard E. Boyatzis, Melvin L. Smith, and Nancy Blaize, "Developing Sustainable Leaders Through Coaching and Compassion," *Academy of Management Learningand Education* 5, no. 1 (2006): 8 – 24.

[26] Fred Travis, Joe Tecce, Alarik Arenander, and R. Keith Wallace, "Patterns of EEG Coherence, Power, and Contingent Negative Variation Characterize the Integration of Transcendental and Waking States," *Biological Psychology* 61 (2002): 293 – 319.

[27] Studies conducted by radiologist Andrew Newbergand physician EugeneD'Aquila found that these bundles of neurons in the posterior superior parietal lobewent dark during deep meditative or prayer states. Cited in Elizabeth Lloyd Mayer, (New York: Bantam Dell, 2007), 64 – 65.

[28] 如何通过积极正面情绪实现生活满足已经被充分论证。消极的"战斗或逃跑"(fight-or-flight)情绪会让我们为了生存目的而缩小注意力范围,相对而言,积极的情绪会扩大人们的注意力,使他们能够在不同的想法之间建立更高层次的联系——这也是创造力的关键——还能帮助人们在任何特定时刻都保持更多样化的观点。更进一步的是,更宽的视野能帮助人们建立弗雷德里克森(Fredrickson)所说的相应发生的个人资源,例如给予和接受情感支持的能力,以及保持对生活挑战的掌控感。简单地说,弗雷德里克森说,"拓宽和建构理论指出,积极的情绪会

拓宽人们的视野,渐渐地,这将重塑他们的身份。"Barbara Fredrickson, Michael A. Cohn, Kimberly A. Coffey, Jolynn Pek, and Sandra M. Finkel, "Open Hearts Build Lives: Positive Emotions, Induced Through Loving-Kindness Meditation, Build Consequential Personal Resources," *Journal of Personality and Social Psychology* 95 (2008): 1045 - 1062.

[29] Ibid., 1054.

[30] Florence Williams, *The Nature Fix: Why Nature Makes Us Happier, Healthier, and More Creative* (New York: W. W. Norton, 2017).

[31] Paul Sparks, Joe Hinds, Susan Curnock, and Louisa Pavey, "Connectedness and Its Consequences: A Study of Relationships with the Natural Environment," *Journal of Applied Social Psychology* 44 (2014): 166 - 174. 对这一主题的21项研究进行了一项汇总分析,其中包含30个非重叠的样本。分析发现,和那些与自然联系较少的人相比,与自然联系更紧密的人的体验更积极、更有活力、生活满意度更高。参见 Colin A. Capaldi, Raelyne L. Dopko, and John M. Zelenski, "The Relationship Between Nature Connectedness and Happiness: A Meta-analysis," *Frontiers in Psychology* 5, no. 976 (2014): 9.

[32] See, for example, Bill McKibben, *The End of Nature* (London: Bloomsbury, 2003).

[33] Richard Louv, *Last Child in the Woods: Saving Our Children from Nature-Deficit Disorder* (New York: Algonquin Books, 2008).

[34] MBA 和高管培训课程的领导力教育往往侧重于认知、技术和情感技能。在重视这些技能的同时,量子领导力强调要通过提升我们意识的练习来进行自我修养。这些练习通过有效体验来改变领导者,而不仅仅是通过传统意义上对企业领导者所期望的任务导向逻辑来实现。自我修养帮助领导者超越认知,比如对于清洁能源和水的认知推理,或者以道德的方式对待员工的认知观念。结果是量子领导者更有可能做正确的事情,因为他们就是这样,不仅因为他们被数据导向的分析和道德观念所说服。

[35] Fritjof Capra, *The Web of Life: A New Synthesis of Mind and Matter* (New York: Anchor Books, 1976); David Bohm, *Wholeness and the Implicate Order* (Boston: Routledge and Kegan Paul, 1980); Ken Wilber, *Quantum Questions: Mystical Writings of the World's Greatest Physicists* (Boston: Shambhala, 1984); Ervin Laszlo, (Boston: Shambhala, 1987); Margaret Wheatley, *Leadership and the New Science: Discovering Order in a Chaotic World* (San Francisco: Berrett-Koehler, 1992); Dana Zohar, *The Quantum Self: Human Nature and Consciousness Defined by the New Physics* (New York: Morrow, 1990).

[36] Geoffrey Stephen Kirk, John Earle Raven, and Malcolm Schofield, *The Presocratic Philosophers: A Critical History with a Selection of Texts* (Cambridge: Cambridge University Press, 1983).

[37] Presencing Institute, "Entering the Seven Meditative Spaces of Leadership: Interview

with Nan Huai-Chin," October 25, 1999, https://www. presencing. org/#/aboutus/theory-u/leadership-interview/nan-huai-chin.

[38] 儒家四书之一是《中庸》,意思是"走中间道路",由孔子的孙子子思所著。Ming-Jer Chen, "Transcending Paradox: The Chinese 'Middle Way' Perspective," Asia Paci Tfic Journal of Management 19, no. 2 – 3 (2002): 179 – 199.

[39] See the research presented in Chapter 5.

[40] Brett Topche (managing director, MentorTech Ventures), quoted in Calm Clarity, "Calm Clarity November Workshop at Villanova University," 2018, https://calmclarity. ticketleap. com/nov2018retreatatnova/details.

[41] 新科学的大部分内容都来自该作者的著作,这三十多年来,在他出版的关于该主题的十几本不同著作中都有涉及。Ervin Laszlo, The Self-Actualizing Cosmos: The Akasha Revolution in Science and Human Consciousness (Rochester, VT: Inner Traditions, 2014).

[42] See Robert Epstein, "The Empty Brain," Aeon, May 18, 2016, https://aeon. co/essays/your-brain-does-not-process-information-and-it-is-not-a-computer.

[43] Allan Combs, Consciousness Explained Better: Towards an Integral Understanding of the Multifaceted Nature of Consciousness (St. Paul, MN: Paragon House, 2009).

[44] 19 世纪新古典经济学先驱威廉·斯坦利·杰文斯(William Stanley Jevons)使用以前只有为自然科学所用的数学来阐述边缘主义和效用理论等概念。他写道:"我的经济学理论包含将不同的微积分应用于熟悉的财富、效用、价值、需求、供给、资本、利息、劳动以及所有其他属于工业日常运作的定量概念。"参见 William S. Jevons, The Theory of Political Economy, 3rd ed. (London: Macmillan, 1888), https://oll. libertyfund. org/titles/jevons-the-theory-of-political-economy/simple.

[45] Kim S. Cameron, Jane E. Dutton, and Robert E. Quinn, eds. , Positive Organizational Scholarship: Foundations of a New Discipline (San Francisco: Berrett-Koehler, 2003), 3, 14 – 27.

[46] 自 1890 年威廉·詹姆斯出版《心理学原理》以来,心理分析的重点主要集中在疾病、错乱和痛苦的分析上,而不是人类的善良和卓越。

[47] Christopher M. Peterson and Martin E. Seligman, "Positive Organizational Studies: Lessons from Positive Psychology," in Cameron, Dutton, and Quinn, Positive Organizational Scholarship, 15.

[48] Richard J. Estes and Joseph Sirgy, The Pursuit of Human Well-Being: The Untold Global History (New York: Springer, 2017).

[49] 物理学家们以不同的方式提到过这个构成现实基础的能量和信息场,就是我们所熟知的量子真空、零点场、大型统一场域、宇宙气室、弦网液体或幽冥(nuether)。

[50] 杨-米尔斯场,也被称为规范场,在现代物理学中被用于描述承载相互作用的物理场,例如电动力学中的电磁场、矢量玻色子场(Weinberg-Salam 电弱相互作用理论中弱相互作用的载体)、胶子场(强相互作用的载体)和引力场。参

见"Yang-Mills Field,"Encyclopedia of Mathematics, March 24, 2012, https://www. encyclopediaofmath. org/index. php/Yang-Mills_field.

[51] 诺贝尔物理学奖得主马克斯·普朗克(Max Planck)是这种观点的早期先驱。在他最后一次在佛罗伦萨的讲座中,他指出:"作为一个将一生致力于清晰科学和物质研究的人,我可以告诉你我研究原子所得出结论:没有一种物质是例外的。所有物质的起源和存在只是通过一种使原子等粒子发生振动的力,并将原子这个太阳系最微小的粒子结合在一起。"普朗克并不是唯一将宇宙概念描述为力和振动的人。普朗克宣言的前两年,人们认为尼古拉·特斯拉(Nikola Tesla)已经提到过,如果你想知道宇宙的秘密,你应该考虑能量、频率和振动。Max Planck,"Das Wesen der Materie"[The nature of matter], speech given in Florence, Italy, 1944, Abt. Va, Rep. 11 Planck, Nr. 1797, Archiv der Max-Planck-Gesellscha Berlin.

[52] 正如本章后面所讨论的,物理学家现在推测量子场与我们所知道的物质和心理世界相互作用。通过赋予它们整体性和连贯性的特性来塑造和引导思想和物质的进化。宇宙领域没有所谓的矢量形式的能量,这意味着没有可测量的能量幅度;相反,它由标量波(scalar waves)组成,其具有不随距离和时间衰减的特性,解释了非定域性的相互作用。我们在本章后半段探讨相互作用的本质及其对人类的影响。

[53] 非定域性效应发生在一对粒子的连接方式,即一个粒子的测量值似乎影响另一个粒子的状态,无论多远。数以百计的实验证实,这是我们宇宙的一个非常真实的特征。参见 Dan Falk,"New Support for Alternative Quantum View,"Quanta Magazine, May 16, 2016, https://www. quantamagazine. org/pilot-wave-theory-gains-experimental-support-20160516.

[54] Bohm, *Wholeness and the Implicate Order.*

[55] Karl Pribram, *Languages of the Brain* (North Hollywood, CA: Brandon House, 1971); Karl Pribram, *Brain and Perception: Holonomy and Structure in Figural Processing* (Mahwah, NJ: Lawrence Erlbaum, 1991).

[56] 通过形态共振,自组织系统中的活动模式受到过去类似模式的影响,把集体记忆赋予每个物种和各种自组织的系统生物。Rupert Sheldrake,"Morphic Resonance and Morphic Fields: An Introduction," https://www. sheldrake. org/research/morphic-resonance/introduction (accessed November 20, 2018).

[57] Ilya Prigogine,"Time, Structure and Fluctuations,"Nobel Lecture, December 8, 1977, https://www. nobelprize. org/uploads/2018/06/prigogine-lecture. pdf.

[58] David Tong,"What Is Quantum Field Theory?," http://www. damtp. cam. ac. uk/user/tong/whatisqft. html (accessed November 20, 2018).

[59] Combs, *Consciousness Explained Better.*

[60] Gary Marcus,"The Riddle of Consciousness,"*New Yorker*, May 28, 2013, https://www. newyorker. com/tech/annals-of-technology/the-riddle-of-consciousness; Joshua Rothman,"Daniel Dennett's Science of the Soul,"*New Yorker*, March 27, 2017,

https://www.newyorker.com/magazine/2017/03/27/daniel-dennetts-science-of-the-soul; "WhatIs Consciousness?," *The Economist*, March 2, 2017, http://www.economist.com/news/international/21717973-what-consciousness.

[61] See David J. Chalmers, "Consciousness and Its Place in Nature," http://consc.net/papers/nature.pdf (accessed December 14, 2018)..

[62] See Stuart Hameroff and Roger Penrose, "Consciousness in the Universe: A Review of the Orch OR Theory," *Physics of Life Reviews* 11, no. 1 (2014): 39–78.

[63] See, for example, Hameroff and Penrose, "Consciousness in the Universe."

[64] 太空(universe)与宇宙(cosmos)不是一个概念。在波西米亚术语中,前者是显性顺序,而后者既包含隐含顺序又包含了显性顺序。所有这些都可以推导出来(通过科学方法),但测量和观测都不能适用于超出物理世界的那些维度。太空是宇宙的显性组成部分,意识是"正在形成"的组成部分。后者在科学中最为贴切的表达是零点能量场、量子真空、量子势场或气室(plenum)。由于不能为五感所感知,也不能由任何一种技术所接触到,因此它不属于传统科学的范畴。但新的范式科学将这个领域扩展到感知领域和认知方式(可以复制、独立验证并且公开接受反驳)。意识不能看到、触摸、隔离或克制,但它通常被认为是一种适合科学研究的合理现象(特别是在目前流行的,但很大程度上仍然是还原论的神经行为科学领域)。

[65] Ede Frecska and Luis Eduardo Luna, "Neuro-ontological Interpretation of Spiritual Experiences," *Official Journal of the Hungarian Association of Psychopharmacology* 8, no. 3 (2006): 143–153.

[66] 例如,亨利·柏格森(Henri Bergson)假设,有一种重要因素能够合理解释为什么能在物理系统中防止能量衰减。生物学家汉斯·德里希(Hans Driesch)称之为自然界的逆向驱动,他将其命名为"entelechy"。德日进(Teilhard de Chardin)将复杂生物进化背后的联合力量称为谐振。类似系统科学家亚历山大·拉兹洛(Alexander Laszlo)在"与地球合作,参与终身学习和人类发展"这一进化学习社区中的实践见Alexander Laszlo, "Evolutionary Systems Design: A Praxis for Sustainable Development," Organisational Transformation and Social Change 1, no 1(2004):29.

[67] Douglas H. Boucher, *The Biology of Mutualism: Ecology and Evolution* (NewYork: Oxford University Press, 1988).

[68] See Richard Dawkins, *The Selfish Gene* (Oxford: Oxford University Press, 1989).

[69] Humberto Maturano Romesin and Gerda Verden-Zoller, "Biology of Love," http://members.com.au/~jcull/articles/bol.htm (accessed December 14, 2018).

[70] See Philip Ball, "Physics of Life: The Dawn of Quantum Biology," *Nature* 474 (2011): 272–274.

[71] Johnjoe McFadden and Jim Al-Khalili, *Life on the Edge: The Coming of Age of Quantum Biology* (London: Bantam Press, 2014).

[72] Bernardo Kastrup, Henry P. Stapp, and Menas C. Kafatos, "Coming to Grips with

the Implications of Quantum Mechanics," *Scientific American*, May 29, 2018, https://blogs. scientificamerican. com/observations/coming-to-grips-with-the-implications-of-quantum-mechanics.

[73] E. Laszlo, *The Self-Actualizing Cosmos.*

[74] Quoted in Hernán A. Burbano, "Epigenetics and Genetic Determinism," *História Ciências Saúde-Manguinhos* (Rio de Janeiro) 13, no. 4 (2006): 851 – 863.

[75] David L. Cooperrider and Ronald E. Fry, "Mirror Flourishing and the Positive Psychology of Sustainability," *Journal of Corporate Citizenship* 46 (Summer 2012): 3 – 12.

[76] "First Direct Recording Made of Mirror Neurons in Human Brain," *Science Daily*, April 13, 2010, https://www. sciencedaily. com/releases/2010/04/100412162112. htm.

[77] William Duncan Hutchinson, Karen D. Davis, Andres M. Lozano, Ron R. Tasker, and Jonathan O. Dostrovsky, "Pain-Related Neurons in the Human Cingulated Cortex," *Nature Neuroscience* 2, no. 5 (1999): 403 – 405.

[78] Sourya Acharya and Samarth Shukla, "Mirror Neurons: Enigma of the Metaphysical Modular Brain," *Journal of Natural Science, Biology and Medicine* 3, no. 2 (2012):118 – 124.

[79] Cited in Kathryn Pavlovich and Keiko Krahnke, "Empathy, Connectedness, and Organization," *Journal of Business Ethics* 105 (2012): 133.

[80] Ibid.

[81] Chris Laszlo, Robert Sroufe, and Sandra Waddock, "Torn Between Two Paradigms: A Struggle for the Soul of Business Schools," *AI Practitioner* 19, no. 2 (2017):108 – 119.

[82] This comes from an early draft of a white paper by the group Leading for Wellbeing, cited in ibid. , 110.

[83] Richard Thaler and Cass Sunstein, *Nudge: Improving Decisions About Health, Wealth, and Happiness* (London: Penguin Books, 2009); Amit Goswami, *Quantum Economics: Unleashing the Power of an Economics of Consciousness* (Faber, VA: RainbowRidge, 2015).

[84] Kate Raworth, "What on Earth Is the Doughnut? ...," https://www. kateraworthdoughnut (accessed December 14, 2018).

[85] George Monbiot, "Finally, a Breakthrough Alternative to Growth Economics—the Doughnut," *The Guardian*, April 12, 2017, https://www. theguardian. com/commentisfree/2017/apr/12/doughnut-growth-economics-book-economic-model.

[86] Ibid.

[87] See Kim S. Cameron, Jane E. Dutton, and R. E. Quinn, "An Introduction to Positive Organizational Scholarship," in Cameron, Dutton, and Quinn, *Positive Organizational Scholarship*, 3 – 13.

[88] 卡尔·罗杰斯(Carl Rogers)的"以客户为中心", 亚伯拉罕·马斯洛(Abraham

Maslow）的"自我实现"，以及库尔特·莱温（Kurt Lewin）的"敏感性训练"，以上研究都是释放人类潜能的应用研究和实践的先驱。

［89］见亚里士多德的《尼各马可伦理学》第 2 卷。亚里士多德关于"影响力"（变成）的概念与"行动"（存在）是两个对立面。现实是由影响"变成"的潜力和"存在"的动力机制组成的。人类被视为占据宇宙中的一个自然位置，这个位置充满潜力，能让存在充分发展。

［90］Cameron，Dutton，and Quinn，*Positive Organizational Scholarship*，5，10.

［91］David L. Cooperrider and Suresh Srivastva，"Appreciative Inquiry in Organizational Life，" in *Research in Organizational Change and Development*，ed. William A. Pasmore and Richard W. Woodman（Greenwich，CT：JAI Press，1987），129－169.

［92］David Cooperrider，"Positive Image，Positive Action：The Affirmative Basis of Organizing，" in *Appreciative Inquiry：An Emerging Direction for Organization Development*，ed. David Cooperrider，Peter F. Sorensen Jr.，Therese F. Yaeger，and Diana Whitney（Champaign，IL：Stipes，2001），31－76.

［93］Pavlovich and Krahnke，"Empathy，Connectedness，and Organization，"131.

［94］当两个粒子如此密切相关，以至于它们具有相同的存在时，就会发生纠缠……纠缠的粒子可以在空间中广泛分离。但即便如此，数学运算表明，不管它们之间的距离如何，对其中一个粒子的测量会立即影响另一个…… 欧洲核子研究中心的物理学家约翰·贝尔（John Bell）通过将纠缠视为一种全新的现象来解决"悖论"，他称之为"非定域性"。"Einstein's 'Spooky Action at a Distance' Paradox Older Than Thought，" MIT Technology Review，March 8，2012，https：//www.technologyreview.com/s/427174/einsteins-spooky-action-at-a-distance-paradox-older-than-thought.

［95］For a good overview of the field of epigenetics，see Carrie Deans and Keith A. Maggert，"What Do You Mean，'Epigenetic'？，" *Genetics* 199，no. 4（2015）：887－896.

［96］Dean Radin，*Supernormal：Science，Yoga，and the Evidence for Extraordinary Psychic Abilities*（New York：Deepak Chopra Books，2013）；Elizabeth L. Mayer，*Extraor-dinary Knowing：Science，Skepticism，and the Inexplicable Powers of the Human Mind*（New York：Bantam Dell，2007）.

［97］布鲁斯·利普顿（Bruce Lipton）是美国一位发展生物学家，他的主张仍处于主流科学的边缘。他的研究预言了表观遗传学的研究领域和方向，旨在展示身体的所有细胞都受到思想的影响，将前沿科学、心灵医学和精神原理相结合。利普顿的研究因证据不充足而受到攻击。然而，许多其他科学家也得出了类似的结论，其中包括：坎达丝·珀特（Candace Pert）博士，他撰写了"*Molecules of Emotion：The Science Behind Mind-Body Medicine*"（1999）；杰拉尔德·爱泼斯坦（Gerald Epstein）博士，研究如何通过使用他所谓的想象医学来治愈身体；丹尼尔·J. 西格尔（Daniel J. Siegel）博士，撰写了《情绪的力量》和一本关于存在科学和实践的书

(2018 年);诺尔曼·道伊奇(Norman Doidge)博士,从神经可塑性角度研究信仰生物学;还有安德鲁·纽伯格(Andrew Newberg)博士,研究精神体验与人类健康和心理健康之间的关系。Bruce Lipton, The Biology of Belief: Unleashing the Power of Consciousness, Matter, and Miracles, rev. ed. (Carlsbad, CA: Hay House, 2007).

[98] Radin, *Supernormal.*

[99] 这里的论点是物种的演化不能用达尔文的理论来解释。根据达尔文演化理论,基因的偶然突变会导致我们今天观察到的那种完全平衡的复杂性系统。根据数学物理学家弗雷德·霍伊德(Fred Hoyle)的说法,通过基因组的随机突变来独立发展一个物种的概率与一个龙卷风吹过废料场,组装出一架能工作的飞机那样渺小。请参阅劳伦斯·奥斯特(Lawrence Auster)文章中霍伊尔的主张,"The 'Tornado in a Junk Yard' Analogy Is Correct After All", View from the Right, January 31, 2009, http://www. amnation. com/ vfr/archives/012411. html. 根据哈佛大学生物学家斯蒂芬·杰·古尔德(Stephen Jay Gould)关于"间断均衡"的研究,这种观点变得更加引人注目,这表明新物种的进化速度比以前想象的要快得多。参见 Stephen Jay Gould, Punctuated Equilibrium (Cambridge, MA: Harvard University Press, 2007).

[100] "Roadmap: A Movement of Movements by Michael Nagler," *New Story Hub*, December 4, 2014, http://newstoryhub. com/2014/12/roadmap-a-movement-of-movements-by-michael-nagler.

[101] 为了体验增强一致性和整体连接性的可能性,我们必须接受其相反的可能性,也就是分裂和破坏。两种可能性都是同一现实的组成部分——不是独立的事件,而是同一枚硬币的两个面。考虑一下我们对爱与恨的感受。当我们体验到纯粹的、无条件的、爱的感觉时,我们将自己的感受引向一个极端,这意味着它的对立面(即仇恨)的潜在存在。任何能量领域都是建设性的——即走向整体和生命,分裂的和死亡的可能性也必须同步存在。两者都是同一领域或现实系统的一部分。

[102] Pavlovich and Krahnke, "Empathy, Connectedness, and Organization," 135.

[103] See, for example, Ian I. Mitroff and Elizabeth A. Denton, "A Study of Spirituality in the Workplace," *Sloan Management Review*, Summer 1999, https://sloanreview. mit. edu/article/a-study-of-spirituality-in-the-workplace; Louis W. Fry, "Toward a Theory of Spiritual Leadership," *Leadership Quarterly* 14, no. 6 (2003): 693 – 727; and Louis Fryand Eleftheria Egel, "Spiritual Leadership: Embedding Sustainability in the Triple Bottom Line," *Graziadio Business Report* www. researchgate. net/publication/322150882_Spiritual_Leadership_Embedding_sustainability_in_the_triple_bottom_line.

[104] Bohm, *Wholeness and the Implicate Order*; Pribram, *Languages of the Brain*; Pribram, *Brain and Perception*.

[105] Ervin Laszlo, *What Is Reality? The New Map of Cosmos, Consciousness, and*

Existence（New York：SelectBooks，2016）．

［106］Pavlovich and Krahnke，"Empathy，Connectedness，and Organization，"135 – 136．

［107］信息，也被称为"主动信息"，由量子物理学家戴维·玻姆（David Bohm）首先提出，通过观察"显性秩序"以解释"隐性秩序"的形成效应，玻姆的本体论概念帮助我们理解量子现实：隐性秩序是更深刻、更基本的现实秩序；显性秩序则包括了人类通常感知到的抽象事物，如时间和空间。参见 Bohm，Wholeness and Implicate Order。

［108］Mayer，*Extraordinary Knowing*，66．

［109］Freeman Dyson，*The Scientist as Rebel*（New York：New York Review of Books，2006）．

［110］这是一个思想实验，旨在证明波函数不能提供物理现实的完整描述。

［111］See，for example，Chad Orzel，"Three Experiments That Show Quantum Physics Is Real，"*Forbes*，July 20，2015，https：//www. forbes. com/sites/chadorzel/2015/07/20/three-experiments-that-show-quantum-physics-is-real/#3663469a1ae5．

［112］Cited in Mayer，*Extraordinary Knowing*，256．

［113］在《吠陀经》中，它的功能被确定为 shabda（第一次振动），构成了宇宙的第一次波纹，以及 spanda，即"意识的振动或运动"。印度学者泰姆尼（I. K. Taimni）写道，"有……一种神秘的振动综合状态，通过此种振动状态，所有可能的振动都可以通过一个分解过程派生出来。这在梵文中被称作 Nāda，指的是介质中的振动……可能被解释成英文的'空间'。但是……它不仅仅是空间，而是指这个空间显然是空无一物的，但它本身却包含了无限的潜在能量。"I. K. Taimni，Man，God and the Universe（Madras：Theosophical Society，1969），203．

［114］Khoo Boo Eng，*A Simple Approach to Taoism*：*Festivals*，*Worship and Rituals*（Singapore：Trafford，2012），49 – 50．

［115］Scott Ramsey，"Taoism，a/k/a Daoism，"*Awareness of Nothing*，October 23，2016，http：//www. awarenessofnothing. com/taoism-aka-daoism. html．

［116］Lao Tzu，*Tao Te Ching*，chap. 25，stanzas 1，2，and 4，http：//www. taoistic. com/-laotzu/taoteching-25. htm．

第 7 章　练习如何提升我们的意识

［1］John Postill，"Introduction：Theorising Media and Practice，"in *Theorising Mediaand Practice*，ed. Birgit Bräuchler and John Postill（Oxford：Berghahn，2010），7．

［2］艾丽斯·莱姆（Alice Lam）解释说，专有技术的概念归因于吉尔伯特·赖尔（Gilbert Ryle），后者在"专有知识"/命题知识与"专有技术"知识之间进行了区分。传统教育中，知识分子倾向于显性知识（即专有知识），而他对专有技术知识表示赞赏。Alice Lam，"Tacit Knowledge，Organizational Learning and Societal Institutions：An Integrated Framework，"Organization Studies 21，no. 3（2000）：487 – 513．

[3] The authors are indebted to Maria Muñoz-Grandes for much of the research into practices presented in this chapter.

[4] Malcolm Gladwell, *Blink: The Power of Thinking Without Thinking* (Boston: Little, Brown, 2005), 70.

[5] Richard E. Boyatzis, "An Overview of Intentional Change from a Complexity Perspective," *Journal of Management Development* 25, no. 7 (2006): 607 –623.

[6] Richard E. Boyatzis, "Leadership Development from a Complexity Perspective," *Consulting Psychology Journal: Practice and Research* 60, no. 4 (2008): 298 –313.

[7] Richard E. Boyatzis and Annie McKee, *Resonant Leadership: Renewing Yourself and Connecting with Others Through Mindfulness, Hope, and Compassion* (Boston: Harvard Business School Press, 2005); see also Annie McKee, Richard E. Boyatzis, and Frances Johnston, *Becoming a Resonant Leader: Develop Your Emotional Intelligence, Renew Your Relationships, Sustain Your Effectiveness* (Boston: Harvard Business School Press, 2008).

[8] Malcolm Gladwell, *Outliers: The Story of Success* (Columbus, GA: Back BayBooks, 2011).

[9] Richard E. Boyatzis, Melvin L. Smith, and Ellen B. Van Oosten, "Coaching for Change," *People Matters* 1, no. 5 (2010): 68 –71.

[10] Michael Polanyi, *Personal Knowledge: Towards a Post-critical Philosophy* (Chicago: University of Chicago Press, 2015), xix.

[11] Étienne Wenger, "Communities of Practice: A Brief Introduction," http://neillthew. typepad. com/files/communities-of-practice. pdf (accessed December 14, 2018).

[12] John S. Brown and Paul Duguid, "Balancing Act: How to Capture Knowledge Without Killing It," *Harvard Business Review*, May –June 2000, https://hbr. org/ 2000/05/balancing-act-how-to-capture-knowledge-without-killing-it.

[13] Kathryn Pavlovich and Keiko Krahnke, "Empathy, Connectedness, and Organization," *Journal of Business Ethics* 105 (2012): 134.

[14] Shinzen Young, *The Science of Enlightenment: How Meditation Works* (Louisville, CO: Sounds True, 2016).

[15] Judi Neal, "Overview of the Field of Transformation," in *The Handbook of Personaland Organizational Transformation*, ed. Judi Neal (New York: SpringerNature, 2018), 10.

[16] Karl E. Weick, Kathleen M. Sutcliffe, and David Obstfeld, "Organizing and the Process of Sensemaking," *Organization Science* 16, no. 4 (2005): 409.

[17] Ibid.

[18] 术语"直接-直觉"是指感知的直接性和非认知性,它可以与本能感知同化。某些直觉形式的感知是缓慢的、基于经验的:它们来自于对某件事情过程真相的直觉。直接-直觉的经验在非定域性的量子物理学的意义上是直接的、瞬时的,不需要经验证据进行认知确认。

[19] 丹娜·左哈尔将"量子认知"描述为全脑思维,这种思维综合并同步了整个大脑的心理活动,包括其身体暗示。尽管她使用思维语言而不是实践,但她的框架"同时整合和分析了所有经验数据……左哈尔的量子认知既包含了基于语言的、习得的显性知识,又包含了基于实践的隐性知识,并且可以随时将对大脑产生影响的数百万种感觉数据和信息统一起来,将其整合到统一的体验领域中。"见 Dana Zohar, Quantum Leaders (Amherst, NY: Prometheus Books, 2016), 65, 66.

[20] Hans Ulrich Gumbrecht, *Production of Presence*: *What Meaning Cannot Convey*, Kindle ed. (Stanford, CA: Stanford University Press, 2004), Kindle loc. 261 – 262.

[21] Ibid., Kindle loc. 269 – 271.

[22] This expression has also been translated as "About what one cannot speak, one must remain silent" (*Wovon man nicht sprechen kann*, *darüber muss man schweigen*). Ludwig Wittgenstein, *Tractatus Logico-Philosophicus*, Proposition 7 (New York: Cosimo Classics, 2007).

[23] *Thinking*, *Fast and Slow* (New York: Farrar, Straus and Giroux, 2011), 13.

[24] Ibid., 419.

[25] 左哈尔在《量子领导者》的第3章中,提出了量子思维,将其作为卡尼曼系统1和系统2思维的统一。

[26] 对业务环境中正念的研究表明,正念与增加创造力和生产力、减少倦怠有关。参见 Ellen J. Langer, "the Construct of Mindfulness," Journal of Social Issues 56, no. 1 (2000): 1 – 9.

[27] David Bohm and David Peat, Science, Order and Creativity (New York: Bantam Books, 1987), 190.

[28] Ibid., 171.

[29] Quoted in "Physics: Discovery and Intuition," *Connections Through Time*, April – June 2003, http://www.p-i-a.com/Magazine/Issue19/Physics_19.htm.

[30] Quoted in Joseph Jaworski, *Source*: *The Inner Path of Knowledge Creation* (Oakland, CA: Berrett-Koehler, 2012), 149.

[31] Bohm and Peat, *Science*,*Order and Creativity*, 181.

[32] Stuart Hameroff and Roger Penrose, "Consciousness in the Universe: A Review of the Orch OR Theory," *Physics of Life Reviews* 11, no. 1 (2014): 39 – 78.

[33] Jon Kabat-Zinn, *Full Catastrophe Living*:*Using the Wisdom of Your Body and Mind to Face Stress*, *Pain*, *and Illness*, rev. ed. (New York: Random House, 2013), 180.

[34] Ibid.

[35] C. Otto Scharmer, *Theory U*: *Leading from the Future as It Emerges*, 2nd ed. (Oakland, CA: Berrett-Koehler, 2016); Peter M. Senge, C. Otto Scharmer, Joseph Jaworsky, and Betty Sue Flowers, *Presence*: *Human Purpose and the Field of the Future* (NewYork: Crown, 2008).

[36] Senge et al. , *Presence* ,71 – 91.

[37] Ibid. , 145 – 163.

第 8 章　选择适合你的练习

[1] Huidi Ma and Er Liu, *Traditional Chinese Leisure Culture and Economic Development：A Conflict of Forces* (London：Palgrave Macmillan, 2017).

[2] Ibid. , 45.

[3] Nancy J. Adler, "Want to Be an Outstanding Leader? Keep a Journal," *Harvard Business Review*, January 13, 2016, https://hbr. org/2016/01/want-to-be-an-outstanding-leader-keep-a-journal.

[4] David Cooperrider, "Positive Image, Positive Action：The Affirmative Basis of Organizing," in *Appreciative Inquiry：An Emerging Direction for Organization Development*, ed. David Cooperrider, Peter F. Sorensen Jr. , Therese F. Yaeger, and Diana Whitney (Champaign, IL：Stipes, 2001), 31 – 76.

[5] Barbara Abercrombie, *Kicking In the Wall：A Year of Writing Exercises, Promptsand Quotes to Help You Break Through Your Blocks and Reach Your Writing Goals* (Novato, CA：New World Library, 2013).

[6] Ira Progoff, *At a Journal Workshop：Writing to Access the Power of the Uncon-scious and Evoke Creative Ability* (New York：Tarcher Perigee, 1992).

[7] Adler, "Want to Be an Outstanding Leader?"

[8] Dan Harris, "Meditation Can Help in an Era of Angry Politics," *Time*, January 15, 2018, p. 15.

[9] Julianna Raye, personal communication, January 11, 2018. See also Jerry Slutsky, Brian Chin, Julianna Raye, and J. David Creswell, "Mindfulness Training Improves Employee Well-Being：A Randomized Controlled Trial," *Journal of Occupational Health Psychology*, October 2018, http://psycnet. apa. org/doiLanding? doi = 10. 1037%2Focp0000132.

[10] Shinzen Young, *The Science of Enlightenment：How Meditation Works* (Louisville, CO：Sounds True, 2016).

[11] Shinzen Young, "What Is Mindfulness? A Contemplative Perspective," in *Hand-book of Mindfulness in Education：Integrating Theory and Research into Practice*, ed. Kimberly A. Schonert-Reichl and Robert W. Roeser (New York：Springer, 2016), 29 – 45.

[12] Zubin R. Mulla, Kalaiselvan Govindaraj, Srinivasa Rao Polisetti, Elis George, and Nagraj Rao S. , "Mindfulness-Based Stress Reduction for Executives：Results from a Field Experiment," *Business Perspectives and Research* 5, no. 2 (2017)：113 – 123.

[13] See "Mindfulness Based Stress Reduction (MBSR)," MedStar Georgetown University

Hospital, https://www. medstargeorgetown. org/our-services/psychiatry/treatments/
mindfulness-based-stress-reduction-mbsr/#q = ｜｝（accessed November 20,2018）.

[14] Mary Grace Neville（professor of organizational development, Moroccan University）,
personal communication, 2016.

[15] Shou-Yu Liang, Wen-Ching Wu, and Denise Breiter-Wu, *Qigong Empowerment: A
Guide to Medical, Taoist, Buddhist, and Wushu Energy Cultivation*（ East
Providence,RI: Way of the Dragon, 1997）.

[16] Denise Nagel, "Health Benefits of Tai Chi and Qigong," *Huffington Post*, June 23,
2015, https://www. huffpost. com/entry/health-benefits-of-tai-ch_b_7641712.

[17] E. O. Wilson, *Biophilia*, reprint ed.（Cambridge, MA: Harvard University Press,
2009）, 1 – 2.

[18] Rachel Carson, *Silent Spring*（Boston: Houghton Mifflin, 1962）, cited in David
Suzuki,*The Sacred Balance: Rediscovering Our Place in Nature*（Vancouver, BC:
Greystone Books, 1999）, 221.

[19] Florence Williams, *The Nature Fix: Why Nature Makes Us Happier, Healthier,and
More Creative*（New York: W. W. Norton, 2017）, 140.

[20] These are drawn in part from Madison Woods, "What Is Nature Immersion? It's *Not
Being Immersed in Natural Disasters*," *Wild Ozark*, August 27, 2017, https://www.
wildozark. com/nature-immersion.

[21] John Muir, *Our National Parks*（Boston: Houghton, Mifflin, 1901）, 56.

[22] For an introductory overview, see Julie Beck, "Nature Therapy Is a Privilege,"*The
Atlantic*, June 23, 2017, https://www. theatlantic. com/health/archive/2017/06/
how-to-harness-natures-healing-power/531438.

[23] Wilbert Gesler, "Therapeutic Landscapes: Medical Issues in Light of the New Cultural
Geography," *Social Science Medicine* 34, no. 7（1992）: 735 – 746.

[24] Nancy M. Wells and Gary W. Evans, "Nearby Nature: A Buffer of Life Stress
Among Rural Children," *Environment and Behavior* 35, no. 3（2003）: 311 – 330,
cited in Craig Chalquist, "A Look at the Ecotherapy Research Evidence,"
Ecopsychology 1, no. 2(2009）: 64 – 74.

[25] See the Zuckerman Inventory of Personal Reactions（ZIPERS）, cited in Howard
Frumkin, *Environmental Health: From Global to Local*, 2nd ed.（San Francisco:
Jossey-Bass, 2010）.

[26] Ibid.

[27] F. Stephan Mayer and Cynthia McPherson Frantz, "The Connectedness to Nature
Scale: A Measure of Individuals' Feeling in Community with Nature," *Journal of
Environmental Psychology* 24, no. 4（2004）: 503 – 515.

[28] Finbarr Brereton, J. Peter Clinch, and Susana Ferreira, "Happiness Geography and
the Environment," *Ecological Economics* 65, no. 2（2008）: 386 – 396.

[29] Koleva Mikael Korpela, "Place-Identity as a Product of Environmental Self Regulation," *Journal of Environmental Psychology* 9, no. 3 (1989): 241 – 256, cited in Chalquist, "A Look at the Ecotherapy Research Evidence," 70.

[30] Elizabeth A. Beverly and Robert D. Whittemore, "Mandinka Children and the Geography of Well-Being," *Ethos* 21, no. 3 (1993): 235 – 272, cited in Chalquist, "A Look at the Ecotherapy Research Evidence," 70.

[31] Williams, *The Nature Fix*.

[32] Edward S. Casey, *The Fate of Place: A Philosophical History* (Berkeley: University of California Press, 1998), cited in Chalquist, "A Look at the Ecotherapy Research Evidence."

[33] Chalquist, "A Look at the Ecotherapy Research Evidence."

[34] Wendell Berry, "The Peace of Wild Things," in *The Selected Poems of Wendell Berry* (Berkeley, CA: Counterpoint, 1998), 30. Copyright 1998 by Wendell Berry. Reprinted by permission of Counterpoint Press.

[35] B. K. S. Iyengar, *Yoga: The Path to Holistic Health* (London: Dorling-Kindersley, 2001).

[36] Christina Brown, *The Yoga Bible: The Definitive Guide to Yoga Postures* (Alresford, UK: Godsfield, 2003).

[37] Rachael Link, "13 Benefits of Yoga That Are Supported by Science," *Healthline Newsletter*, August 30, 2017, https://www. healthline. com/nutrition/13-benefits-of-yoga#section13.

[38] See "An Overview of Loving-Kindness Meditation," http://www. buddhanet. net/metta_in. htm (accessed November 20, 2018).

[39] Barbara Fredrickson, Michael A. Cohn, Kimberly A. Coffey, Jolynn Pek, and Sandra M. Finkel, "Open Hearts Build Lives: Positive Emotions, Induced Through Loving-Kindness Meditation, Build Consequential Personal Resources," *Journal of Personality and Social Psychology* 95 (2008): 1045 – 10. 62.

[40] Emma Seppälä, "A Gift of Loving Kindness Meditation," May 28, 2014, https://emmaseppala. com/gift-loving-kindness-meditation.

[41] Cited in Sally Atkins, *Presence and Process in Expressive Arts Work: At the Edge of Wonder*, Kindle ed. (London: Jessica Kingsley, 2014), Kindle loc. 39 – 40.

[42] Rollo May, *My Quest for Beauty* (New York: W. W. Norton, 1985).

[43] Atkins, *Presence and Process*, Kindle loc. 40.

[44] Ibid. , 42 – 43.

[45] Stephen K. Levine, *Poiesis: The Language of Psychology and the Speech of the Soul*, 2nd ed. (London: Jessica Kingsley, 1997).

[46] Atkins, *Presence and Process*, Kindle loc. 27.

[47] Levine, *Poieisis*, Kindle loc. 63 – 65.

［48］Chris Laszlo and Judy Sorum Brown，*Flourishing Enterprise：The New Spirit of Business*（*Stanford，CA：Stanford University Press*，2014），130 – 135.

［49］Ibid. ，127 – 150.

［50］这些问题是戴维·库佩里德（David Cooperrider）和罗纳德·弗莱（Ronald Fry）在与公司客户共同举办的研讨会上亲自传达给作者的，我们对他们表示感谢。

［51］Laszlo and Brown，*Flourishing Enterprise*，128.

［52］Atkins，*Presence and Process*，Kindle loc. 52.

［53］Ibid. ，Kindle loc. 51.